Ethnic

格致社会科学

族群边界制定

制度、权力与网络

［瑞士］安德烈亚斯·威默 Andreas Wimmer　著

徐步华　译

Boundary

Making

Institutions,

Power,

Networks

格致出版社　上海人民出版社

社会世界既是为知识和承认而展开的密不可分的认知斗争和政治象征斗争的产物，又是其赌注。在这些斗争中，每个人追求的是，不但将对他或她自己有利的表征(representation)强加于人，……而且将最有利于其个人和集体的社会存在的社会现实建构原则定为合法权力，并……为群体边界而斗争。

——布迪厄(Bourdieu 2000:187)①

---

① 　请参见[法]皮埃尔·布迪厄:《帕斯卡尔式的沉思》，刘晖译，北京:三联书店 2009 年版，第 221 页。译文有改动。——译者注

致 谢

在本书完成之际,我谨向帮助塑造和完善本书论点的朋友和同事致以真诚的谢意。在此,我想对其中的一些表示衷心的感谢。第二章曾在大众汽车基金会在德累斯顿和柏林组织的两个研讨会上,在哥廷根大学"不断变化的边界和新兴的认同"会议上,在牛津大学移民、政策和社会中心的座谈会上,以及在瑞士日内瓦社会工作研究生院和京都大学人文研究所宣读过。特别感谢理查德·阿尔巴(Richard Alba)、雷纳·鲍布克(Rainer Bauböck)、霍米·巴巴(Homi Bhaba)、张倩仪(Sin Yi Cheung)、汉·因兹格(Han Entzinger)、哈特穆特·埃塞尔(Hartmut Esser)、戴维·盖尔纳(David Gellner)、拉尔夫·格里洛(Ralph Grillo)、拉斐拉·赫特拉格(Raphaela Hettlage)、弗兰克·卡尔特(Frank Kalter)、马蒂亚斯·柯尼希(Matthias König)、弗兰克-奥拉夫·拉德克(Frank-Olaf Radtke)、卡林·希滕海姆(Karin Schittenhelm)、迪米特丽娜·斯宾塞(Dimitrina Spencer)、田部昭夫(Akio Tanabe)、竹泽靖子(Yasuko Takezawa)、史蒂文·韦尔托韦茨(Steven Vertovec)、苏珊·维森多夫(Susanne Wessendorf)和莎拉·辛格·威默(Sarah Zingg Wimmer)富有洞察力的评论和批评。感谢克劳迪奥·波兹曼(Claudio Bolzmann)、威廉·克鲁尔(Wilhelm Krull)、卡林·希滕海姆、史蒂夫·韦尔托韦茨、马蒂亚斯·柯尼希、克劳迪娅·迪尔(Claudia Diehl)和竹泽靖子邀请我参加上述会议。我的（前）系同事罗杰斯·布鲁贝克（Rogers Brubaker）、阿德里安·法弗尔（Adrian Favell）和罗杰·沃尔丁格（Roger Waldinger）提供了慷慨的建议和批评，但愿我已经能够对这些建议和批评加以更充分的考虑。韦斯·希尔斯（Wes Hiers）非常友好地仔细编辑了最终版本，该文曾以英文发表在《社会学理论》（*Sociological Theory*）2009 年第 27 卷第 3 期第 244—270 页上，并以较短的德语版本发表于《科隆社会学与社会心理学杂志》（*Kölner Zeitschrift für Soziologie und Sozialpsychologie*）2008 年第 48 卷第 57—80 页上。

　　第三章和第四章的不同版本在加州大学洛杉矶分校社会学系、奥斯纳布吕克大学（University of Osnabrück）移民研究和跨文化研究所、哈佛大学欧洲研究中心、耶鲁大学比较研究中心、伦敦政治经济学院族群性研究协会、布里斯托尔大学族群性与公民权研究中心、都柏林大学政治科学和国际关系系，以及哥廷根大学社会学系宣读过。对于有益的评论和具有挑战性的批评，我想感谢克劳斯·巴德（Klaus Bade）、迈克尔·博姆斯（Michael Bommes）、约翰·布鲁伊利（John Breuilly）、罗杰斯·布鲁贝克、玛丽安·卡多根（Marian Cadogan）、哈特穆特·埃塞尔、马泰奥·富米加利（Matteo Fumigalli）、乔恩·福克斯（Jon Fox）、纳兹戈尔·甘德努什（Nazgol Ghandnoosh）、菲利普·戈尔斯基（Philip Gorski）、埃里克·考夫曼（Eric Kaufmann）、约翰·哈钦森（John Hutchinson）、韦斯利·希尔斯（Wesley Hiers）、马蒂亚斯·柯尼希、西尼莎·马莱斯维克（Sinisa Malesevic）、塔里克·莫杜德（Tariq Modood）、奥兰多·帕特森（Orlando Patterson）、阿比加尔·萨吉（Abigail Saguy）、彼得·斯塔马托夫（Peter Stamatov）、保罗·斯塔塔姆（Paul Statham）、阿特·斯廷奇科姆（Art Stinchcombe）、伊万·塞莱尼（Ivan Szelenyi）、埃迪·特尔斯（Eddie Telles）、詹妮弗·托德（Jennifer Todd）、莎拉·辛格·威默和林恩·扎克（Lynne Zucker）。

　　特别感谢米歇尔·拉蒙（Michèle Lamont），她邀请我参加在哈佛举行的会议，这为撰写这两章提供了最初的动力，并在各个阶段继续支持这个研究项目。第四章的部分内容发表在《族群和种族研究》（*Ethnic and Racial Studies*）2008 年第 31 卷第 6 期第 1025—1055 页上。第五章发表在《美国社会学杂志》（*American Journal of Sociology*）2008 年第 113 卷第 4 期第 970—1022 页上，它获得了美国社会学协会的理论奖，以及美国社会学协会（ASA）文化社会学领域的克利福德·格尔茨(Clifford Geertz)最佳论文奖的荣誉奖。

第五章的研究得到了瑞士国家科学基金会在其第 39 期国家研究计划(NAP)框架内的资助,以及人口、移民和环境基金会(苏黎世)的共同资助。已故的托马斯·施韦泽(Thomas Schweizer)帮助开发了网络研究的研究设计。迈克尔·博姆斯和哈特穆特·埃塞尔对这一章早期的德国版本发表了评论。这一章是基于发表在《族群和种族研究》2004 年第 27 卷第 1 期第 1—36 页上,以及《社会学杂志》(*Zeitschrift für Soziologie*)2002 年第 31 卷第 1 期第 4—26 页上的一篇文章,它获得了蒂森(Thyssen)社会科学最佳论文奖。

第六章是与现任加州大学圣迭戈分校助理教授凯文·刘易斯(Kevin Lewis)合著的。我非常感谢凯文引进并精通我们在本章中利用的相当先进的方法论工具。该论点的早期版本曾于 2008 年在佛罗里达州圣皮特海滩举行的国际阳光地带社会网络会议和瑞士纳沙泰尔(Neuchâtel)大学社会过程分析会议上宣读过。我们感谢尼古拉斯·克里斯塔基斯(Nicholas Christakis)、马尔科·冈萨雷斯(Marco Gonzalez)和杰森·考夫曼(Jason Kaufman),我们与他们合作收集了本章中分析的数据集。我们也感谢切里·明顿(Cheri Minton)在数据处理方面的帮助,感谢莫妮卡·索尼(Monica Soni)和玛丽亚·梅(Maria May)的研究帮助,感谢布莱恩·明(Brian Min)制作了图 6.2。感谢彼得·马斯登(Peter Marsden)、尼古拉斯·克里斯塔基斯、金耶尔·奥苏吉(Chinyere Osuji)和杰克·凯茨(Jack Katz)对这篇文章的早期草稿的评论。感谢罗杰斯·布鲁贝克、詹姆斯·奥马利(James O'Malley)和丹·施拉格(Dan Schrage)提供的鼓励和建议。我们特别感谢史蒂夫·古德劳(Steve Goodreau)和戴夫·亨特(Dave Hunter),我们依赖他们广泛的方法论反馈,在制作计算机 statnet 程序时,他们慷慨地考虑了我们的关切和需求。在帮助我们找到最合适的方式来聚集学生的品位方面,鲍勃·汉内曼(Bob Hanneman)和马克·纽曼(Mark Newman)同样给予了支持;卡特·巴茨(Carter Butts)建议我们使用替代性的基于置换的方法(permutation-based methods)来确认我们的发现。该章已发表在《美国社会学杂志》2010 年第 116 卷第 2 期上,并获得了美国社会学协会数学社会学领域的最佳论文奖。

第七章是基于与加州大学洛杉矶分校社会学系研究生托马斯·索尔合著的手稿改编的。我感谢尤瓦尔·范斯坦(Yuval Feinstein),他在项目的早期阶段担任研究助理。对于批评和有益的建议,我们感谢在加州大学洛杉矶分校的定量社会学研讨会,在伯尔尼大学、密歇根大学、牛津大学、普林斯顿大学、加州大学伯克利分校、洛桑大学和哈佛大学的社会学系,在伦敦大学学院举行的关于移民问题的会议,在加州大学洛杉矶分校教育系的高级定量方法研讨会,以及加拿大成功社会计划的一次会议上的诸位与会者。罗伯特·马尔(Robert Mare)、克里斯蒂安·乔普克(Christian Joppke)、筒井清辉(Kiyoteru Tsutsui)、陈达文(Tak Wing Chan)、米格尔·森滕托(Miguel Centento)、西贝尔·福克斯(Cybelle Fox)、克里斯蒂安·杜斯曼(Christian Dustman)、米歇尔·拉蒙和盖伊·埃尔切罗斯(Guy Elcheroth)邀请我到上述场所。蔡力(Li Cai)给出了方法论建议,马蒂亚斯·柯尼希、埃里克·施内德汉(Erik Schneiderhan)、珍妮弗·埃尔里克(Jennifer Elrick)、凯伦·法莱(Karen Phalet)、艾琳·布洛姆拉德(Irene Bloemraad)、希瑟·哈夫曼(Heather Haveman)和尤金·塔塔科夫斯基(Eugene Tartakovsky)对这一章的草稿版本发表了广泛的评论。

詹姆斯·库克(James Cook)欣然接纳了我提交给牛津大学出版社的原稿,詹姆斯·贾斯珀(James Jasper)仔细编辑了最终版本,并提出了许多有用的建议。我感谢他们两位。特别感谢我的朋友和同事罗杰斯·布鲁贝克、马蒂亚斯·柯尼希、米歇尔·拉蒙、史蒂夫·韦尔托韦茨和华康德(Loïc Wacquant),在过去的十年里,我有幸与他们进行了持续的对话,他们以许多不同的方式鼓励并在思想上滋养了这个研究项目。这本书是献给所有没有融入或以其他方式模糊了既有归属边界,并因此给一个不可分割的人类的古老观念带来新希望的人。

目　录

目　录

第一章 导 论

迈向族群边界制定的比较分析

过去关于族群性(ethnicity)的辩论大多是在二分法的框架中展开的。"原生主义者"(primordialists)指出,族群共同体的成员身份是与生俱来的,因而代表着社会世界的一个给定特征;而"工具主义者"(instrumentalists)则认为,个人在他们认为合适的不同身份认同之间进行选择。"本质主义者"(essentialists)断言,族群文化和族群认同在不同的社会背景下保持稳定;而"情境主义者"(situationalists)则表明,个人如何依据情境的变化逻辑来认同不同的族群类别。"永存主义者"(perennialists)坚称,族群性代表了人类历史上最稳定的社会组织原则之一,许多族群共同体已经存在了数千年之久;与之相对,"现代主义者"(modernists)则将族群性的凸显归因于过去两三百年以来民族国家的崛起。有些学者认为族群性是一种具有强烈心理根源的"群体认同",而与之对立的一些学者则认为族群差异主要是由个人或集体行动者不断变化的"利益"所驱使。[1]

20世纪80年代,一些学者试图调和这些立场,并达成理论的综合(McKay 1982;Bentley 1987;Keyes 1981;G. M. Scott 1990;Nagata 1981)。但到90年代末,建构主义、工具主义和情境主义相较于本质主义、原生主义和永存主义分别占据了优势,不过,本质主义、原生主义和永存主义这些相反的立场今天仍在被表达,而且比以往任何时候都更加复杂(请参见 Roosens 1994;Hirschfeld

1996；Gil-White 1999，2001；Darden 2012)，但它们不再主导主流话语。当今文献中对族群性之"建构性""竞争性"和"偶然性"特征的常规引用，以及同样常规的对原生主义的无谓批判，都证明了建构主义的主导地位(最近的研究，请参见Brubaker 2009)。

根据这一建构主义共识，研究者应当研究认知的类别或差异的话语，而不是族群(ethnic groups)；概述一个族群共同体是如何形成的，以及它后来是如何解体的，而不是描述它是如何沿着历史的道路前行的；研究对文化差异的不同主张，而不是观察一个族群文化的日常运作。今天很少有学者敢于主张族群文化和族群认同的给定性(givenness)、跨情景稳定性(transsituational stability)和深植性(deep-rooted)特征，尽管这些观念在美国大学的族群研究系中以及在碰巧涉及族群现象的经济学或哲学的非专业研究人员中仍然很普遍。

本书概述了这一建构主义共识的主要内容，并对其假设和成就进行了系统的阐述。然而，与此同时，本书试图通过为如下问题提供更精确的比较分析来超越这一共识，即分析如何以及为何族群性在某些社会和环境中重要，而在其他社会和环境中却不重要；以及为何它有时与不平等和排斥、与政治显著性和公共辩论、与持久忠诚和强烈认同相关联，而在其他情况下，族群性、种族和民族性(nationhood)并未构造(structure)资源分配，很少引发政治热情，并且只代表着个人认同的次要方面。目前为止，建构主义者的学术研究在对族群差异所发挥的这些不同作用的比较性阐释方面所取得的成果寥寥无几。

之所以未能发展出一种比较分析，可能是由于建构主义学者专注于认识论问题，专注于从族群性研究中祛除本质主义(essentialism)、物化(reification)和客观化(objectification)。这种努力有时会导致研究人员夸大建构主义立场，忽视族群性在如何塑造个人生活方面的经验差异。流动性和个人选择被过分强调，甚至在社会现实是以沿族群界线的明晰边界和高度社会封闭(social closure)为特征的地方——这反而印证了"本质主义"或"身份认同"研究路径。激进建构主义者甚至在族群性已经成为系统地构造个体生活机会的社会组织的主要原则的情况下，仍然把注意力放在族群诉求的情境不稳定性上。族群类别的可塑性被解读成以代际稳定为特征的历史，而这正是"永存主义者"所主张的。建构主义作为一种认识论的立场，即我们必须研究社会形态是如何通过日常的社会行动被创造和改造的观点,有时会与关于经验现实本质的本体论主张(即族群性本质上是短暂和不稳定的)相混淆。

族群形态的比较分析(Wacquant 1997)应当能够更系统地处理经验上的差异性,并解释族群性在不同的社会、情境和时期以不同的程度和不同的形式发挥作用的原因。为了完成这项任务,我们需要更精确的分析工具——理论原则、核心假设、研究设计、阐释和分析的模式,这些工具使我们能够对族群现象中的差异性做出比较性的解释,同时避免过度建构主义(hyperconstructivism)的"斯库拉"(Scylla)以及本质主义的"卡律布狄斯"(Charybdis)所带来的危险。①本书孜孜以求的正是此种比较分析。

这种比较分析有四个显著特点。第一,它建立在近半个世纪前由弗雷德里克·巴斯(Fredrik Barth)引入的边界隐喻(boundary metaphor)之上(Barth 1969b)。当行动者区分不同的族群类别并对这些类别的成员区别对待时,社会和象征的边界就出现了。每一种认同化(identification)("我是瑞士人")显然意味着一个分类边界(非瑞士人);每一个相应的行动(例如,帮助另一个瑞士人在洛杉矶找间公寓)都意味着歧视分界线另一侧的人(例如,不帮助来自瑞典的人)。聚焦于社会和分类的边界,使我们能够更精确地研究族群的形成和解体,而不像标准的社会学研究路径那样将这些群体和类别的存在和延续性视为理所当然。

"种族关系"(race relations)研究路径(Pettigrew 1980;Banton 1983;不同的观点请参见 Banton 2012)即是其中一例。这种研究路径先是将种族界定的共同体视为社会给定事实,然后才研究它们之间的可变关系。族群研究传统也认为需要进一步解释:为什么有些行动者沿着族群划分构造他们的忠诚和社会网络,而在其他情形中,族群性只是一种背景因素,对日常生活行为的影响甚微。类似地,社会心理学中的"集体认同"或"群体间关系"研究(Le Vine and Campbell 1972:pt.3;Scheff 1994;Dovidio et al. 2005;Phinney and Ong 2007)经常以一个社会的族群划分为出发点,而不是试图解释这是如何产生的,以及为什么人们会认同一个特定的类别,而不是另一个。

---

① 斯库拉是希腊神话中的女海妖,卡律布狄斯是希腊神话中位于女海妖斯库拉隔壁的大漩涡怪。有"between Scylla and Charybdis"(在斯库拉和卡律布狄斯之间)一说,意即在两个同样危险的事物之间,一个人逃出一种危险,而又落入另一种危险。——译者注

边界隐喻还提请我们注意为权力和威望而展开的斗争。因此,它与马克斯·韦伯(Max Weber)关于族群形成(ethnic group formation)作为社会封闭过程的分析(Weber 1978:341—348)或查尔斯·蒂利(Charles Tilly)关于"机会囤积"(opportunity hoarding)的论文(Tilly 2006)很好地联系在一起。这样,边界隐喻就阻止了将族群性视为仅仅是一个"想象的共同体"——运用本尼迪克特·安德森(Benedict Anderson)的著名术语(Anderson 1991)——的问题、一个认知分类和信息处理的问题,或者一个后现代学者所研究的归属话语的问题。

弗雷德里克·巴斯主要关注族群边界的再生产(reproduction):解释为什么尽管个人"跨越边界",尽管边界两侧的个人之间可能存在许多文化同化以及由此产生的相似性,然而它们仍然保持稳定。我们需要使这一分析更具动态性:首先表明这类边界是如何出现的,以及它们随后转变的逻辑可能是什么,即它们为什么以及如何被重新划定以包容新的群体或排斥迄今已被接受的群体,它们如何变得模糊难辨、含混不清和易于渗透,以及也许最终完全消失,或者相反,保持稳定并长期持续存在。这是许多作者都曾经呼吁的一个研究议程,这些作者包括在其经常被引用的文章(Barth 1969b:34)的结尾发出呼吁的巴斯自己、朱托(Juteau 1979)以及最近的拉蒙和莫尔纳(Lamont and Molnár 2002:186f.)——最后两位颇具影响力的文章在美国社会学家中推广了边界隐喻。

第二,我在族群边界研究中注入了大量的布迪厄社会学,以得出这样一个更动态的分析。正如开篇的警句所表明的,这意味着聚焦于行动者如何为哪些社会边界应该被认为是相关的而展开斗争,以及作为 X 与作为 Y 应该带来什么后果。布迪厄的观点将我们的注意力转移到制定(和废除)族群边界的过程上,这一观点已经包含在莱曼和道格拉斯(Lyman and Douglass 1973)关于族群刻板印象的日常管理的简短论文中,并随后在吉尔因(Gieryn 1983)关于"边界工作"(boundary work)的研究中得到了阐述。有关归属边界的斗争,可能像在族群冲突的情况下一样是明显、公开和政治性的,也可能更微妙、含蓄和嵌套在个人之间的日常互动网络之中(Lyman and Douglass 1973):例如,告诉移民她在社会结构中的地位应该是什么的微妙笑话;当有人唤起共同族群性的纽带时示意"我知道你的意思"的快速一瞥。本书提出的任务是理解这些为边界而进行的策略斗争的逻辑,确定这些斗争的展开如何受到它们所处的社会场域(social fields)的性质和结构的影响,以及分析这类日常互动如何反过来塑造这些更大的结构力量,并导致族群划分的转变或再生。

强调分类和联合的实践的策略性质——这是布迪厄和戈夫曼式传统在社会学中的标志——并不意味着只关注经济收益或政治优势。这些斗争的奖赏是多种多样的。它们包括属于一个被公认为社会合法组成部分的受尊重的共同体的荣誉和威望(马克斯·韦伯强调的"群体荣誉"),看到自己处于人类道德历史的顶点而不是在其阴暗的山谷中从而产生的尊严感[米歇尔·拉蒙(Michèle Lamont)研究的重点],以及归属于一个共同体所赋予的人身安全和心理稳定,人们可以依赖这个共同体的支持,并且在其中感到文化上"舒适自在"(许多社会心理学研究路径所强调的)。群体荣誉、道德尊严和个人认同,与更世俗的关注,例如获得牧场、职业、公共产品或政治权力,彼此结合在一起。因此,争论族群性主要是关于"利益"还是"认同"、是关于"物质"利益还是"理想",是毫无意义的。虽然这些二分法与西方二元思维的传统产生了很好的共鸣,但族群边界制定(ethnic boundary making)将这些不同的资源混合成一场关于谁应该在社会舞台上合法占据哪个位置的相互交织的斗争。

当然,并非所有这些斗争都涉及同样程度的尊严、荣誉、身份认同、经济资源或政治权力等问题。比较分析的一项最重要的任务是,确定在哪种条件下,个人确实对自己在分类网格(classificatory grid)中的位置产生了"深刻的"情感依恋和道德关切;以及在哪种条件下,这类关切仍然是工具性的和肤浅的(Cornell 1996)。然而,在所有这些不同的背景和构型(configurations)中,个人的行为是策略性的,即使他们的目标主要是提高对他们群体的荣誉或者他们的道德尊严和情感认同的认可(请参见 Goodwin et al. 2004)。微不足道的是,在我几十年穿行于来自世界各地的民族志文献的旅程中,我从来没有遇到过个人的目标旨在促进别人的荣誉、尊严或身份认同的单个案例。

第三,族群边界制定的比较理论的一个主要危险是,一切都从族群性、种族或民族性的视角出发。虽然这是个概念上的挑战,研究其他现象的学者也会面临这种挑战,但由于族群、种族和民族的类别往往高度政治化,这个问题会特别尖锐。因此,研究人员和社会非专业人士对其社会的性质有某些共同的假设,这些假设可能会使他们的观点产生偏差,并阻止更加无关联和更加充分的分析。

例如，许多可观察到的结果——收入高低、健康与否、社会网络的组成——都是沿着族群界线或种族界线而形成的。我们是否应该得出结论：族群边界制定的过程正在发挥作用，就像关于少数族裔（ethnic minorities）"种族化"的文献中所说的那样？

显然，我们需要把诸如对同族群人（co-ethnics）的优待和对族群或种族的局外人（outsiders）的歧视等族群过程，与诸如劳动力市场机构的日常运作或者对家族成员、具有相似教育背景的个人的优待等其他过程区分开来。在某些情况下，这些非族群的其他过程可能会聚合而产生一种族群模式。本书主张更系统地分清族群和非族群过程，以避免一种包罗万象的"族群视角"的诠释方法（Glick Schiller et al. 2006）。它提供了几种分析策略来解决这一任务，以及最适合完成此任务的研究设计的一些例证。

第四，比较分析需要充分考虑世界各地族群现象的差异。一个广泛而包容的视角，通常是人类学研究路径的标志，将帮助我们避免将我们自己社会的族群-种族（ethnoracial）秩序的特殊性视为理所当然，并继续纠缠于我们在其中所处的地位。我们把比较之网撒得越宽，就越有可能捕捉到各种颜色和形状的鱼——有鳍的和无鳍的，有锋利牙齿的或有软腭的，扁平的比目鱼和细长的鳗鱼——这使我们能够理解鱼是什么。例如，仅对一个物种进行研究将使我们对海豚的生活有丰富的了解，但不会帮助我们理解进化为使水下生命成为可能而设计的一般机制——甚至导致对这些机制的严重误解，就像我们从对海豚的研究中得出肺是鱼的必要特征的结论一样。同样，假设种族在世界各地的其他社会中发挥着类似于我们在美国所发现的作用，然后将其他地方缺乏种族意识解释为恶意否认或自我保护妄想的案例，这事实上不仅阻碍了我们对这些其他背景下的种族和族群性的理解，而且也阻碍了我们对其在美国社会中的作用的理解。

本书的灵感源自渔民的拉网作业。虽然许多章节侧重于西方的移民族群性，甚至更具体地说，侧重于当代美国、瑞士或欧洲等地的种族和族群边界，但其他章节则回顾了来自遥远地方和遥远时代的案例，试图梳理出反复出现的主题和模式，这些主题和模式是不同背景下族群边界制定动力的特征。这种对反复出现的过程模式的探索与主导族群性研究领域的案例研究方法形成了鲜明的对比。它也与大多数定性研究的过度情境主义（hyper-contextualism）相抵触：这种过度情境主义强调每个案例的特殊性、产生它的特定历史境况，以及它为观察者提供的独特见解。相比之下，这里所主张的边界制定研究路径（boundary-making approach）得到下述信念的滋养，即反复发生的一般机制与独特的历史事件和特定的条件结合可以产生社会现实，并且有可能将反复发生的机制与这些情境偶然性区分开来，从而对族群和种族边界的运作产生一些一般性的见解。这种信念使本书植根于过去十年左右里出现的"分析社会学"传统（Hedström and Bearman 2009）。

族群性、种族和民族性的整合观点

本书忠实于其拉网式研究路径，提倡一个广泛而包容的族群性定义。继马克斯·韦伯（Weber 1985:237）之后，族群性被理解为一个以共同的文化和共同的祖先为特征的群体的一种主观归属感。这种对共同文化和祖先的信念，基于被视为共同体"典型"的文化习俗，或基于共同历史起源的神话，或基于表明共同血统的表型（phenotypical）相似性（请参见 Weber 1978:385—398；Schermerhorn 1970；Erikson 1993；Jenkins 1997；Cornell and Hartman 1998）。在这种对族群性的广泛理解中，"种族"被视为族群性的一个亚型[2]，民族性也是如此。①如果表型特征或谱系血统（genealogical descent）[3]是群体成员身份的标志，我们就称之为体征性族群（ethnosomatic）群体。如果一个族群共同体的成员形成了民族的愿望并要求（或已经控制）一个他们自己的国家，我们就将这些类别和群体描述为民族（Jenkins 1997:chap.6；Weber 1978:921—926；Smith 1986）。进一步的族群亚型可以根据用于证实共同文化和祖先信仰的标记类型进行区分，最重要的是宗教性族群（ethnoreligious）②、地域性族群（ethnoregional）和语言性族群（ethnol-

---

① "种族"被视为族群的一个亚型，同样，民族也是族群的一个亚型。这样翻译可能更容易理解。ethnicity 一词既有"族群性"的涵义，也有"族群"的涵义。但前述的 ethnicity 定义（对一个以共同的文化和共同的祖先为特征的群体的一种主观归属感）明显是指"族群性"或"族群意识"，而不是"族群"。这里为了保持 ethnicity（族群性）和 nationhood（民族性）译法的前后一致，没有进行调整。关于 ethnicity 涵义的争论，请参见马腾嶽：《ethnicity（族属）：概念界说、理论脉络与中文译名》，《民族研究》2013 年第 4 期，第 13—25 页。——译者注

② 此处原文为 enthnoreligious，应为 ethnoreligious 的笔误，作者在书中的其他地方用的都是后者。有学者将 ethnoreligious 译为"族群-宗教的"或"族教的"，本书译为"宗教性族群的"。——译者注

inguistic)的类别和群体。

将"种族"视为"族群性"的特例,与美国民间对这些术语的使用是背道而驰的。"种族"主要与非裔美国人联系在一起,而"族群性"通常是指占主导地位的白人群体之间基于不同欧洲原籍国而产生的不太重要的区别。从 W. 劳埃德·沃纳(W. Lloyd Warner)的《扬基城》(Yankee City)开始(Sollors 1986:21—23),美国主流社会学将种族和族群性视为不同秩序的现象(请参见 van den Berghe 1991;Feagin and Feagin 1993;Omi and Winant 1994;Bonilla-Silva 1999;Cornell and Hartman 1998),这反映了非洲奴隶和欧洲移民后代在过去两个世纪经历的不同命运。虽然使用一个与某一特定社会的常识相矛盾的术语对其学者们来说是不方便的,但为了比较的目的而采用这种常识将是更有问题的(请参见 Loveman 1997;Kivisto 2003;Brubaker 2009),这至少有三个原因。

第一,将种族视为与族群性根本不同,忽略了这样一个事实,即同一个群体在历史的某个时刻可能被视为一个种族,而在另一个时刻则被视为另一种类型的族群类别。在 16—17 世纪,美国的非洲奴隶主要被定义为异教徒,他们的英国主人则被定义为基督徒。直到大约 1680 年以后,这种宗教性族群的区别才逐渐被"白人"和"黑人"的体征性族群的类别所取代(Jordan 1968)。第二,在卢旺达和布隆迪以及许多有族群暴力历史的其他情境中所发生的族群性种族化表明,表型差异通常只是作为族群区别的其他标志之一而被唤起。第三,在所谓固定、强加和排他性的种族与所谓流动、自我归属和自愿的族群性之间进行区分,并没有公正地对待那些族群经历了通常与种族相关联的不同程度的强迫隔离、排斥和统治的群集区域(constellations)(例如,当代科索沃的塞尔维亚人或塞尔维亚的阿尔巴尼亚人)。最后,体征性族群的族群性和其他类型的族群性之间没有明确的界线,可以证明有理由建立完全不同的分析对象,并运用不同的分析语言加以处理。

或许简要地讨论一下那些在美国似乎激发了反对上述包容性观点的人的政治担忧会有所帮助。他们认为,将种族作为族群性的一种特定形式,是邪恶的新保守主义议程(Omi and Winant 1994:chap.1)的一部分,目的是否定种族主义意识形态在世界殖民化中所扮演的角色,否认种族排斥在当代美国社会和其他社会中仍具有相关性(Bonilla-Silva 1999:899;Winant 2000:179)。然而,一个包容的定义并不意味着种族在美国不再重要。相反,它让我们看到,通过将美国案例置于比较的视野中,它有多重要。在这个比较视野中,我们将会发现,人口中存在表型差异但没有种族化群体的社会(Sanjek 1996:5—6;Horowitz 1971)、没有表型差异但有彼此严重对立的种族化群体的社会[4],以及与美国的种族一样具有排斥性的非种族化的族群分化系统。一个包容的定义不仅允许我们更好地定位美国的经验,而且也防止我们将这个特定社会的特定体征性族群秩序误解为一种普遍的社会组织形式,然后将这种形式投射到全球其他社会之上(有关布迪厄与华康德对这一做法的痛斥,请参见 Bourdieu and Wacquant 1999;Bonnett 2006)。

在捍卫了一个包容的族群性定义之后,我将简要地阐明本书的边界概念。边界既显示类别维度,又显示社会维度或行为维度。前者指的是社会分类和集体表征的行为,后者是指由个人的联系和疏远的行为所产生的日常关系网络。在个体层次上,类别维度和行为维度表现为两种认知方案:一种将社会世界划分为"我们"和"他们"两个社会群体,另一种则提供行动脚本,即如何与在特定情况下被划分为"我们"和"他们"的个人建立联系。只有当这两种方案相吻合,当看待世界的方式与在世界上的行动方式相一致时,我们才会谈论社会边界。[5]

诚然,边界概念并不意味着世界是由界限分明的群体组成的。正如我在随后的章节中所表明的,族群区分可能是模糊的,边界可能是柔软的,没有清晰的界限,并且几乎没有社会后果,因而允许个人保持几种类别的成员身份,或者根据情境转换身份认同。边界的概念并不意味着封闭和明确,其程度因不同社会、社会状况或制度背景而有所不同。它代表了族群性比较研究的首要任务之一,即解释这种程度不同的边界性(boundedness)。

章节概览

第二章首先讨论了传统的族群性社会学研究路径。其中许多都来源于约翰·戈特弗里德·赫尔德(Johann Gottfried Herder)的原始浪漫主义哲学(proto-romantic philosophy),他自 18 世纪末以来一直激发着西方对族群性和民族性的思考。赫尔德的遗产可以追溯到当代的美国族群性研究，这也是许多欧洲研究文献的模式。同化论（assimilation theory）、多元文化主义（multiculturalism）和族群研究都想当然地认为，将社会划分为族群在分析和经验上都是有意义的。每一个族群都应该具有特定的文化、紧密的团结网络和共同的身份认同。

在过去的几十年里，主要是在人类学研究中，赫尔德这三个经典的要素已经被彻底修改。首先，许多族群分类系统是由等级嵌套的类别组成的，并非所有这些类别都与紧密的社会联系和相应的社会边界有关（第六章探讨的主题）。这可能会使识别"族群共同体"成为一项困难的工作。其次，一个族群类别的成员可能表现出相当大的文化异质性，因此无法识别特定的"族群文化"（第七章所述的主题）。最后，族群边界系统具有冲突和争议的特点，以至于在谁是什么、谁应该得到什么问题上没有达成基本共识，这破坏了"共同的身份认同"将族群共同体凝聚在一起的观念（见第五章）。

边界制定视角有望克服这些困难，因为它使我们能够分析族群的涌现和转变，而不必把这些共同体的存在"硬接"（hard-wiring）到观察和理论的装置中去。在综合总结了这一新兴范式的主要理论主张之后，我提出了一些方法，以超越迄今为止所取得的成就，并将边界研究路径应用到未来的实证研究中去。首先，我阐述了影响族群边界制定动力的三个主要机制和因素，这里先扼要介绍一下第四章将详加阐述的内容。它们是社会场域的权力分配、既有社会网络的覆盖范围以及为划定某种边界而不是其他边界提供激励的制度环境（institutional settings）。我展示了如何将这个理论应用于劳动力市场的族群边界研究，以及如何将劳动力市场的族群封闭与可能会聚合而产生某种族群人口模式的其他过程（包括网络招聘、教育分类等）分离开来。该章节以一系列的研究设计结束，大多基于非族群的观察和分析单元，从而更好地理解这三个因素如何塑造族群形成的过程，并使族群机制和非族群机制更容易地分离开来。本书的最后三章将提供这些研究设计的具体例证及其产生的结果。

在对边界制定研究路径的主要轮廓和承诺进行了介绍性概述之后，下面两章将介绍更详细的理论。第三章概述了边界制定行动者可以采取什么可能的策略，以及他们如何尝试实施他们对社会合法划分的愿景——再次借用布迪厄的话。我区分了五种主要类型：通过扩大或限制属于自己族群类别的人的范围来重新划定边界的策略,通过挑战族群类别的等级排序,或通过改变自己在边界系统中的地位,或通过强调其他非族群形式的归属来改变现有边界的策略。

然后,我概述了各种边界制定方法(means):使用特定的族群类别对社会世界(从日常谈话到人口普查形式)进行话语描述;运用可以明确识别群体成员的文化符号(cultural diacritics)(例如,说话方式、服装、装饰性疤痕)象征性地标记群体边界;优待自己群体的成员并歧视局外人;在政治上组织起来,从而凸显某一特定族群类别;或对特定族群类别的成员使用暴力和恐怖行为。所有这些方法有助于将一个纯粹的类别转变成一个有界的群体,使族群变得"自在和自为",就像马克思所说的那样。

这种分类法适用于发达国家和发展中国家的大量历史和当代案例。它的目的是克服现有研究在学科和区域专业化方面的碎片化,使我能够表明,划定边界的方式的数量是有限的,并且处于截然不同的背景(从"传统"农村环境到现代大都市)和历史时代(从18世纪帝国时代到后现代认同政治时代)中的行动者也使用了类似的策略。这为下一章介绍的族群边界制定的比较理论奠定了基础。

第四章首先概述了这种比较研究路径需要考虑的族群边界性质变化的最重要维度:社会封闭、政治显著性、文化分化和历史稳定性在程度方面的差异。如上所述,比较种族和族群性的文献主要集中在原生主义和建构主义之间的定义辩论之上。在拉蒙和莫尔纳(Lamont and Molnar 2002)呼吁研究不同边界属性(diacritics)是如何产生的之后的十年里,在解释为什么一些族群结构(constellation)符合原生主义者的观点,而另一些族群结构则证实了建构主义者的主张方面,几乎没有什么进展。第四章介绍了一个比较框架来解释这些不同的形式是如何产生和转变的。

该模型假设族群边界源于行动者之间的互动,这些行动者采取了不同策略,并配备了第三章中概述的各种边界制定方法。社会场域的三个特征——制度、权力等级和政治网络——决定了这些行动者将采取哪些策略选项。然后,我讨论了这些不同的策略在何种条件下收敛(converge)在对边界的位置和意义的共同理解之上。最后,这一共识的性质决定了作为特定族群边界之特征的封闭性、显著性、文化分化和历史稳定性的程度。下面的三章展示了如何将边界制定理论运用于实证研究。

第五章研究了瑞士的多族群邻里（neighborhoods）①中出现的分类和网络边界。用邻里而不是族群作为观察单元，我们可以观察日常群体形成的模式，而不事先假定其必然沿着族群界线而聚集。这一章首先分析了邻里居民用来描述其社会世界的社会类别，无论是不是族群性的。我们发现种族或族群-民族（ethnonational）划分只是分类的次要原则。瑞士人与来自意大利和土耳其的老牌移民都区分了局内人（insiders）（那些尊重当地有关体面、谦逊和秩序方面的规范的人）和局外人（outsiders）（大多是新来的移民和来自另类圈子的瑞士年轻人）。社会网络在很大程度上对应于这一分类边界：虽然绝大多数联系局限于同族群人之间，但外群体联系（out-group ties）仅限于邻里的老牌居民，而且几乎从未扩展到包括新来的移民。总的来说，分类边界和网络边界趋于一致，产生了针对新来者的明显的社会封闭形式——尽管人们对社会世界和不同的网络构成有截然不同的看法，但这是大多数老牌居民都同意的最小共识。

边界制定研究方法非常适合于揭示这种分类和封闭系统的逻辑。如果我们通过传统的族群视角观察这些邻里的社会世界，我们就会错过局内人和局外人之间的区别；如果只是描述意大利人、土耳其人和瑞士人的"社群"内部是如何组织的，以及他们如何相互联系，就会忽略将所有这些人与瑞士人和新移民分隔开的那个最重要的社会边界。最后的结论部分展示了这种局内人和局外人的区分，如何为过去15年里在瑞士崛起的仇外民粹主义（xenophobic populism）运动提供了肥沃的土壤。为了强调边界制定研究路径所提供的独特分析优势，这种对反移民情绪和政治的诠释，与最近从美国社会学出口到欧洲大陆的"种族化"理论形成了鲜明对比。

第六章更加聚焦于社会网络，并说明了如何将族群与非族群过程分离开来，这些过程共同产生了网络中不同程度的族群同质性（homogeneity）。它还阐明了将族群分类系统的嵌套特征考虑进来有多么重要，以及理论和经验上需要什么来具体说明社会封闭在这些分化层次中的哪个层次上实际发生。这一双重议程与网络研究的标准研究路径形成了鲜明的对比，后者的一项又一项研究往往将

---

① 也有学者将 neighborhoods 译为"社区"。这里译为"邻里"，以与 community（社区）相区别。——译者注

在美国人的网络中发现的高度种族同质性不加批判地归因于个人的种族偏好。

这一章利用了一个基于大学生脸书（Facebook）主页的新数据集，其中包括这些学生异常大量的背景特征，以及除同种族（same-race）偏好之外的一系列联系形成机制。先进的统计方法使我们能够实证地区分这些不同机制和特征的影响。我们首先表明，这些学生网络中的种族同质性不仅源自种族封闭本身，而且源自对相同种族背景的同族群人的偏好。这凸显了第二章中提出的观点的重要性：如果不注意族群-种族分类系统的分层嵌套（segmentally nested）特点，就有可能将对同族人的偏好错误地归因于种族边界制定策略。而且，非族群的联系形成机制放大了种族偏好的影响：回报友谊或与朋友的朋友交朋友的倾向产生了额外的同种族友谊，这种友谊与对同种族个体的偏好无关。

第二步，我们通过比较种族封闭与其他联系形成机制的影响程度，进一步阐明种族封闭的重要性。回报友好关系，与共住一个宿舍的人或者与同样具有"精英"背景或来自美国特定州的人交朋友：所有这些机制对联系形成过程的影响比种族嗜同性（racial homophily）更大。这是否意味着我们所研究的大学生代表了未来"无肤色歧视"美国的先锋派？关键的问题却在于另一方面：如果我们对这些学生的网络进行传统的分析，我们就会确认美国社会的标准观点，并再次表明他们的网络表现出高度的种族同质性。本书所提倡的边界制定研究路径要求我们超越关于种族在当代美国的相关性的这种所谓理所当然的假设，并以更精确的方式研究它的影响，从而使我们能够将种族边界制定与其他容易混淆的过程和机制分离开来。

第七章论述了赫尔德关于族群性观点的第三个支柱：族群性巧妙地映射到文化差异之上，并表达了文化差异。更具体地说，每个族群都应该具有特定的共同价值观和规范，两个族群共同体的文化渊源越是彼此远离，彼此之间的区别就应该越大。边界制定理论则提供了另一种观点。它认为，价值观差异是源于沿族群界线所形成的社会封闭，而不是族群差异本身。因此，只有当两个族群之间的边界高度排斥和封闭时，其世界观和价值观才会有所不同。

这一章运用在 24 个国家进行的欧洲社会调查（European Social Survey, ESS）所得出的数据，从经验上评估了这一命题。我们为 380 个族群添加了新的编码，注意到封闭程度以及少数群体（minorities）和多数群体（majorities）之间的文化距离。统计分析表明，族群层次的差异仅占个人所持有的价值观差异的一小部分，从而挑战了赫尔德的观点，即每个族群共同体都生活在自己独特的规范世界中。而且，这些小部分的群体层次差异是由政治排斥而不是由文化距离来解释的。

这些发现破坏了关于族群性和文化差异的所谓理所当然的假设，这些假设是主流社会科学理论和研究的重要支柱。因此，这一章对常识性的族群性概念做了三个方面的修正。一是瞄准族群性与共同体之间的联系，并表明归属的边界不一定是沿着族群界线划定的，甚至在族群异质的社会场域中也是如此。二是通过证明分类系统通常是多层次和分层嵌套的，修正了以一个明确的身份认同类别来识别族群性的观点，这对我们理解族群形成过程有着重要的影响。三是通过将族群性和文化差异之间的关系重新构思为社会封闭问题，最后一章进一步推动了对族群现象采取分析上更具差异化和理论上更复杂的研究路径。

【注释】

[1] 这些二元对立以各种组合形式出现。在一些人看来，他们沿着一条宏伟的战线排列，将建构主义-工具主义-情境主义-利益论研究路径（approaches），与本质主义-原生主义-永存主义-认同论阵营分开。然而，一些辩论跨越了这一分界线。例如，强调个人选择和经济利益的建构主义者与其他将认同形成（identity formation）设想为一种集体过程的建构主义者之间也争论不休。

[2] 将种族定义为族群性的一种特殊案例的研究包括 Gordon（1964）、Wallman（1986：229）、Sollors（1991：chap.1）、Anthias（1992）、Loveman（1997）、Patterson（1997：173）、Nagel（2003：chap.2）和 Banton（2003）。

[3] 然而，与部落相比，体征性族群并没有通过多代谱系图（genealogical charts）来定义成员身份，而且个人也不太了解整个谱系的结构。例如，在美国，定义种族类别成员资格的"一滴血规则"（one-drop rule）是根据"纯洁/污染"的逻辑来运作的，而不是按照部落群体中共同的、特别命名的祖先的谱系血统。更普遍地说，祖先原则在定义部落（和亚部落）成员时使用严格的谱系术语，而在定义族群成员时则使用更模糊和隐喻性的谱系术语。很明显，部落可以被嵌套（nested）在族群中（如苏丹或乍得的各种"阿拉伯人"部落）。同样的嵌套原则也可能适用于族群的亚型（如尼日利亚的基督徒又分成几个族群）。

[4] 参见施莱（Schlee 2006：82）描述的伦迪尔族（Rendille）中"红人"和"白人"之间的区别。日本的部落民（Barakumin 应为"Burakumin"，疑原书有误。——译者注）可能代表了另一个没有表型差异的"种族"案例。

[5] 关于族群性两个维度之间关系的最好讨论仍然是 Mitchell（1974）；关于边界概念，参见 Lamont（1992：chap.1）。一个几乎没有行为后果的类别划分的例子是，大多数当代美国人针对无神论者划定的明晰道德边界（Edgell et al. 2006）。

第二章　赫尔德的遗产

如何不思考族群性

在 18 世纪哲学家约翰·戈特弗里德·赫尔德的眼中,地球上居住着许多类似于自然世界物种的不同民族(peoples)。赫尔德坚持认为,每个民族都代表着人类共有的教养[或教化(*Bildung*)]能力的一个独特表现(Herder 1968:226;赫尔德关于民族平等的模棱两可之处,请参见 Berg 1990),而不像当时法国和英国传统中常见的那样,根据外表和先天特征将人类划分为"种族"(Herder 1968:179),或者根据其文明成就对民族进行排序(Herder 1968:207,227)。

赫尔德庞大的百科全书式的《人类历史哲学思想》(*Ideen zur Philosophie der Geschichte der Menschheit*)一书讲述了这些不同民族的涌现和消失,它们的文化繁荣和衰落,它们的迁徙及其对当地生存环境的适应,它们的相互驱逐、占领和征服。每个民族都有三个特征。首先,每个民族都形成了一个由其成员之间密切联系而形成的共同体(Herder 1968:407),或者,用浪漫主义政治理论创始人亚当·米勒(Adam Müller)的话来说,一个"民族的共同体"。其次,每个民族都有自我意识,即一种基于共同的历史命运感的身份认同(Herder 1968:325)。最后,每个民族都拥有定义了一种独特世界观的自己的文化和语言,即赫尔德所说的"一个民族的天赋"(Herder 1968:324)。

简而言之,根据赫尔德的社会本体论,世界由各个民族组成,每一个民族都有一种独特的文化，因社群主义的团结而结成一体，因共同的身份认同而凝聚在一起。因此，它们构成了任何历史或社会调查的不言而喻的观察和分析单元，这是细分人类群体的最有意义的方式。按照这种本体论，族群和文化绝非一成不变的——我们发现赫尔德的著作对这个或那个民族的起源以及文化繁荣或者衰落和最终灭绝进行了充分的讨论。赫尔德也没有假设所有个人都平等和整齐划一地依附于其族群共同体，或者这种依恋具有某种自然的、生物性的基础。换句话说，赫尔德不适合扮演一个稻草人（straw man）①的角色，对建构主义者痛斥原生主义者对手中所存在的"自然化"（naturalization）、"本质化"（essentialization）和"非历史主义"（ahistoricism）负有知识上的责任。如下所述，赫尔德本体论的问题存在于别处。

赫尔德的遗产

赫尔德不仅在民俗学和文化人类学方面（Berg 1990；Wimmer 1996c），而且在社会学、政治学和历史学方面给他的直接继承者们留下了他的印记。虽然民族国家的崛起和全球蔓延改变了我们今天使用的术语——如果实现建国，赫尔德意义上的"民族"（peoples）就变成了"国族"（nations）②，如果没有建国，"民族"就变成了"族群"（ethnic groups）——但他的社会本体论的许多方面得以幸存。它还塑造了本章将重点关注的关于移民族群性的实证研究，尽管赫尔德的遗产显然并未对所有的民族研究传统、理论研究路径或方法论阵营产生同样程度的影响。

例如，将法国民族划分为不同的族群，长期以来该国主流研究对此深恶痛绝

---

① 稻草人谬误（straw man fallacy），又名假想敌谬误。稻草人谬误是一种错误的论证方式，指在论辩中有意或无意地歪曲理解论敌的立场，以便更容易地攻击论敌，或者回避论敌较强的论证而攻击其较弱的论证。因为这类似很多文化中制作对手人偶进行诅咒攻击的巫术信仰，所以就有了"稻草人谬误"这个名字。这样的谬误常常出现在观点交锋中：设立一个根本不存在的靶子进行批判。对手的观点明明是 A，可为了自己批评的方便，将对手的观点推向某个极端或贴上某个标签，说成是 B，然后对 B 观点大加批评。——译者注

② nation，一般译为"民族"，指民族国家意义上的"民族"。由于汉语中"民族"有两种涵义，nation 对应于费孝通先生所言的一体层次上的民族，区别于多元层次上的"民族"（ethnic group）。这里似乎可以译为"国族"或"国家意义上的民族"，以便与 peoples（民族）相区别，但在下文中，nation 还是按照通常的习惯译为"民族"，并与族群（ethnic group）相区别。——译者注

(Meillassoux 1980；Le Bras 1998)。与受多元文化主义哲学影响的学者相比,在理性选择理论(Esser 1980)或经典马克思主义(Castles and Kosack 1973；Steinberg 1981)传统中进行研究的学者不太愿意接受赫尔德的本体论。以个人为分析单元的、基于变量的定量研究避免了社群研究(community studies)的许多陷阱。

无论好坏,我将把以下讨论仅限于北美智识潮流,它们代表了其他民族背景下大多数研究的灵感来源(有人可能称之为霸权式的强加和被迫从属),并且仅限于三种研究路径:同化论、多元文化主义和族群研究的各种分支。这些范式在不同程度上依赖于赫尔德的本体论,并强调了族群共同体、族群文化和族群认同这一赫尔德式三位一体中的不同元素。然而,他们都同意,将族群作为不言而喻的分析和观察单元,并假设按照族群界线而不是阶级、宗教等来划分社会,是推进我们对移民吸纳(immigrant incorporation)的经验理解的最佳方式。

赫尔德的本体论在经典同化论中最为明显,该理论研究了不同族群共同体如何沿着单向道进入"主流",最终融入白人的、新教徒的、讲英语的美国民族。融入这一"主流"需要通过异族通婚(intermarriage)和空间散布来瓦解族群共同体,通过文化适应(acculturation)①过程稀释移民文化,以及族群认同的逐渐但无情的减少,直到剩下的一切都被称为"象征性的族群性"(symbolic ethnicity)(Gans 1979)。在对同化论的定义性阐述中,戈登(Gordon 1964)指出,族群文化的消失("文化适应")将首先导致族群共同体和团结的瓦解["结构性同化"(structural assimilation)],最后是独立的族群认同的消亡。将族群作为分析单元,假设族群具有独特的文化、封闭的社会网络和共享的身份认同,并将这些族群与未分化的(undifferentiated)民族主流即这些其他"民族"最终会融入其中的"民族"相并列,戈登显然是在赫尔德的框架内思考的[有关理查德·阿尔巴(Richard Alba)和倪志伟(Victor Nee)的同情性批判,请参见 Alba and Nee 1997：830f.]。

当代版本的同化范式已经修正了戈登的许多假设(Brubaker 2004：chap.5),其中最重要的是,所有的道路都应该并且将通向主流,社会接纳主要取决于以前的文化同化。在理查德·阿尔巴和倪志伟对戈登理论的重新阐述中,个体层次

---

① acculturation,又译为"文化同化""涵化"等。——译者注

的同化过程与群体层次的同化过程有明显区别（Alba and Nee 1997：835），作为"同化的社会经济维度"的向上社会流动性取代了戈登著作中对文化和社群封闭的关注。这为智识事业增加了相当大的复杂性和解释力。

不过，我们还是在如何构想个体层次的过程方面发现了赫尔德本体论的一些残余：将其构想为区分不同族群共同体的同化路径，而不是区分诸如农民子女与专业人士、难民与劳工移民的同化路径。因此，在对空间散布（Alba and Logan 1993）或房屋自有权（Alba and Logan 1992）的精心研究中，个体层次的同化统计模型是为每个少数族裔群体单独计算的，而没有表明这种二次抽样策略最拟合数据。个体层次变量大小的差异旨在用来揭示族群歧视等群体层次的过程（Alba and Logan 1993：1394）。在另一篇关于族群之间异族通婚率的论文（Alba and Golden 1986）中，作者在没有引入个体层次的控制的情况下就因此假设，譬如波兰裔妇女与波兰裔男人结婚是因为族群嗜同性（ethnic homophily），而不是因为共同的地域、职业或其他机遇结构（opportunity structures）的影响（请参见第六章的详细讨论）。

"分层同化论"（segmented assimilation theory）除了戈登描述的标准同化路径之外，还设想了两个结果（Portes and Zhou 1993）。在以迈阿密的古巴人社区为例的飞地移民吸纳模式中，族群可能会随着时间的推移而持续存在，并允许个人在飞地经济中实现向上的社会流动，而不必与主流人群建立社会联系，不必适应主流文化，也不必最终认同民族多数群体（national majority）。当移民遵循"向下同化"（downward assimilation）的路径时，例如迈阿密的海地人或加利福尼亚州中部的墨西哥移民，他们不是与白人主流，而是与美国社会的黑人阶层或早期移民浪潮中受压迫和贫穷的社群，发展社会联系、建立认同和进行文化适应。

哪种吸纳模式将占上风取决于一个共同体是否被政府接纳，它所遭遇的歧视，以及最重要的，它所能激起的内部团结（Portes and Zhou 1993：85—87）。正如这一简短的特性描述所表明的那样，"旧"同化论的基本分析方案再次得到保持：尽管偶尔关注群体内部的差异（ibid.：88—92），但族群作为赫尔德式的整体沿着三种可能的同化途径前进，选择哪一条途径取决于团结程度（ibid.：88—92；Portes and Rumbaut 2001）或者族群文化的具体特征（Zhou 1997；Tran 2011）。[1]换言之，人们总是假设，而不是凭经验证明，文化差异和团结网络是沿着族群界线聚集起来的。

同化论的天敌——多元文化主义或赫伯特·甘斯（Herbert Gans）所称的"保留主义"（retentionism）（Gans 1997），则向全面的赫尔德主义回归。在上文讨论的各种新同化论中，族群文化很少在解释工作中占据中心地位[2]，与之形成对比的是，多元文化主义则认为每个族群都有一个独特的规范和文化偏好的世界，而这些文化在很大程度上不受向上的社会流动或空间散布的影响。这种族群文化和共同体需要获得公开承认，以便允许少数群体的个人在群体特有的善好生活（good life）①观念下生活，从而享有一个自由、民主国家应该保障的一项基本人权。

威尔·金里卡（Will Kymlicka）的最新著作就是多元文化主义传统的杰出学术典范的一个例子（Kymlicka 2007）。该书仔细分析了自由多元文化主义在西北欧和北美成为主要政治范式的具体历史条件。然而，出人意料的是，作者最终却倡导自由多元文化主义在全球其他地方的传播，而不管这些条件是否已经得到满足。我已经在其他地方（Wimmer 2008）表明，这是因为其分析受赫尔德本体论的束缚：金里卡的世界由族群组成，每个族群都有自己的文化，并且自然倾向于内群体（in-group）的团结。多数群体支配少数群体，从而侵犯了他们的基本文化和政治权利。这种侵犯少数群体权利的行为会产生冲突，而相反，赋予这种权利会减少冲突。从这个角度来看，全球化的多元文化政策确实普遍流行，尽管该方案遇到了种种困难，因为在该书第一章中确定的必要条件很少得到满足。用更具争议性的术语来说，赫尔德本体论保护威尔·金里卡的规范立场不受他自己的实证比较分析的见解的影响。[3]

同样直截了当的赫尔德主义也主导了美国大学及其他研究机构的族群研究。如果不假定族群认同的给定性和明确性、族群文化的完整性和一致性以及族群共同体的团结性，那个将"亚裔美国人研究""美国原住民研究""墨西哥裔美国人（Chicano）研究"和"非裔美国人研究"构成为独立的社会科学学科的原则本身恰恰是值得怀疑的。因此，各种族群研究系延续了19世纪欧洲新建立的民族国家的历史和民俗系发展起来的所谓解放的、左派赫尔德传统。这些研究机构

---

① 也译为"善的生活""美好的生活"。——译者注

记录了他们的民族反对其他族群压迫的斗争,以及他们最终从外国统治的枷锁中解放出来。[4]

族群研究坚持认为,沿族群界线所形成的社会封闭和歧视是移民社会的永久特征,这与经典同化范式相反,后者将这种封闭视为通往主流道路上的一个临时阶段。让我通过简要地讨论其最著名的支持者之一的一篇文章来说明这种范式的(左派)赫尔德本质。

博尼拉-席尔瓦(Bonilla-Silva)认为,来自全球南方(global South)的大量移民以及民权运动后出现的新的、隐蔽的种族主义形式正在改变长期以来作为美国社会特征的白人黑人双种族(biracial)的社会结构。为了面对这三重挑战,保持"白人至上",白人"(1)创建了一个中间种族群体来缓冲种族冲突,(2)允许一些新移民进入白人种族阶层,以及(3)将大多数移民纳入黑人集体阶层"(Bonilla-Silva 2004:934)。被划分为这三个种族类别的单元是独特的族群共同体,例如日本人、巴西人、越南人和赫蒙族人(Hmong)①。为了从经验上支持这一说法,博尼拉-席尔瓦使用了个人收入的调查数据,并按族群进行汇总,然后根据平均值进行排序(Bonilla-Silva 2004:935),该排序被认为完全且唯一地由遭受白人多数群体的种族主义的不同程度所决定。因此,这种分析以公理化的方式预先假定,社会世界是由族群共同体以及它们之间的对立和压迫关系组成的,而不需要提供任何形式的实证支持(更详细的批判,请参见 Loveman 1997)。[5]

超越赫尔德研究路径的三点进展

关于族群性的比较研究文献至少提供了三种见解,它们表明将族群作为具有独特文化、共同认同和社群团结的不言而喻的观察单元是有问题的。这些见解中没有一个是移民社会学家完全不知道的,但它们对族群研究的综合意义还没有被充分地纳入移民研究之中。对这三点加以更深入的阐述似乎很有必要。[6]

弗雷德里克·巴斯是第一个质疑赫尔德关于族群必然具有共同文化特征这一假设的人(Barth 1969b;但是更早的源头,请参见 Boas 1928)。图 2.1 中的两张

---

① 赫蒙族是一个跨境民族,在中国称为"苗族",迁移到越南以及老挝、缅甸、泰国的苗族居民都自称"赫蒙"。1975 年,因印支战争影响,约 10 多万赫蒙族人饱受战争之苦,沦为难民而流入泰国。而后,在泰国政府以及有关国际救援组织的帮助下,有 6 万赫蒙族难民移居美国。——译者注

图有助于说明巴斯的研究路径。左图代表了赫尔德的观点,根据这一观点,族群忠实地反映了文化差异的景观。该图将这个景观呈现在一个三维空间中,它大概展示了在语言(x轴)、宗教虔诚度(y轴)和性别关系(z轴)方面的相似性和差异性,这样,具有最相似文化倾向(dispositions)的个人就会彼此靠近。在这个赫尔德的世界里,族群整齐地映射在这片文化相似性和差异性的景观上。

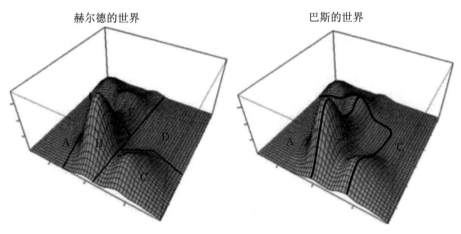

赫尔德的世界   巴斯的世界

图 2.1 社会世界的两种观点

在一本被广泛引用的民族志论文集中,巴斯及其同事(Barth 1969a)表明,在世界各地,许多情形实际上并非如此(参见图 2.1 的右图)。相反,族群区分是标记和维持边界的结果,而与从外部观察到的文化差异无关。巴斯的边界研究路径暗示了族群性的人类学研究的范式转变:研究人员将不再研究 A 族群或 B 族群的"文化",而是研究 A 和 B 之间的族群边界如何被镂刻在连续的文化变迁(cultural transitions)景观之上。族群性不再是客观定义的文化的代名词,而是指行动者通过指出将他们与族群他者(ethnic others)区分开来的特定符号来标记群体边界的主观方式。在本书的最后一章,我将重新审视这场辩论,并实证性地表明,不同族群类别的成员不一定持有不同的文化价值观。只有当族群边界与高度的社会封闭相关联时,这种价值观差异才会发生。[7]

人类学思维的另一个分支起源于摩尔曼(Moerman 1965)并演化为所谓的情境主义学派(situationalist school)(Nagata 1974;Okamura 1981;以及 Lyman and Douglass 1973),这一分支证明了族群认同可能具有关系性,并产生了分层嵌套的等级结构,而不是具有明确、互斥的集体认同的不同群体。[8]让我用美国的一个例子来说明这一点。主流社会科学在其研究实践(Martin and Yeung 2003)中经常再现的种族本质主义(racial essentialism)认为四个"种族"是美国社会的主要基石:白人、非裔美国人、亚裔和西班牙裔(Hispanics)①。然而,从摩尔曼的视角来看,一个更具差异性的画面出现了。图 2.2[受詹金斯(Jenkins 1994:41)的启发]代表了"亚裔""白人"和"西班牙裔"通过自我认同或通过他人分类而与之关联的可能的类别范围。

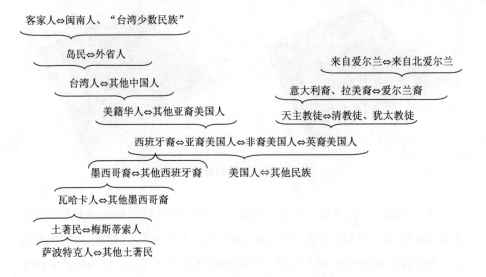

图 2.2　摩尔曼关于美国种族和族群性的观点

一位台湾的"亚洲"人,在访问一个讲闽南语的家庭时,可能会突出她作为一个讲客家语(Hakka,台湾方言之一)的人的身份认同。当遇到 1948 年后来到台湾的一个讲普通话的家庭时,客家人(Hakkas)和闽南人(Holos)都可能被归类为"岛民",然而,这三类人都可能与来自中国大陆的"新"移民保持距离(Kibria

①　有学者认为 Hispanics 译为"西语民族"或"西裔"为佳,最好不译成"西班牙裔",更不能将其译为"拉美裔"或"拉丁美洲裔",因为这似乎有悖"Latinos"和"Hispanics"之间的差异。参见钱皓《关于"Hispanics"的翻译及其他》(《世界民族》2003 年第 6 期)一文。但为了语义理解上的方便,这里还是译为"西班牙裔"。——译者注

2002)。大陆人和台湾人在遇到日本人时,可能会被视为中国人,并将自己视为中国人,而在遇到非裔美国人时,则会被视为亚裔。同样的情境区分适用于爱尔兰血统的人(请比较 Waters 1990:52—58)或来自墨西哥瓦哈卡州中部山谷的萨波特克人(Zapotec)(请参见 Kearney 1996),如图 2.2 所示。

种族分类系统的这种嵌套特征导致了对赫尔德本体论的双重修改。首先,并非所有族群类别都对应于由密集的团结网络结合在一起的社会群体,这是布鲁贝克(Brubaker 2004)的《无群体的族群性》(*Ethnicity without Groups*)这本书恰如其分的主题。[9]一些更高层次的类别(如"亚裔"或"西班牙裔")可能与政治有关(Padilla 1986;Nagel 1994;Espiritu 1992),但与诸如找工作、房子或配偶等日常生活行为无关(Kibria 2002)。

其次,由于位于不同分化层次上的类别并不相互排斥,因此,较低层次的类别是否会对更高层次的类别造成影响,并不总是很清楚。例如,当我们发现西班牙裔的社会网络主要由其他西班牙裔组成时,我们不知道这是墨西哥人、危地马拉人和洪都拉斯人嗜同性的产物,还是瓦哈卡人(Oaxaqueños)与瓦哈卡人交朋友的产物,或者是萨波特克人喜欢与其他萨波特克人相处的产物,甚至是村庄或相互关联的家庭等层次上的嗜同性的产物(请比较 Kao and Joyner 2004;Nauck and Kohlman 1999)。第六章将着重讨论这个具体问题,并通过分析大学生群体的社会网络,实证性地表明将族群层次的类别分化纳入分析范畴,会极大地改变我们对种族嗜同性的理解:事实上,亚裔学生之间的许多友谊是由他们对同族群人的偏好所驱动的,这使亚裔嗜同性成为应用种族类别的虚假产物。

比较研究揭示的第三个且相关的论点是,个人可能会对哪些是最相关和最有意义的族群类别存在分歧。例如,一个人可能主要自我认同为华裔美国人,而主流的英裔美国人(Anglos)则倾向于将所有东亚血统的人归入"亚裔"类别(Kibria 2002)。更一般地说,族群类别可能是有争议的,而不是普遍同意的。这种争论是围绕权力和威望、对他者的某种形式的排斥的合法性,以及区别反对或歧视某些类型的人的优势而进行的更广泛的政治象征斗争的一部分(对这一布迪厄式主题的阐述,请参见 Brubaker 2004、Loveman 1997、Wacquant 1997 和 Wimmer 1995)。

反对激进建构主义

总之，关于族群性的人类学文献提醒我们，一个族群的成员可能不共享特定的文化（即使他们标记了具有某些文化符号的边界）；也可能不会在日常网络实践中互惠互利，因而不会形成一个紧密联系的“共同体”；也可能无法对族群类别的相关性达成共识，因而不具有共同的身份认同。可以肯定的是，对赫尔德本体论的三重修正并不意味着：族群类别*总是且必然*跨越共享文化区域；一些族群类别*确实*对应于有界社会互动（bounded social interaction）的共同体；以及一些族群类别是被广泛同意的，并且是其成员毋庸置疑的认同化焦点。[10]有时，一个赫尔德世界很可能是由于行动者之间的分类斗争而产生的，并随着时间的推移而变得稳定化和制度化。第四章将表明，世界各地的族群在社群主义团结（或社会封闭）、文化独特性和历史稳定性的程度上有很大的差异。

随着时间的推移，案例内（within-case）的变化也是如此：文化上“稀薄的”（巴斯式）、分层分化的（摩尔曼式）和争议性的（布迪厄式）族群分类系统可能会转变为赫尔德式的文化上厚重的、未分化的且在很大程度上达成一致的系统，反之亦然。将“一滴血规则”①制度化，以确定谁属于美国南部一个明确且未分化的“黑人”类别，这一转变消除了以前存在的各种“混血”类别（Lee 1993；Davis 1991）。同时，对其他人来说，生活变得不那么赫尔德式：对于犹太人、意大利人和爱尔兰人来说，他们设法被接受为“白人”类别的一个族群子集，因此经历了分层分化和新的内部竞争（犹太人和天主教徒的“主流”程度如何？）。同样，德国煤矿区的波兰工人是强迫同化政策的对象，最终成为一个文化上“厚重”的、未分化的赫尔德式德国民族的一部分，而一个世纪后，冷战时期的分裂和重新统一导致了该民族分层分化为准族群类别的“东德人”（Ossis）和“西德人”（Wessis）（Glaeser 1999）。

鉴于个案和时间的差异，我们不能想当然地认为，将移民社会划分为族群可以抓住其基本的结构特征；我们不能假设社群封闭性、文化独特性和共同认同，而没有真正地从经验上证明有关群体具有这些特征。然而，将流动性、情境变异

① “一滴血规则”（“one drop” rule）是美国在黑奴制和19世纪之前这段时间内，被美国社会认定的一条不在联邦法里的法律，即，哪怕你有一滴黑人的血，你就是黑人——以此来确定一个人应有的社会地位、该享有的权利、是否为奴隶等社会标准。——译者注

性和策略可塑性确定为族群现象本身的性质同样是有问题的,例如在建构主义范式的激进版本(如 Nagel 1994)中将族群性视为仅仅是一个"想象的共同体",或者视为一种对个人生活机会影响不大的认知方案,或者视为个人的"身份选择"(identity choice)①,等等。一个适当的理论框架应该能够解释各种族群形式的涌现,包括赫尔德理论以及其巴斯/摩尔曼/布迪厄式对立观点都青睐的那些族群形式。

如何思考族群性:群体形成范式

在过去十年左右的时间里,社会科学中出现了几种新的研究路径,它们与我现在总结过的人类学家和比较社会学家所获得的见解完全一致。它们来自各种各样的思想传统,除了共同的反赫尔德立场外,几乎没有共同点,下面的简要概述将说明这一点。在规范性知识辩论领域,文化研究的主要倡导者(Gilroy 2000;Bhabha 2007)提出超越多元文化主义的"本质化"话语,谋求所谓的新人文主义(neohumanist)、普遍主义的哲学反思和社会分析模式。其他更加以经验和民族志为导向的研究项目———一些源自斯图尔特·霍尔(Stuart Hall 1996 [1989])倡导的"新族群性"传统,另一些受到皮埃尔·布迪厄著作的启发———则试图理解处于历史建构场域的行动者如何发展出关于他们是谁、谁属于、谁不属于的各种叙事(Back 1996;Anthias 2006;Brubaker et al. 2007)。

一个更宏观社会学的发展是德国社会学中的"族群化方法"(Ethnisierung-sansatz),它经常从一般系统理论家尼克拉斯·卢曼(Niklas Luhman)那里获得灵感。"族群化"(ethnicization)被理解为聚焦于社会现实的族群维度并对其作出反应的一种自我强化的过程,从而在教育、执法、失业等领域产生"少数群体问题"(Bukow 1992;Bommes 1999;Radtke 2003;Rath 1991)。在另一背景下,史蒂夫·韦尔托韦茨(Steve Vertovec)观察到移民背景、社会经济地位和适应轨迹方面正在出现的"超级多样性"(Vertovec 2007),因而不可能将其整齐划一地聚

---

① 也译为"认同选择"。——译者注

合到不同的族群共同体之中。格里克·席勒等人（Glick Schiller et al. 2006）敦促我们"超越族群视角"，转而关注各种互动模式，包括跨族群的网络和制度安排，这些模式的发展取决于一个地方在全球资本主义秩序中的地位。

现在不是讨论这些不同的后赫尔德主义研究路径之间的共性和差异的时候。相反，我想聚焦于本书旨在更全面地加以发展的思想传统。它源自巴斯对族群边界的关注，并因而被贴上了"族群边界制定范式"或"族群形成视角"的标签。

制造移民与国民

边界制定研究路径对移民研究领域所依据的移民少数群体（immigrant minorities）和民族多数群体（national majorities）之间的基本区别提出了问题。它体现在三个方面。首先，它意味着族群性的出现，并不是像赫尔德理论所假设的那样，是因为"少数群体"保持着与民族"多数群体"不同的认同、文化和共同体。相反，少数群体和多数群体都是通过定义他们之间的边界而形成的。因此，与"少数族裔"一样，德国"民族"或者美国移民研究中的"主流"，都是这种边界制定过程的结果（Williams 1989；Verdery 1994；Wimmer 2002；Favell 2007）。

其次，比较视角迫使观察者运用比较视角，因为很明显移民和国民（nationals）之间的边界显示出不同的性质，例如国家统计中对"移民"的不同定义（Favell 2003）以及为跨民族研究（Hoffmeyer-Zlotnik 2003）寻找可比数据的相应障碍就说明了这一点。第三代和第四代移民在荷兰政府官员眼中被视为"少数族裔"，只要他们没有"完全融入"；在法国，他们从官方统计数据的屏幕上消失了，因此，在很大程度上也从法国的社会科学分析中消失了；在美国，他们被按照肤色以及他们的祖先和文化遗产加以分类，他们的子孙后代也将会如此。最近的调查研究表明，欧洲各国针对移民划定的边界的性质（和独特性）有很大的差异（Bail 2008），可以肯定的是，这种差异不一定与官方的统计类别相一致，因为政府机构和公民个人可能在哪些族群类别应当被视为相关和有意义的问题上存在分歧。

移民和国民之间的区分各不相同，因为这是对民族（nation）不同定义的重要组成部分。这些定义也可能随着时间的推移而改变，因为民族建构（nation building）是一个易于修改和逆转的持续过程，比如许多国家最近引入双重国籍法，美国、加拿大和澳大利亚移民法中放弃优待白人政策,或者德国最近向某种程度的血统主义(*jus sanguinis*)的转变都说明了这一点(对这些发展的相当乐观的评估,参见 Joppke 2005)。因此,从边界制定的视角来看,国民和移民之间的划分——包括有关如何通过"同化"(在美国)、"融合"(在欧洲)或"吸纳"(在以色列)对其加以克服的社会科学研究——是民族建构的关键因素,因而需要加以研究,而不能被认为是理所当然的(Favell 2003;Wimmer and Glick Schiller 2002)。

这将我们引向移民和国民区分问题的第三个方面。虽然从人口统计学的角度看,移民似乎是一个直截了当的问题(个人"移徙"跨越国界),但边界制定研究路径揭示了这一过程的政治特征。只有在国家机构为个人颁发护照,从而分配民族共同体成员资格(Torpey 1999),监管领土边界,并具有区分受欢迎和不受欢迎移民的行政能力(Wimmer 1998)时,"移民"才成为社会科学分析的独特对象和需要加以"管理"(Sayad 1999)的政治问题。赫尔德式研究路径并没有询问移民-国族区分的这一政治起源和随后转化(transfiguration),而是把它作为社会世界无需任何解释的明显的既定特征[请参见沃尔丁格(Waldinger 2003a)的批判]。因此,导致移民社会学正在研究的那个现象得以产生,并在每个社会中赋予其特定、独特形式的社会力量消失不见了。

从移民中制造国民

一旦国民和移民之间的区别被视为历史上特定的民族建构过程的产物,就出现了对移民"同化"和"融合"这一老问题的新观点。佐尔伯格和龙丽云(Zolberg and Woon 1999)以及阿尔巴和倪志伟(Alba and Nee 2003)率先将"同化"重新定义为边界转移(boundary shifting)的一种情况:以前被定义为外国侨民(aliens)或"移民少数群体"的群体现在被视为民族的正式成员。这又是一个有争议的过程,是权力驱动的政治斗争的结果(Waldinger 2003b),而不是文化差异减少和社会距离缩小的准自然结果。

这种边界转移取决于民族多数群体的接纳,因为该多数群体与国家有特权关系,所以有监管民族边界的权力。因此,边界转移需要扬弃现有的社会封闭模式,这些模式剥夺了局外人的成员资格,并强化了多数群体和少数群体之间的边界。同化论假设,这种接纳取决于文化同化和社会互动的程度,取决于"他们"变得并表现得像"我们"一样的程度；它往往忽视了从一开始就定义了谁是"我们"、谁是"他们"的社会封闭。相反，左派赫尔德主义的研究路径则夸大了这种封闭的程度和普遍性，认为系统性的歧视必然且普遍地是族群关系的决定性特征——将过去的非裔美国人经验投射到现在，投射到美国和世界各地的所有其他族群共同体之上。边界制定的视角允许我们通过考察社会封闭的过程来克服这两个方面的局限性，而不是公理化地漠视或忽视社会开放的过程。封闭与开放、歧视与歧视的消除或非法化，这两种动力结合在一起，共同决定了归属边界在社会景观中的位置。这个话题将在第四章重新讨论。

通过回顾美国移民历史的一些众所周知的方面，以及当代欧洲社会的一些不太为人所知的特点，我来简要地阐述这种研究路径的有效性。在 19 世纪和 20 世纪，美国的边界转移遵循不同的路线，这具体取决于移民是否被视为（美国）民族的潜在成员，它直到第一次世界大战，一直被定义为由欧洲血统的白人新教徒组成，而不包括非洲奴隶的后代（Kaufmann 2004）。虽然英国、斯堪的纳维亚和德国的移民因此被接纳，并在文化同化和社会交往的基础上跨越边界进入了主流，但南欧天主教徒、爱尔兰天主教徒和东欧犹太人不得不进行不同的边界工作来实现同样的目标。他们最初被归类为并被视为不够"白"（的白人），而不足以被授予正式成员地位。因此，意大利人（Orsi 1992）、犹太人（Saks 1994）和爱尔兰人（Ignatiev 1995）努力将自己与非裔美国人分离开来，以证明自己值得被接纳为民族"主流"。

类似的过程可以在以后的时期观察到。洛温（Loewen 1971）提供了一个引人入胜的故事，讲述了密西西比河三角洲的中国移民——最初被归类为并被视为"有色"阶层的成员，是如何成功跨越边界，成为一个被白人学校和邻里公认的可接受的非黑人族群。为此，他们切断了与黑人客户的现有联系，并将那些与黑人结婚的中国人驱逐出他们的社区。换言之，他们再现了建构美国民族定义的种族封闭线。类似地，来自加勒比地区的当代中产阶级移民及其子女也努力与非裔美国人社区保持距离，以证明他们在多数群体眼中的价值，从而避免与黑人民族性（blackness）的污名联系在一起（Waters 1999；Woldemikael 1989）。

第五章将表明在当代欧洲大陆，外来劳工时期的老牌移民如何通过强调正是多数群体所认为的南斯拉夫和土耳其新近抵达的难民所必定具有的丑陋特征——他们的"懒惰"、虔诚性（religiosity）、缺乏体面以及无法"融入"既有的工人阶级邻里——而与这些群体相疏离，有时甚至比本地人更强烈。通过避免被认同为这些"不受欢迎的"外来者，这类话语是为了维护在长期而痛苦的跨越边界过程结束时实现的来之不易的"常态"（normalcy）资本（伦敦的案例，请参见Wallman 1978 和 Back 1996）。

在这些围绕接纳和排斥的边界而进行的斗争中，文化确实发挥了作用，但不一定是经典同化论、多元文化主义或族群研究中所预见的那种作用。那些努力跨越边界进入"主流"的移民，可能会选择性地获得那些标志着正式成员身份的特征。这些符号因情境而异（Zolberg and Woon 1999；Alba 2005）。在美国，坚持自己的宗教和族群性是成为国民的一个可以接受的特征；而在许多欧洲社会中，证明自己与上帝的命令和对自己同族群人的忠诚保持距离是必要的。"语言同化"的要求也各不相同，即使一般的规则是，一个人越是能掌握"民族"语言，就越容易被接纳（Esser 2006）。虽然在美国，只要所说的语言是英语，用浓重的口音和糟糕的语法说话对许多工作来说也都是可以接受的，但在法国或丹麦就不那么被容忍了。这种变化再次由不同的民族建构形式和轨迹来加以解释，这些民族建构形式和轨迹将某些文化特征而不是其他特征作为边界的标记（Zolberg and Woon 1999）。因此，族群形成视角突出了文化采纳（cultural adoption）的选择性和变化性，并强调了文化标记在传达群体成员身份信号中的作用。

相比之下，经典同化论和一些新同化主义理论将"民族"的文化同质性视为理所当然，即使这种文化如今被认为是以往同化浪潮的融合产物（Alba and Nee 1997）。它假设民族多数群体的观点，以便观察具有不同文化的"其他民族"个体如何通过一个变得相似的过程而逐渐被吸收到"主流"之中（Wimmer 1996c；Waldinger 2003a）。那些没有变得相似的人则仍然"未同化"并聚合在族群飞地或沦落到城市下层阶级（"分层同化"）。因此，文化适应过程之权力驱动的、有争议的和策略性选择的性质变得更加难以理解（详细的讨论，请参见第七章）。

另一方面，族群研究往往强调，被支配的、被种族化（racialized）的"民族"发展了一种反对占主导地位的、推行种族化（racializing）的"民族"的"抵抗文化"。这种强调忽视了这样一个重要的观点，即被支配者有时策略性地并成功地采用文化边界标记，以便不再认同于其他少数群体或他们自己的族群类别，并获得"多数群体"的接纳，就像密西西比的华人或欧洲外来劳工移民的例子所表明的那样。

总而言之，如果我们将移民吸纳视为一个社会所有成员、包括拥有命令和强制实施分类的特殊权力的国家等机构行动者，都参与其中的一场关于包容边界的斗争的结果，那么我们就可以获得相当大的分析优势。通过聚焦于这些斗争，族群形成范式有助于避免赫尔德本体论，在这种本体论中，族群共同体似乎是社会的给定构成要素，而不是需要比较解释的特定社会过程的结果。

机制和因素：迈向解释性的说明

但是，我们如何解释这些斗争的不同结果呢？边界形成和瓦解的机制是什么？在接下来的内容中，我将超越上一节概述的一般理论命题和研究问题的综合，并通过确定可能有助于发展一种真正因果性和比较性解释的机制和因素，进一步推进边界研究路径。我依赖于族群边界制定理论，它将在接下来的两章中得到充分阐述。在这里，我将预览该理论的一些主要内容，并表明如何将其应用于研究移民融入劳动力市场。

族群边界制定理论预见了构造边界斗争并影响其结果的三个要素。第一，制度规则（在广义的新制度主义的意义上）激励人们采取某些类型的边界制定策略，而不是其他策略。第二，资源的分配影响行动者下述方面的能力：塑造结果，使行动者的分类模式如果不被接受，也起码受到尊重，使其社会封闭策略对他人产生影响，以及使自己的身份认同获得承认。日常联盟网络的影响范围是第三个重要因素，因为我们预期族群边界遵循已经建立的联盟网络的轮廓。现在我将讨论这三个因素如何影响城市劳动力市场中边界制定的动力。

制度

国家机构监管和授权的劳动力市场机制的边界制定后果最近得到了相当大的关注（例如，Kogan 2006）。很明显，在自由福利国家中，移民很少被排除在外，因为这些国家有着"灵活的"劳动力市场，并且对非熟练劳动力的需求更大，这证实了强有力的福利国家制度与排斥非民族的他者（non-national others）有关

(Freeman 1986)。从族群形成的视角来看,这是因为作为福利国家基础的阶级团结依赖于一种民族主义契约,这种契约是通过沿着民族界线的社会封闭来维持的(Wimmer 1998)。福利国家的代价往往是对那些没有为民族契约的制定做出贡献的局外人关闭大门。

与此同时,强大的福利国家允许移民对他们在"自由"政体中被迫从事的工作说"不",这些制度遵循有关移民经济融入的"自谋生路"(sink-or-swim)政策。这种差异解释了为什么我们在这些社会中发现较少的移民企业家精神,以及移民在找工作或雇佣他人时,对族群网络的依赖程度比在"自由"劳动力市场中要低(Kloosterman 2000)。换言之,正如康格尔顿(Congleton 1995)所言,族群网络和福利国家服务很可能是相互替代品。

劳动力市场机制的另一个重要特征是承认外国资格证书的国家批准规则。这些规则在本土出生和外国出生的人之间,以及经济合作与发展组织成员国(往往至少部分地承认彼此的文凭和专业资格)和世界其他地区之间,产生了引人注目的边界。对学历职称和工作经验的选择性承认是影响移民收入(Friedberg 2000;Bratsberg and Ragan 2002)并决定哪些劳动力细分市场对他们开放的主要机制。从边界制定的视角来看,这与其说是雇主在评估外国资格证书时面临的信息成本问题的结果,就像经济学家所认为的那样(Spencer 1973),不如说是社会封闭的主要机制,通过这一机制,可以保持国民与生俱来的在"他们的"国家领土上享受优待的权利——即使对整个经济而言付出了相当巨大的代价(ibid.)。

其他研究探讨了有关雇佣实践的规则和法规如何影响特定劳动力细分市场的相对开放性或封闭性。实验性实地调查的一个有点令人惊讶的结果是,劳动力市场对同等资格移民的歧视程度似乎不受特定国家的反歧视法律和法规的影响(Taran et al. 2004)。

这使我们面临着如何将族群过程或机制(比如歧视)与非族群过程或机制区分开来的关键问题,这是本书所倡导的边界制定研究路径的一个关键特征。正如许多方法论上更为复杂的移民研究者所指出的那样,我们应该避免将劳动力市场不同部分和等级层次上的不平等表征归因于族群歧视和封闭的制度化过程(相关批判,请参见 Miles 1989:54)。例如,在德国的劳动力市场,土耳其移民的子女在学徒制中的比例过高,在高等教育机构中的比例则严重偏低。然而,这种分配模式是鼓励所有工人阶级出身的子女——不论其族群或民族背景或者公民身份如何——在学校职业生涯早期就沿着通向学徒制或其他在职培训项目的轨迹发展的结果(Crul and Vermeulen 2003；Kristen and Granato 2007)。这种制度分类效应在性质上显然不是族群性的。[11]

同样可以说,这些机制导致土耳其青少年进入要求较低或回报较低的在职培训项目,以及德国人进入更具声望的正式学徒制轨道。根据他们在高度分化的德国学校系统中就读的学校类型,青少年被分入这些不同的轨道。这并不是要否认在从学校到工作的过渡或一般的雇佣决定中确实存在族群歧视和族群封闭(基于德国现实生活实验的直接证据,请参见 Goldberg et al. 1996)。然而,它们在多大程度上存在,则是一个需要通过能够直接观察歧视的方法进行实证调查的问题;它不像上面讨论的族群研究传统那样,简单地从分配结果中"读取"出来,也不像许多关于劳动力市场上的"族群惩罚"(ethnic penalty)的研究那样,从个体层次的变量中简单地"读取"出族群背景变量的重要性(例如,Heath 2007；Silberman and Fournier 2006；Berthoud 2000)。我将在下文回到如何将族群歧视从阶级再生产机制中分离出来的问题上。

资源分配与不平等

在分析的第二步中,我们将研究移民的经济、政治和文化资源禀赋的差异如何影响他们的就业前景(Nee and Sanders 2001)。似乎教育资本较低、经济资源较少的移民特别有可能进入劳动力市场上由族群定义的细分市场(niches),而技术更好的移民对这些细分市场的依赖要少得多[请参见萨姆森(Samson 2000)对加利福尼亚州瑞士移民的案例研究]。此外,由于缺乏教育和专业技能而被消极选择的移民,例如通过欧洲各种外来劳工项目或美国短期合同工(Bracero)项目招募的移民,在劳动力市场上尤其不利,特别是在将技能转化为职业方面(Heath 2007)。对这些移民来说,被困在族群定义的劳动力细分市场中的可能性特别高,至少在他们的职业生涯开始时是这样。随着时间的推移,他们可能会积累必要的语言和工作技能,以便在族群飞地之外从事报酬更高、管理更规范的工作(Nee et al. 1994)。

尽管取得了这些进展,但令人惊讶的是,人们对资源分配如何影响劳动力市场中的族群边界制定过程知之甚少。在对劳动力市场机制的分析中,我们必须再次了解,与族群边界的制定和废除无关的其他机制是如何影响个人的劳动力市场轨迹的。换句话说,我们首先需要了解阶级再生产和流动性的一般过程如何影响移民在各种形式资本分配方面的地位,正如卡尔特等人(Kalter et al. 2007)在对德国的研究中论证和证明的那样。遗憾的是,我不知道有任何研究考虑了移民在其原籍国(而不是定居国)的阶级背景,并因而考虑了第二代个体的社会背景。只有更深入地了解代际阶级再生产的一般机制如何影响移民,我们才能知道某些移民群体集中在特定行业、劳动力细分市场或职业阶层是否确实是边界制定过程的结果。

让我们来举一个实证的例子。美国的墨西哥裔美国人和法国的葡萄牙人保持熟练工人阶级职位,是否——像一些学者(Waldinger and Perlmann 1997;Tribalat 1995)所认为的那样——是因为他们采取族群细分市场发展和防御策略,或是因为他们与其他主要是农村和农民背景的人一起被阶级再生产机制归类到这些职位? 即便是对劳动力市场中"族群惩罚"进行的一些方法上最复杂和分析上最仔细的研究都认为——可能是遵循赫尔德式的直觉——族群差异意味着族群因果关系,而忽略了阶级背景的潜在作用(请再次参见 Heath 2007;Silberman and Fournier 2006;Berthoud 2000)。

一般来说,在发现族群背景变量的显著结果时,对劳动力市场中移民的研究往往会跳转到赫尔德式的结论,而不是寻找可能在族群类别中分布不均的未观察到的个体层次特征(例如语言天赋和网络,请参见 Kalter 2006)、可能随族群背景而共变的环境和移民时机方面的差异,或者不同移民渠道的选择效应(Portes 1995)。即使考虑到这些个体层次的一些特征,讨论有时仍然停留在群体层次的族群差异上。一个很好的例子就是伯绍德(Berthoud)对英国族群就业惩罚的复杂研究。尽管族群背景仅占就业状况差异的 1.7%(Berthoud 2000:406),但整篇文章都是围绕着比较白人、印度裔、加勒比裔、巴基斯坦裔和孟加拉裔男性的劳动力市场经历而组织起来的。

网络

除了制度框架和资源分配,族群边界制定理论还建议,通过确定谁在整个劳动力市场的细分市场中借助个人网络中的信息传播和招聘活动来了解和获得工作(Lin 1999),来研究网络如何影响劳动力市场中族群边界的形成。这种网络招聘是许多低技能劳动力市场的特征,这也解释了为什么资源匮乏的移民更有可能进入劳动力市场的族群细分市场(Waldinger and Lichter 2003)。网络招聘在依赖劳动密集型生产方式的公司中非常普遍,在这些公司中,证书和技能不如可靠性和易于融入现有团队来得重要,并且在无证件工人丰富的劳动力市场中也比较普遍。另一方面,我们也知道,通常是多族群性的薄弱网络关系,对在劳动力市场的其他细分市场中就业的技术更熟练的移民很重要(Samson 2000;Bagchi 2001),格兰诺维特(Granovetter 1973)的经典文章所进行的长期研究就表明了这一点。

尽管有这些一般性见解,但网络沿着族群界线聚集起来并产生族群细分市场的确切条件仍然是一个谜。与制度分类的过程和资源禀赋的影响一样,人们需要仔细地将族群边界制定机制与其他边界制定机制区分开来。族群同质网络可能是家族或村庄团结的结果,而不是沿着族群界线的社会封闭的结果(Nauck and Kohlmann 1999)。这种家族联系的积累并不会以某种涌现效应的方式自动导致族群团结和共同体。因此,家族网络式的招聘可能会导致一个细分市场的形成,只有戴着赫尔德式眼镜的外部观察者才能识别这个细分市场是由"族群"占据的——类似于占据某些生态位(ecological niches)的物种。[12]换句话说,即使相同族群背景的个人聚集在相似的工作或经济部门中,我们也不应得出结论:族群层次的机制是造成这一模式的原因。

最后的分析步骤是将这三条调查路线绘制在一起,并确定制度规则、资源分配和网络结构之间的相互作用如何决定移民个人在劳动力市场上随时间推移的具体轨迹。相较于赫尔德式研究路径关注"墨西哥""土耳其"或"瑞士"移民在劳动力市场上的表现如何,或者关注这些"群体"中的哪个群体占据了哪个细分市场,沿着这些路线进行的分析可能会发现更多的个体层次和群体内部的差异。由于教育资本低、嵌入家乡网络、受福利国家制度薄弱的影响,美国的一些墨西哥裔家庭可能确实会采取无产阶级再生产策略,寻求能养活两代或两代以上人的稳定的低技能工作。另一些移民可能会努力在教育系统中取得进步,却发现他们负担得起的学校存在严格条件限制,以及他们在寻找低资历工作之外的工作时所面临的歧视。其他移民——由于拥有另一种资源组合，编织泛族群（pan-ethnic）网络，并受平权雇佣法案等其他制度规则的影响——可能很容易转变为职业中产阶级。还有一些移民可能专门从事族群商业部门的工作，并利用墨西哥裔社区的大量客户网络（相关的异质性结果，请参见 Telles and Ortiz 2008）。

这些不同的轨迹显然不是随机分布在个体身上的。它们需要被解释为下述因素的综合影响：场域规则及其随时间的变化、个人初始的经济和文化资本禀赋及这些资本形式的数量和构成的后续变化，以及个人在不断演化的社会关系网络中的可变地位，通过这些网络来对有关就业和获得某些类型职业的信息进行中介。特定族群背景的意义可能会随着这些不同的劳动力市场轨迹而发生巨大的变化，其他人感知来自该背景下的某个人并与之互动的方式也可能会发生变化。这些多重的地位和互动形式是否聚合成劳动力市场中一个清晰可辨的族群细分市场，以及具有相同背景的个人在这类族群细分市场的陷入程度，都是多层次研究设计最能回答的开放式经验性问题（Nohl et al. 2006）。

去族群化的研究设计

正如上一节明确指出的那样，边界制定视角要求采用一些方法，使我们更容易地观察族群边界制定过程的各种结果，并使我们能够考虑可能对结果在族群中的分布产生聚合性影响的其他非族群机制。有必要通过选择非族群的观察单元，进行去族群化（de-ethnicize）的研究设计，并摆脱传统的赫尔德式视角，使我们既能观察到族群封闭的出现，也能观察到它的缺席或瓦解。下面，我将讨论在过去研究中使用的最重要的替代性观察单元：个体、地方（localities）、社会阶级和制度环境。在结论部分的段落中，我将讨论那些能够将族群作为观察单元而不必将赫尔德式假设纳入分析之中的研究策略。最后三章提供如何使用这些研究策略的详细案例。

个体

第一种可能的研究路径是选择不同背景的个体作为分析单元，而不将他们预先安排在族群之中。这通常出现在经济学和社会学的定量研究中,在这些学科中,族群背景作为虚拟变量被添加到回归方程里。尽管这克服了族群共同体研究设计的许多问题,但如上所述,对研究结果的解释经常受到赫尔德式假设的困扰:研究人员经常将重要的族群背景解释为族群歧视、族群文化的特殊性或者族群团结的力量的证据。然而,从本书所主张的观点来看,发现族群虚拟变量的显著性结果应该代表解释性努力的开始,而不是结束,因为族群背景可能通过多种机制影响个人结果,而所有这些机制都可能与族群团结、族群文化等没有因果关系。

特定的移民历史可以导致个人在某些机会触手可及而其他机会遥不可及的时间点进入东道国的劳动力市场。某些族群类别的成员可能会不成比例地有着农村或城市的背景。以前的劳动力市场经验可能会因原籍国的不同而系统性地不同,并影响人们对就业机会和求职策略的看法:想想来自有终身就业保障的苏联的移民。移民渠道产生选择效应:比较通过联合国难民署(UNHCR)重新安置的难民与通过代理人招募的外来劳工和在蛇头帮助下跨越边境的非法移民[请参见波特斯和朗博(Portes and Rumbaut 1990)讨论的"融入背景"]。

因此,理想情况下,应将定量研究与定性研究相结合,以确定这些机制中的任何一种是不是造成族群背景效应的原因,或者它是否确实与族群的网络、文化或歧视有关。[13]然后,回到定量阶段,添加可观察的变量,以更直接的方式俘获假设的"非族群"机制(例如,来自主要是农村或城市的移民或移民年份),从而排除、还原或阐明族群背景变量的影响。

另一项策略是停留在定量研究框架内,并收集足够丰富的数据,以将族群团结从其他过程中分离出来。这是第六章所采取的策略,它对产生种族同质性网络的各种机制进行了详细的理论分析,而种族封闭只是其中的一种机制。然后,它使用了一个基于一群学生的脸书主页的新数据集,其中包含了有关学生的背景和当前活动的大量信息。这使我们能够证明,其他的联系形成机制,包括与朋友的背景特征无关的回报友谊或成为朋友的朋友,也导致了种族同质性的友谊网络的出现。这种种族同质性的共生现象(co-production)在将网络构成仅仅归因于个体的族群-种族偏好的标准研究中经常被忽视。

地方

在观察与日常群体形成最相关的分类类型时,选择邻里、城市或区域等领土单元,提供了另一种避免"族群视角"的机会(Glick Schiller et al. 2006)。第一个例子是基斯勒和埃科特(Kissler and Eckert 1990)对科隆邻里的研究。作者想了解老牌居民、新移民和另类圈子成员是如何看待这个地方的。利用诺贝特·埃利亚斯(Norbert Elias)提出的构型分析(figurational analysis),他们表明,"老牌居民"和"局外人"之间的非族群区别是邻里居民最相关的社会分类和组织。对瑞士的移民邻里(请参见第五章)和对伦敦南部的工人阶级住房合作社(housing cooperatives)的研究(Back 1996;Wallman 1978)也得出了类似的结果。莱斯·巴克(Les Back)创造了邻里民族主义(neighborhood nationalism)这个词来描述这些跨族群、地方化的分类和社会网络化模式。这些结果与城市社会学中关注贫困和边缘性及其在地域上的组织方式的研究有关。大部分研究最近都集中于中产阶级局外人———一种影响邻里居民的排他性分类,无论他们的族群或种族背景如何———对贫困邻里的污名化(法国的案例,请参见 Wacquant 2008;其他欧洲国家的案例,请参见 Musterd et al. 2006)。

然而,格尔德·鲍曼(Gerd Baumann)对伦敦另一个邻里的研究却得出了不同的结果。他询问加勒比地区和南亚背景的年轻人是如何看待他们的邻里并对其进行分类的。令他吃惊的是,源自官方多元文化话语的族群类别("非裔加勒比人""穆斯林""英国人"等)所起的作用比他最初设想的要大得多(Baumann 1996)。对其他邻里的研究也发现了其他的构型。[14]当前的明显任务是,对构造这些邻里环境的社会边界和分类边界中的差异性和相似性进行系统的比较解释。

阶级

人们也可以把社会阶级作为分析的单元,考察在具有相似社会经济地位的个人所共享的邻里和工作场所中,族群边界是如何被感知、谈论和规定的。这是米歇尔·拉蒙在几个相互关联的项目中所采取的研究策略。她的一本书揭示,在美国小镇的中产阶级中,与个人成就和个性相比,族群性和种族被认为是不那么重要的差异标志(Lamont 1992),这种观点与成功的黑人专业人士的观点相似(Lamont and Fleming 2005)。相比之下,在工人阶级中,黑人-白人划分(black-white divide)对于个人对其自身在社会中的地位、道德价值和个人情操的感觉相当重要(Lamont 2000)。族群(或种族)共同体研究路径会忽视种族边界在美国社会中所扮演角色方面的重要差异。只关注非裔美国人的经验,或者像"白人研究"一样,只关注"主流白人"之间的边界制定过程,可能会忽略边界制定的动力在很大程度上取决于人们从哪一端来观察阶级幽灵,而不是取决于个人的种族背景。

制度场域

另一种避免赫尔德式常识的方式是研究非族群(或跨族群)互动频繁的制度环境。我们可以观察到网络是如何在这些互动场域中形成的,行动者是如何使用各种社会分类原则来诠释这种环境并对其进行分类的,以及分类和网络在何种条件下实际上与族群划分保持一致(或不一致)。许多关于不同制度环境的文献都有明确的反族群偏见,并研究了教堂(例如 Emerson and Woo 2006)、学校(例如 Kao and Joyner 2006)、工作场所(例如 Ely and Thomas 2001)和邻里(Nyden et al. 1997)中融合的跨族群关系稳定化的条件。然而,这种偏见并不是该方法的必然结果:在特定制度环境下进行的研究可以揭示族群以及跨族群网络和分类模式的显著性和重要性。对组织场域的研究使我们能够具体说明,在何种制度条件下族群性成为社会组织的主要原则,而不必通过将族群的存在硬性地纳入观察装置中来假设这一点。

族群研究回顾

以上所有关于将族群视为不言而喻的观察和分析单元的批评,并不意味着移民研究的学者们不应把重点放在来自特定原籍国的个人身上。然而,在研究"土耳其人""瑞士人"或"墨西哥人"时,我们应该小心避免赫尔德式的谬误,即假定社群封闭、文化差异和共同认同,而不是实证地证明它们的存在。一种可能性是将个体嵌套在族群中的多层次研究设计。因此,即使在探索可能的族群层次的过程和因素时,个体层次的机制[包括家族主义(familism)、社会阶级背景的影响等]也可以得到解释。这是我们在第七章中所采取的策略。利用 24 个欧洲国家的大规模调查数据,我们展示了在哪些条件下,族群成员身份与文化价值观的差异有关。如果研究者不能指望如此庞大的多群体数据集,并且仅局限于一个或几个群体的观察结果,我建议注意三个潜在的问题。

第一,我们需要再次仔细确定,一个观察到的模式确实是"族群"层次的,还是是由其他较低(或更高)层次的社会组织所造成的结果,这些社会组织中,最重要的是村庄共同体或家族。鉴于大多数村庄和家族都是单一族群的,观察者应该注意不要将村庄或家族网络解释为族群团结的证据。纳克和科尔曼(Nauck and Kohlmann 1999)进行了一项精心构思的研究,避免了用家族主义来衡量族群团结的问题。他们发现,德国的土耳其移民的支持网络与德国的非移民的支持网络一样具有家族性。因此,将这些网络的单一族群特征解释为族群封闭的标志,将严重歪曲现实:土耳其移民对与他们没有家族关联的其他土耳其移民的信任,不超过他们对德国人家庭的信任。

第二,以族群为分析单元的研究设计,应格外注意"迷失于群体"的个人,即那些不与同族群人保持联系,不属于族群俱乐部和社团,不认为其原籍国背景有意义,不经常光顾族群咖啡馆和商店,不与同族群人通婚,不从事有族群内涵的工作,也不住在族群邻里中的人[请参见莫拉夫斯卡(Morawska 1994)对此的批判;Conzen 1996]。为了避免对因变量进行抽样,从而消除观察结果中的方差,我们应该避免滚雪球抽样(例如,要求"墨西哥人"说出"墨西哥同胞"的名字)。我们还应该避免研究一个具有明确族群内涵的邻里,因为这会从分析描述中排除那些从未在"西语贫民区"(barrio)①生活过的墨西哥人。

第三,应密切注意在具有相同背景的个人之间发现的边界制定策略的多样性。注意这种多样性有助于我们避免偏重那些强调族群封闭和文化差异的策略,从而再次消除在所关注的结果中观察到的方差。几项精心设计的研究详细展示了,以特定移民群体为出发点的研究,如何在没有物化该群体及其边界性的情况下进行(例如 Waters 1999；Wessendorf 2007；Glick Schiller et al. 2006)。

也许最好的研究设计是一项真正的固定连续样本研究(panel study),即对来

---

① 说西班牙语居民集居的贫民区。——译者注

自同一个国家(或村庄或区域)超过几十年的、最好是跨越几代人的移民进行持续跟踪研究。爱德华·泰勒斯(Edward Telles)和维尔玛·奥尔蒂斯(Vilma Ortiz)的墨西哥裔美国人的项目(Telles and Ortiz 2008)接近这种理想。他们追踪了几乎所有在 20 世纪 50 年代接受调查的墨西哥裔美国人,并采访了大量他们的子孙后代。他们的数据表明,来自同一族群背景的人采取各种各样的族群边界制定策略,从跨越边界进入"主流",到反转多数群体和少数群体之间的道德等级,从强调其他的横切分裂(crosscutting cleavages)来模糊族群边界,到通过强调"泛族群"的西班牙裔类别的相关性来扩大边界。与其试图描述"墨西哥裔共同体"的命运,我们的任务不如说是要厘清边界制定策略中这些个体差异及其对个人生活机会以及各种社会封闭形式的出现和转变的影响。下一章将运用来自世界各地和整个历史上的例子,概述这些不同的边界制定策略的一种包容性的类型学。

【注释】

[1] 沿着同一路线进行的更具差异化的分析,尤其要参见 Portes (1995)。

[2] 例外的观点,请参见以下研究对此的批判：Hoffmann-Nowotny(1992)、Zhou (1997),以及 Steinberg(1981)和 Castles(1994)。

[3] 许多作者以类似的方式批评了多元文化主义,例如请参见 Waldron(1995)和 Sen (1999)。

[4] 最近,压迫民族(the oppressing people)本身已经成为一门被称为白人研究(white studies)的独立学科的对象(Winddance Twine and Gallagher 2008)。关于族群研究的民族主义基础,请参见 Espiritu (1999：511)和 Telles and Ortiz (2008：chap. 4)。将美国社会描绘成一个被占主导地位的白人多数群体压迫的不同民族所构成的集体的教科书,请参见 Aguirre and Turner (2007)。

[5] 美国风格的族群研究对欧洲尤其是英国的研究领域产生了相当大的积极或消极影响[正如班顿(Banton 2003)回忆的那样],尽管将社会划分为族群和种族群体的情况有着显著的不同。爱尔兰和犹太知识分子也声称拥有"种族化"的少数群体的地位,而穆斯林的认同话语比在美国要发达得多。最近,对少数群体的"种族化"、对"种族形成"(racial formations)的出现,以及对占主导地位的多数群体通过边界工作来监管其"白人民族性"(whiteness)的美国式分析,都进入了欧洲学术界。第五章的结尾将简要讨论其中一些最新进展。

[6] 关于之前试图将移民研究与族群性比较研究联系起来的尝试,参见很大程度上依赖巴斯的纳格尔(Nagel 1994),以及为涩谷保和关健(Shibutani and Kwan 1965)关于比较族群分层(comparative ethnic strafication)的书提供了中间片段的阿尔巴和倪志伟的研究(Alba

and Nee 1997:837—841)。遗憾的是,这些尝试并没有产生这两种研究传统之间持续的对话。

　　[7]巴斯本人坚持认为,维持族群边界是为了稳定族群之间的价值观差异。在第七章中,我将修改巴斯理论中的这个赫尔德维度,并将其替换为一个社会封闭的论点。

　　[8]关于族群分类系统的分层性的人类学阐述,参见 Moerman(1965)、Keyes (1976)、Cohen(1978)、Galaty(1982)和 Jenkins(1997)。这一现象也引起了社会学家的注意,参见 Lyman and Douglass(1973:355—356)、Okamura(1981)、Burgess(1983)、Waters(1990:52—58)、Nagel(1994:155)、Okamoto(2003)和 Brubaker(2004：chap.2)。

　　[9]参见扬西等人(Yancey et al. 1976)提出的"涌现的族群性"(emergent ethnicity)的概念。根据他们的论点,族群联系和团结的涌现是移民群体在职业、社会和制度方面高度隔离的结果。

　　[10]美国的非裔美国人提供了一个对应于有界共同体的体征性族群(ethnosomatic)类别的例子(正如数十项关于友谊网络和异族婚姻罕见性的研究所表明的那样);其他非欧洲的例子请参见第四章。

　　[11]克里斯滕和格拉纳托(Kristen and Granato 2007)证明,一旦父母的教育和职业得到控制,大多数族群背景变量在大学预科(a gymnasium degree)成绩回归分析中的系数就会为正。

　　[12]这种生态类比最初由巴斯提出,后由汉南(Hannan 1979)加以形式化,并由劳瓦吉(Lauwagie 1979)等人加以进一步发展。

　　[13]这类研究的例子,请参见 Piguet and Wimmer (2000)。

　　[14]桑杰克(Sanjek 1998)对纽约市皇后区邻里的研究、华康德(Wacquant 2008)对法国郊区(*banlieue*)以及芝加哥市中心贫民区(inner city)的研究。

第三章　策略与方法

推进比较边界制定议程

　　正如上一章所明确指出的,族群边界制定研究路径建立在个人策略性行为的假设之上。他们试图与某些个人而不是其他人联合;他们促进某些类型的分类,即定义谁是什么,而不是其他类型的分类;他们这样做是为了获得承认、权力或资源。[1]本章着重讨论边界制定动力的这个特定方面。它提供了一种新的边界制定策略类型学,即个体和集体行动者与现有的分类和封闭模式联系起来的各种不同方式,以及他们如何试图推行他们对社会合法划分的愿景。这种边界制定策略的类型学为下一章的理论内容奠定了基础:这一理论论及,制度、权力差异和现有网络如何决定哪些行动者采取这些策略中的哪一种,采取不同策略的行动者之间的反复互动如何产生不同类型的边界,以及这些边界的性质如何反馈回策略谈判过程之中。

　　这里介绍的类型学已远远超出了上一章重点涉及的移民吸纳主题。如上所述,如果移民融入代表了边界转移的一种特殊情况,那么如果我们想要理解包括其他边界变化模式在内的更普遍的边界制定动力,我们就需要把我们的比较之网撒得更广。相应地,该类型学借鉴了来自世界各地和整个现代时期的例子。这一"世界之旅"(*tour du monde*)表明,即使我们考虑到遥远的地方和遥远的时代,族群边界制定的方式也确实是有限的。如果是这样的话,共同的机制可能支配族群形成过程,同时在不同的情况下导致不同的结果。类型学显然不能比较地解释这些问题(这将是下一章的任务),但它可以证实这样的说法,即类似的过程在各种不同的背景中起作用。

这种对普遍形式的齐美尔式(Simmelean)和列维-斯特劳斯式(Lévi-Straussean)[2]的探寻,与族群性比较研究领域的几个杰出的知识计划相对立。一些作者强调不同类型族群性的差异,最重要的是基于表型标记的族群性("种族")与基于文化和语言的族群性之间的差异(Omi and Winant 1994;Cornell and Hartman 1998;Bonilla-Silva 1999)。另一些作者则看到了过去时代与当前时代的"后族群性"或"后民族主义"之间的彻底断裂(Soysal 1994;Appadurai 1996;chap.8;Breckenridge et al. 2001)。最后,许多民族志学家和区域研究专家坚持认为,一个国家或大陆的族群结构与其他所有族群结构存在不可还原的差异(Heisler 1991)。[3]本章提供了另一种观点,证明族群边界制定的每一种策略都可以在由"种族"或文化定义的群体中找到,而这些群体不仅存在于与全球化时代相去甚远的时代,而且还分散在各大洲的各个地方。冒着耗费读者耐心的风险,我将通过系统地引用西方和非西方背景以及前现代和现代时期的每种边界制定策略的例子来说明族群策略的普遍性。

本章还通过在理论框架中引入大量的"能动性"(agency)来推进边界制定研究路径。这个传统的许多早期作品,包括巴斯的原创性论文集,都是相当静态的,且主要集中于边界本身的特征及其维护过程。更新的研究强调通过政治运动或通过个人的日常互动来"制定"族群边界。这种向"边界制定"或"边界工作"[吉尔林(Gieryn 1983)所引入的术语]的重点转移可能是远离结构决定论的普遍趋势的结果(Emirbayer and Mische 1998)。为了推进族群性研究的边界制定传统,许多人呼吁进一步探索在个人之间的日常互动中族群性是如何形成和消失的(Barth 1994;Brubaker 2002;Lamont and Molnár 2002)。我打算为这一努力做出贡献[4],方法是系统地探索行动者可能采取的不同选择,以应对现有的边界,克服或加强边界,转移边界以排斥新的个人群体或容纳其他人,或者促进其他非族群模式的分类和社会实践。

现有的类型学

这里提供的类型学将依据与现有边界相对应的策略性行动进行分类,而不像早期族群性研究中产生的众多类型学那样(van den Berghe 1967；M. Smith 1969；Schermerhorn 1970；Young 1976；Rothschild 1981)依据族群性类型或者族群性与经济或政治不平等相关联的不同方式进行分类。例如,基于族群性类型的类型学将世界划分为不同区域,在这些区域中,"种族"(美国)、语言(东欧)或宗教(中东和南亚)是族群分化的最显著标志。同样,基于社会结构的类型学区分了族群性与社会阶级重合的社会和族群性横切阶级分裂的社会(Horowitz 1971)、高度制度化或低度制度化的族群多元主义社会(van den Berghe 1967；M. Smith 1969)、族群隔离或族群融合的社会(Hunt and Walker 1979)、后民族主义的西方和原生性(primordially)族群的其他地区(Heisler 1991),等等。

然而,已经有好几种族群性制定策略的类型学。有什么理由换一种新的呢?我们如何确定一个新的类型学在某种意义上是否比现有的类型学"更好"? 社会科学并没有充分反思构建类型学的适当原则[5],与分类推理和类型推理突出的进化生物学等其他领域相比,尤其如此。不过,对于一个好的类型学应该是什么样的,似乎确实存在一种共识(Tiryakian 1968；Marradi 1990：132ff.；K. Bailey 1994：chap.1)。首先,它应该是全面的,并为所有已知的实证案例提供足够的类型。一个好的类型学也穷尽了逻辑可能性的范围。其次,它应该是一致的:所有的类型或分类都是基于相同的划分根据(*fundamentum divisionis*)而创建的,并且在分类法的不同层次上使用的各种根据都具有相同的性质。最后,类型学应该富有启发性的成果,并在特定领域中促进理论推理和实证推理(相关性标准)。

现有类型学的主要缺陷在于,它们并不详尽,即它们不包括边界制定的所有逻辑可能性,并且它们不以全面性为目标,而是聚焦于诸如西方的移民同化或南方的族群生成(ethnogenesis)①等方面的细分案例。下面,我将讨论三个主要贡献。拉蒙和贝尔(Lamont and Bail 2005)描述了从属群体为对抗西方社会中的种族污名化和族群排斥而制定的两种策略。"普遍化(策略)"意味着强调普遍的人类道德,以此作为区分有价值和无价值个人的基础。"特殊化(策略)"则用积极的术语重新诠释被污名化的类别。正如他们自己的研究所表明的那样,这当然是对当前领域的一个具有经验意义的区分。如果我们的目标是建立一个更详尽的类型学,我们应该添加从属行动者所采取的其他逻辑上可能的和经验上可观察到的策略,尤其是试图通过转变立场(shifting sides)和融入主导群体来改变自己的族群地位。人们还怀疑这两种策略是否应该被视为更一般类型的具体例子,因为不仅从属行动者,而且主导行动者都可能或者强调自己群体的特殊性来让其他人保持一定距离,或者相反,诉诸道德普遍性以否定现有边界的排斥性。

　　佐尔伯格和龙丽云(Zolberg and Woon 1999)区分了边界跨越、模糊和转移是西方民族多数群体和移民少数群体之间谈判的三种可能结果。这种区别是普遍和抽象的,足以涵盖各种类型的行动者所采取的策略,并且使用单一的划分根据,即策略所针对的边界地志(topography)的变化。我将采用这三重结构。然而,它还不够详尽,因为它排除了拉蒙的"特殊化"策略:一些人的目标不是针对边界的地志,而是针对现有类别的等级排序。举个例子,美国的民权运动旨在废除黑人和白人之间的等级制度,而不是黑人和白人之间的整体区别(如在边界模糊中)或个人对这些类别的分派(跨越)或谁属于哪一方的定义(转移)。而且,模糊、转移和跨越必须再细分为几个子类别。例如,向更具包容性的方向转移边界的原因和后果,可以说不同于划定更具排斥性的边界的原因和后果。

　　基于来自发展中国家的大量案例,唐纳德·霍洛维茨(Donald Horowitz 1975)讨论了合并(amalgamation)和吸纳(incorporation)作为聚变(fusion)的亚型,以及分裂(division)和扩散(proliferation)作为裂变(fission)的子策略。用佐尔伯格和龙丽云的术语来说,所有这些都是更一般的边界转移策略的子类别。

---

① 关于 ethnogenesis 一词的译法,巫达教授曾撰文进行讨论,并将其译为"族群形成过程",参见巫达:《关于 ethnogenesis 一词的理解与翻译》,《西北民族研究》2009 年第 4 期,第 95—97 页。为了与安德烈亚斯·威默在本书中经常使用的 ethnic group formation processes(族群形成过程)和 ethnic group formation(族群形成)相区别,统一译为"族群生成"。——译者注

霍洛维茨的类型学以尽可能精确的方式探索了族群策略的这个特定领域。我将使用其中的一些区别来构造边界转移的子类型，并以此方式将它们整合到一个更详尽和更全面的类型学中。

然而，这三种现有的类型学加在一起仍然没有穷尽可能的策略的范围。[6]我们必须考虑民族建构的各种模式，这些模式是完全独立的文献和不同的类型学演练的焦点（请参见 McGarry and O'Leary 1993；Mann 2005 等）。不过，我无视"公民"民族主义和"族群"民族主义之间的区别，以及在民族主义研究领域中比较突出的一系列类似类型，因为它们是基于文化内容而不是结构形式的差异。我的类型学聚焦于边界制定的关系逻辑，而不是借以实现它的文化比喻和修辞。

因此，这里介绍的类型学建立在以前的努力的基础上，将它们纳入逻辑上一致和经验上包含的框架中。它包括的例子来自：从发展中国家到发达国家，从当代到历史时期，从民族多数群体到移民共同体和国内少数族裔，以及从以种族定义的边界到以语言、文化或宗教为标志的边界。

在这丰富而多样的经验文献中，我区分了那些试图通过"扩张"或"收缩"所包容的领域来改变现有边界位置的策略（"边界转移"）和那些不针对边界位置而是试图通过挑战族群类别的等级排序["规范反转"（normative inversion）]、不再强调（de-emphasize）族群性而是强调其他社会分歧（"模糊"），或改变自己相对于边界的地位["地位移动"（positional moves）]来改变其意义和含义的策略。在此过程中，我将对其加以进一步细分。这种类型学构成了本章的第一部分。第二部分继续描述边界制定的各种方法——使一个人偏爱的社会分类模式对他人产生影响，从而将其铭刻在社会现实中的各种策略。这些策略包括话语的类别化和符号的认同化、歧视、政治动员以及强制和暴力。最后一部分讨论该分类法在多大程度上满足了全面性、穷尽性和一致性的要求。

第一部分：边界制定模式

边界制定模式的类型学假设已经存在某种形式的、与行动者相关的族群边界。这是必要的，以便不陷入许多形式化的认同形成模型的陷阱，即像启蒙哲学那样假设一种前社会、史前的"原始状态"（original state）。相比之下，这里引入的类型学假设了一个历史背景，它以先前的族群形成过程为特征。然后，行动者通过试图改变或不再强调这些边界，并完全实施新的分类模式，与这些现有的边界联系起来。下一节关于边界实施（boundary enforcement）方法的部分表明，族群边界也可以通过哪些策略无中生有地（*ex nihilio*），即在一个迄今为止根本没有族群分裂特征（就像移民抵达边界关闭数百年的韩国一样）的社会场域中，建立起来。

扩张

行动者[7]可以尝试将现有的边界转移到一个更具包容性或更具排他性的层次。这些策略分别称为边界扩张和收缩。扩张和收缩可以通过两种方式来实现。第一，边界的移动，或者通过聚变，这会减少类别的数量，扩张现有的边界；或者通过裂变，这会增加一个新的类别，从而收缩先前的边界。第二，可以在不改变现有类别数量的情况下，强调类别区分中更具包容性或更具排他性的层次。这种重点转移（emphasis shift）是由许多族群分类系统的分层嵌套性来实现的，这一特性在前一章中已经讨论过，并将在第六章中进行更充分的探讨。

尽管我有时会对这种多层边界系统中的重点转移与聚变/裂变加以区分，但我并没有在这一区分基础上系统地建立类型学，因为在许多情况下，我们并不清楚旧的区分确实已经消失（如在聚变中）还是以一种不那么突出和相关的方式幸存了下来（如在重点转移中）。

民族建构

民族建构的政治也许是研究得最充分的边界扩张策略。我区分了民族建构的三种变体（同样的划分，请参见 McGarry and O'Leary 1993）。在第一种模式中，国家精英们将现有的族群重新定义为每个人都应该融入的民族（"吸纳"模式，即 a＋b→a），而在第二种模式中，他们通过合并大量族群而创造了一个新的民族类别（"合并"模式，即 a＋b→c）。强调更高层次的类别区分来取代现有的族群区分则代表了第三种模式（"重点转移"的变体，即 c＝a＋b）。

法国被广泛认为是通过吸纳进行民族建构的范例。民族化的国家精英，不仅将农民变成了法国人［套用一本名著的书名（Weber 1979）①］，而且将阿基坦人（Aquitains）、普罗旺斯人（Provençaux）、欧西坦人（Occitans）等也变成了法国人。假定所有其他人都自愿同化融入其中的那个"民族核心"，往往等同于占主导地位的国家建构（state-building）精英的族群文化和语言（Williams 1989），例如法兰西岛、托斯卡纳、中高地德语（*mittelhochdeutsch*）公国、瑞典南部、美国东海岸的英格兰新教城镇、乌干达的布干达、独立秘鲁的克里奥尔人（Creoles）、伊拉克的逊尼派阿拉伯人等的语言和文化。核心群体也可以用种族术语来定义。共和党革命后，巴西的国家精英们正式支持通过异族通婚（miscegenation）来"白化"（whitening）该国人口的政策，他们希望该政策能按照他们自己的形象产生清一色的、浅肤色的人口（Skidmore 1993［1974]）。[8]

民族建构的第二种更罕见的变体，不是通过普遍化一个特定的族群，而是通过积极鼓励"混血"或将不同族群合并到一个新发明的民族共同体的大熔炉之中而产生的。墨西哥的种族混血（*mestizaje*）意识形态就是一个很好的例子，用墨西哥哲学家、长期担任教育部长的何塞·瓦斯康塞洛斯（José Vasconcelos）的话来说，它旨在创造一个"宇宙种族"（cosmic race）（Wimmer 2002：chap.6）。种族混血颠覆了上个世纪的混血优生观念。革命精英们不再希望混血会逐渐消除印第安人和黑人的人口，从而将"民族"从其堕落的部分中"拯救"出来。相反，他们认为异族通婚是将所有种族的元素融合成一个新的种族，它将在文化上、道德上和身体上都优于北美白人，而北美白人则通过强迫隔离而保持"纯洁"，因此其命运是生物性的衰败和文化的衰落。[9]

民族建构的第三种更常见的变体，是通过强调与国家人口相对应的更高层次的，从而叠加在现有的族群、区域或种族划分之上的族群分化而产生的。典型的例子是瑞士，1848 年内战的胜利者传播了民族层面的身份认同，他们设法将重点转移到更具包容性的民族类别，而不是根深蒂固的地方和社群的归属类别（Wimmer 2002：chap.8）。这种超族群民族主义（supra-ethnic nationalisms）的另一个例子是印度，独立后的国家精英从未试图将各种宗教、语言、区域、部落和种姓的共同体吸纳或合并为一个民族多数群体，而是通过强调更具包容性的民族

---

① 即尤金·韦伯（Eugene Weber）的《农民变成法国人》（*Peasants into Frenchmen*）。——译者注

认同来叠加在这些多重性之上。

　　有时,这种民族建构项目不是由国家推行的,而是用来反对国家精英及其合法地对社会进行族群划分的愿景(Brubaker 2004:chap.6)。也许最引人注目的例子是南非:种族隔离国家将黑人多数群体划分为一系列族群,每个族群都被指定一个自己的小国(statelet),却未能成为一种流行的分类模式和政治忠诚的焦点(有关例子,请参见 Anonymous 1989)。"非洲人"(由一些政党提出的种族定义的术语),或"南非人"[非洲人国民大会(ANC)的共和民族主义的关键术语]的叠加类别,有助于动员从属多数群体反对种族隔离国家。我还想到了殖民时期的许多例子,特别是大英帝国,那里的间接统治与部落和部落酋长的委任(有时是封授)政策,已经被强大的独立运动所扬弃,这些运动强调了超越地位身份的民族认同的政治相关性,尽管往往只是暂时的(例如,关于津巴布韦,请参见Sithole 1980)。

　　可以肯定的是,并不是所有的民族建构努力都成功了,无论是由反殖民运动还是由民族化的国家精英来推行。在索马里,将索马里民族作为一个政治命运共同体的想法,在统摄与消除氏族和地域认同方面并没有取得多大成功(Rothchild 1995)。其他的例子包括捷克斯洛伐克或南斯拉夫(Sekulic et al. 1994)和危地马拉(Smith 1990)的失败的民族化项目。在所有这些情况下,民族建构策略都没有得到广大人民的支持,他们拒绝认同这个想象的民族共同体。

族群生成

　　民族多数群体的产生使边界朝着一个更具包容性但很少是囊括一切的层次转移。扩大的边界使民族不仅远离了其他的这类想象共同体,而且也远离了那些国家建构精英或民族主义运动认为太相异或政治上不可靠而无法吸纳或合并的国内群体。少数族裔的产生通常需要重点转移、合并或吸纳的二次过程:较小的少数群体被归入更大的类别,以便更容易地通过间接统治或现代"少数群体"政策进行管理。因此,多数群体的形成和少数群体的产生是同一过程的两个方面(Williams 1989)。随着时间的推移,这些扩大的类别可能被列入国家的日常管理,并逐渐被少数群体个人自己所接受。在美国,这种族群生成的最近的一个例子是科曼奇人(Comanche)从各种不同族群起源的群体(bands)中产生出来

(Hagan 1976:133)。

族群生成似乎在其他集权化和现代化的政体中也很普遍。陆上帝国的一个例子是奥斯曼帝国的米利特制度(millet system),它出现在 19 世纪,当时奥斯曼帝国政府(Sublime Porte)①试图对其行政系统加以集权化和现代化。各种以前独立的地方教会和宗教团体被纳入东正教徒(Orthodox Christians)、基督一性论派(Monophysites)、罗马天主教徒(Roman Catholics)和犹太教徒(Jews)等四个米利特(Braude and Lewis 1982)。[10]后来,这些边界被鲁米利亚(Rumelia)等地的民族主义运动采纳并政治化:东正教徒变成塞尔维亚人,基督一性论派变成亚美尼亚人,等等(Karpat 1973)。

另一个前现代时代的例子是尼泊尔的种姓制度。在 18 世纪,新兴的尼泊尔王国将各种各样的部落、族群以及宗教性和语言性社群,编组成一个统一的种姓制度。国家使用的许多族群名称(ethnonymes)已经被普遍接受。其中一些现在是自我描述的类别,如林布族(Limbu),而另一些类别,如"塔芒族"(Tamang),在很大程度上仍然主要起着分类的作用,并且仅限于与国家打交道时使用(Levine 1987)。

殖民地国家的族群生成的例子也比比皆是。英国统治印度时期(British Raj)将印度种姓术语系统化,进而第一次创建了一个统一的分类系统(Cohn 1987)。在世界其他地方,殖民当局将以前独立的各种部落和其他地方共同体合并或吸纳为更大的实体,其目的通常是通过任命酋长或其他代表来促进对它们的间接统治。卢旺达和布隆迪的胡图族和图西族是被广泛援引的案例(Laely 1994)。在前殖民时期,胡图和图西分别指的是农民氏族和牧民氏族(clans)的生活方式,而不是族群,国王通过一种同时吸纳胡图和图西氏族的庇护制度来进行统治。比利时殖民政府系统性地赋予具有图西背景的个人以特权,从而将生活方式类别转变为族群。[11]然而,世界各地的例子表明,殖民国家许多扩大族群类别的尝试都以失败告终。[12]

在其他情况下,是占主导地位的多数群体而不是国家机构,强调用于描述少

① Sublime Porte,"高门"或"宏伟门",1923 年前的奥斯曼帝国政府的正式名称。这个名字是土耳其语 *Bâb-ı Âli*("崇高之门"或"杰出之门")的法语翻译。它是通往君士坦丁堡或伊斯坦布尔的主要国家部门的大门的官方名称。——译者注

数群体的更高层次的类别,并设法说服或强迫少数群体接受其为自我描述的类别。例如,捷克的"波西米亚德国人"(Bohemian Germans),他们曾强调将他们分裂开的地位界线,并且不认为自己是一个统一的民族群体。相反,受过教育的讲德语的人认为自己是跨民族的奥匈帝国文化精英的一员。很久以后,他们才采用了"波西米亚德国人"这一少数群体类别,捷克民族主义者有段时间通过这个类别对他们进行描述(G. B. Cohen 1981:30;另请参见 Bahm 1999)。在夏威夷,中国移民开始把自己视为一个民族群体,因为他们被居民多数群体归类为民族群体,而他们以前是根据地域出身(regional origin)①来区分自己的,这种区别很快就被遗忘了(Glick 1938)。在巴布亚,城镇居民根据更广泛的地域性族群术语对农村移民进行分类,随着时间的推移,移民自己采用了这些术语(Levine and Wolfzahn Levine 1979)。米切尔(Mitchell 1974)对罗得西亚矿业城镇农村移民的经典研究分析了类似的过程。[13]20 世纪初,移居美国的意大利移民逐渐了解到描述自己的合适方式应该是"意大利人",而不是"纳波利塔人"(Napolitani)或"托斯卡纳人"(Tuscanesi)(Alba 1985)。

有时,族群生成可能不是主要由实行少数群体形成策略的国家机构所驱动,也不是由占主导地位的多数群体所驱动,而是由少数群体的政治倡导者(entre-preneurs)领导的社会运动所驱动。这是发展中国家民族国家形成早期阶段众所周知的过程。一个新的政治倡导者阶层,强调(或有时发明)了位于殖民地政府指定的"部落"层次之上的地域性族群的区别,以便在新兴的民族政治舞台上更成功地竞争。[14]例如,越南高地的"山地居民"(Montagnards)(Tefft 1999)或刚果的班加拉人(Bangala)、芒戈人(Mongo)和巴刚果人(Bakongo)(Young 1965:242—252)。[15]

这一现象并不局限于发展中国家,相反,它与一些政治倡导者试图在美国的"亚裔"或"西班牙裔"中发展泛族群认同的尝试相似(Padilla 1986;Espiritu 1992;Okamoto 2003)。一些观察家将这些泛族群运动的兴起归因于战后政府的扩张,特别是"伟大社会"的福利和平权运动计划所带来的新的激励结构

---

① regional origin 以及后面出现的 region of origin,似乎还可以与 country of origin(原籍国)对应,译为"原籍地"或"原籍地区"。——译者注

(Glazer and Moynihan 1975)。正如这些例子所表明的那样,有时政治倡导者的边界扩张策略与强大的国家机构的策略一致:二者可能在更高的族群划分层次上强调新的政治边界方面不谋而合(有关"西班牙裔"类别的出现,请参见 Mora 2010)。然而,下一节将表明,一般大众(the rank and file)并不总是采用这种泛族群的区分;相反,他们甚至可能积极反对这种区分,并且促进更严密划定的归属边界。

收缩

收缩意味着划出更狭窄的边界,从而不再认同局外人所分派的类别。收缩可以通过裂变,将现有类别一分为二,或者通过在多层次的族群分类系统中将重点转移到较低的分化层次来实现。对于那些无法进入政治舞台中心、行动半径仍然局限于直接社会空间的个人和团体来说,收缩是一种特别有吸引力的策略。在许多情况下,移民坚持使用原籍国甚至更狭窄的族群术语,而不是占主导地位的多数群体强加给他们的更广泛的大洲类别或"种族"类别。加利福尼亚州的许多中国血统的"亚裔"也是如此,他们不喜欢和日本人同归于一类,并且对于他们来说,中国台湾人和大陆人之间更细微的地位身份差别更具相关性(Kibria 2002)。[16]同样,伦敦的巴基斯坦人拒绝将他们与印度人联系在一起的"南亚人"类别,并强调同胞之间较低层次的、地域[旁遮普(Punjabi)]或宗教的区别(Saifullah Khan 1976)。尼泊尔的菩提亚人(Bhotiyas)坚持地方化的族群认同,以拒绝泛菩提亚主义(pan-Bhotiyanism)(Ramble 1997)。

另一个例子是墨西哥土著群体的族群地方主义(ethnic localism)。在农村地区以及在族群民族主义(ethnonationalist)知识分子和人类学家的圈子之外,土著民(*indigena*)与梅斯蒂索人/拉迪诺人(*mestizo/ladino*)之间的区分,虽然偶尔被使用,但却被尽可能地不再强调了,尽管它当然代表了各州首府的印欧混血商人和政府官员所偏爱的族群区分层次。从农民的角度来看,在恰帕斯州的农村地区,社会世界被划分为一个人自己的自治市(即政治、社会和精神世界的中心)和其他地区。一个人首先是查默特科人[Chamulteco(a)]、辛纳坎特科人

[Zinacanteco(a)]，等等，这是一种强大的象征性武器，可以抵制讲西班牙语的梅斯蒂索人（*mestizos*）①在区分"自然氏族"（gentes naturales）的印第安人（*indios*）和"理性氏族"（gentes de razón）的拉迪诺人（*ladinos*）时，经常提出的排他性和文化优越性的主张。[17]

在所有这些例子中，重点都被转移到既有族群划分的较低层次上。然而，有时为了将自己的认同从原始的、包容的群体中脱离出来，边界也通过将一个群体细分为新的类别而收缩，这是霍洛维茨术语中裂变的一种情况。举个例子，在民权运动之前，非裔美国人精英俱乐部和联谊会，通过区别浅肤色和深肤色的人来划分"黑人"类别，并歧视后者（Graham 2000）。因此，黑人民族性的污名就沿着这种社会阶梯代代流传给了那些深肤色的人。然而，它没有导致这些肤色差异以及与之相关联的黑人之间歧视形式的政治化（Hochschild and Weaver 2007）。人类学文献还记载了类别裂变的许多其他例子（Horowitz 1977）。

在以下各节中，我将转向这样一些策略：它们并非像迄今为止讨论的那样旨在改变边界地志，而是旨在修改其意义和含义。这包括改变两个族群类别之间的规范等级结构[价值重估（transvaluation）]，改变自己相对于边界的地位[跨越和重新定位（repositioning）]，以及强调其他非族群的归属感（模糊）。

价值重估

价值重估策略试图改变族群分层系统的规范原则——"价值的重新评估"是尼采所深恶痛绝的。我区分了推翻既有等级秩序的规范反转与旨在建立地位和政治权力平等性的平等化（equalization）。在规范反转中，象征性等级被强调，这样被排斥和被鄙视的类别就被用来指定一个在道德、智力和文化上均优于占主导地位群体的选定民族。这方面的例子比比皆是（参见 Brass 1985）。

在西方世界，最著名的可能是美国的非裔美国人的黑人力量运动（black

①　梅斯蒂索人，系混血人，尤指印第安人与白人的混血人。——译者注

power movement)和文化民族主义。以黑人力量为榜样，"红色力量"（red power）（运动）成功地说服了许多曾经隐瞒自己血统的印第安人后裔，重新认同于具有崭新、积极形象的"第一民族"（first nations）（Nagel 1995）。[18]规范反转通常与对占主导地位的多数群体作为嗜血的压迫者的"反向污名化"[例如，非裔美国人俗语"饼干佬"（the crackers）①；请参见 Gwaltney 1993]携手并进。其结果可能是边界两侧相互对立的个体之间就其意义和含义产生了深刻的分歧。桑德拉·沃尔曼（Sandra Wallman）写道，在这种情况下，边界"不是邻居们可能会八卦或争吵的概念围栏（conceptual fence）。相反，它变成了一条齐格菲防线（Siegfried line）②，除了最粗暴的交流之外，任何交流都不可能跨越这条界线"（Wallman 1978：212）。

挑战族群类别等级排序的一种不那么激进的方式是，建立相对于主导群体的道德和政治平等性，而不是优越性。美国最典型的例子显然是马丁·路德·金（Martin Luther King）领导的早期民权运动，它旨在克服黑人和白人之间的法律、社会和象征性的等级，并在生活的各个领域实现平等待遇。民权运动激发了其他各种国内[19]和国外族群运动，包括拉丁美洲的各种黑人运动（*movimientos negros*）（关于巴西，请参见 Telles 2004）、加拿大的魁北克人（Québecois）、北爱尔兰的天主教徒以及整个拉丁美洲的土著民运动（Brysk 1995）。

在所有这些和许多其他来自世界各地的价值重估案例中，知识分子和政治倡导者正在重新定义族群类别的意义。[20]在被其他人视为少数群体身份地位之耻辱的地方，他们看到本真性（authenticity）的荣耀；他们为祖先的文化感到自豪，而不是为自己的习俗在主导群体眼中显得如此原始而感到羞耻；他们将历史上的失败和屈从重新诠释为反抗不公正和统治的英勇斗争（关于墨西哥，请参见 Wimmer 1993）。他们建立了一种不受占主导地位的多数群体影响的反文化（counterculture），恢复了"传统的"节日和仪式[从瑙鲁兹（Newroz）③到帕瓦

---

① 16世纪从英国移民到美国淘金的人中，那些比较穷苦的人都被发配到佐治亚州开垦，因为穷，主要的食物是饼干，所以被称为"佐治亚饼干佬"（Georgia crackers）。——译者注

② 齐格菲防线是纳粹德国在第二次世界大战开始前，在其西部边境地区构筑的对抗法国马其诺防线的防御阵地体系。——译者注

③ Newroz 系库尔德新年。——译者注

(Pow Wow)①]，纪念英雄行为[占领恶魔岛（Alcatraz）、罗莎·帕克斯（Rosa Parks）②]和领导人[马尔科姆·艾克斯（Malcolm X）③、祖比（Zumbi）④、穆拉·穆斯塔法·巴尔扎尼（Mullah Mustafa Barzani）⑤]。

可以肯定的是，并不是所有的价值重估运动都成功了，也不是所有被鄙视和被统治的群体都足够幸运地指望他们等级的领导人能够成功地发展出不公正和道德反转的话语。我们只需要使自己想起印度农村贱民（untouchables）的命运。尽管各种达利特人⑥运动和政党进行了几十年的政治动员，借鉴全球的族群自豪感话语，将"贱民"种姓重新诠释为受压迫的"民族"，但大多数村庄的达利特人仍然接受他们在当地等级制度中的底层地位并相信纯洁性的意识形态，即使他们可能不接受印度教徒种姓（caste Hindus）从中得出的所有含义，即使他们有时抱有将来某个神话人物会反转等级秩序的希望（Moffat 1979；不同的观点请参见 Mendelsohn and Vicziany 1998）。其他的例子是萨赫勒地带（Sahel belt）（比如毛里塔尼亚）的奴隶群体，他们认为奴隶制直到今天都是完全合法的制度（Kopytoff 1988）。

_____

① 帕瓦指现代诸多美洲原住民族定期举行的一种集会，其间会有各种歌舞活动，以庆祝、比赛、教育为目的。帕瓦召开期间，一般会有盛大的歌舞比赛，参赛者将表演各种形式的传统歌舞。起初是一种由巫师主持的仪式，多为祈求病愈或保佑狩猎而举行，现在已经演化成印第安人的狂欢节日。——译者注

② 罗莎·帕克斯(1913 年 2 月 4 日至 2005 年 10 月 24 日)，美国黑人民权行动主义者，美国国会后来称她为"现代民权运动之母"。1955 年 12 月 1 日，时年 42 岁的帕克斯在蒙哥马利市一辆公共汽车上就座时，司机要求黑人给白人让座。在美国内战后种族隔离依然盛行的美国南方，法律明确规定黑人与白人在公车、餐馆等公共场所内须分隔，且黑人必须给白人让座。帕克斯拒绝了司机的要求，因此被捕入狱。她的被捕引发了蒙哥马利市长达 381 天的黑人抵制公交车运动，即蒙哥马利巴士抵制运动。——译者注

③ 马尔科姆·艾克斯(1925 年 5 月 19 日至 1965 年 2 月 21 日)，原名马尔科姆·利特尔(Malcolm Little)，又名艾尔-哈吉·马立克·艾尔-夏巴兹，生于美国内布拉斯加州。他是伊斯兰教教士、美国黑人民权运动领导人物之一。——译者注

④ 黑人意识日(Dia da Consciência Negra)，主要纪念 1695 年为争取黑奴权力而不幸殉难的黑人领导人祖比·帕尔马雷斯(Zumbi Dos Palmares)。自 1960 年起，每年 11 月 20 日成为巴西的法定节日。——译者注

⑤ 穆拉·穆斯塔法·巴尔扎尼(1903 年 3 月 14 日至 1979 年 3 月 1 日)，伊拉克库尔德民主党创始人、前主席，库尔德大酋长，主张库尔德族在伊拉克共和国内实行民族自治。——译者注

⑥ 此处原文为 Dayalit，疑为 Dalit。后文表 3.1"边界制定方法"中使用的即为 Dalits(达利特人)。达利特人指印度低等人。印度种姓制度中最底层的人被传统的上等种姓叫做"不可接触者"，即贱民，他们自称"被压迫的人"，即达利特。——译者注

地位移动：边界跨越与重新定位

当价值重估不是一种有价值的选择时，在一个族群类别的等级系统中移动自己的地位可能是一种更合适的策略。一个人可以改变自己的个人族群成员身份，也可以重新定位自己的整个族群类别。与在价值重估中一样，族群类别的边界没有争议。与价值重估不同的是，甚至等级制度也能被接受，但不能接受自己在该系统中的地位。因此，边界跨越或重新定位所导致的地位变化，通过强化其经验意义和规范合法性，再生产了总体等级制度。它向那些移动的人和未移动的人表明，没有"居间状态"，并且社会世界确实是按照等级界线构造的。下面我分别讨论个人策略和集体策略。

个人跨越

重新分类（reclassification）和同化是"转变立场"和逃避少数群体污名的主要策略。两者都可以在各种社会环境中找到（请参见 Elwert 1989：13f.；Baumann 1996：18）。在南美洲，通常将具有"混血"体征性族群背景的向上流动者重新分类为"最浅的"肤色类别。[21] 在美国，以血统为基础的种族分类系统中，这种"融入"白人类别（尽管有"一滴血规则"）的情况需要保密，并与自己的社会环境的彻底变化同步（Lowethal 1971：370）。重新分类的另一个例子是"混血"族群婚姻的孩子，他们的父母在诸如芬兰或北爱尔兰等不同的环境中给予他们主导群体的身份认同（Finnäs and O'Leary 2003；不同的观点请参见 Stephan and Stephan 1989）。在种族隔离的南非，个人可以向政府申请正式改变他们的种族名称（Lelyveld 1985），这也是美国的程序。一个有趣的前现代例子是，在早期殖民地时期的墨西哥，印第安人贵族获得了"西班牙人"（Spaniards）的官方法律地位。因此，他们避免了被视为"印第安人"和面临相应的法律障碍（Wimmer 1995：chap.5）。与重新分类相比，同化取决于打算跨越边界的人的行为。

正如上一章所讨论的，移民之间的"认同性同化"（identificational assimilation）（Gordon 1964）最近被重新解释为一种跨越边界的情况。同化不仅在移民中很普遍，而且在国内少数群体中也很普遍，例如战前欧洲的犹太人（通过皈依，请参见

Vago 1981)、20 世纪 30 年代印度的无种姓群体(通过大规模皈依伊斯兰教和基督教,请参见 Mujahid 1989)、前殖民时期爪哇的中国人(Hoadley 1988)、后来成为恩德贝勒人(Ndebele)的恩戈尼人(Ngoni)移民劳工(Ranger 1970)、危地马拉和墨西哥自我认同为拉迪诺人或梅斯蒂索人的印第安人(*indígenas*)(Colby and van den Berghe 1969:chap.6)[22],以及后来成为纳法纳人(Nafana)的前殖民时期加纳中西部的移民和难民(Stahl 1991)。

大规模跨越可能会影响边界本身,因为它可能会产生一个空的类别。一个当代的例子是伯利兹(Belize)的玛雅人(Mayas),他们跨越进入"西班牙人"类别,这一过程可能会被来自邻国危地马拉的莫潘(Mopan)移民加以重复(Gregory 1976)。我们还可以指出,法国语言和认同在阿尔伯塔省几乎消失(Bouchard 1994)[23],或者美国"黑白混血穆拉托人"(mulattoe)类别的消失(Williamson 1995)。通过同化而从认同景观中消失的族群历史仍有待书写。和许多其他"对因变量进行抽样"的例子一样,学者们通常关注的是几个世纪以来成功保持族群独特性的少数群体,而不是那些没有保持族群独特性的少数群体(一个明显的例外请参见 Laitin 1995a)。

然而,同化和重新分类造成的边界侵蚀也可能引起那些正在消失的群体的成员的逆反应(counterreaction),他们试图"封闭"边界以对抗叛逃者。一个例子是 20 世纪 50 年代的布科霍人生活史研究协会(Bkonjo Life History Research Society),它反对将布科霍人大规模同化为乌干达西部的巴托罗人(Batoro)类别(Horowitz 1977:10f.)。同样,巴斯克民族主义者将暴力用作一种策略性手段,以扭转过去几十年里其语言和认同向西班牙语和西班牙人的转变(Laitin 1995b)。即使边界由于大规模的同化性转变而消失,它后来也可能会被重新发现并被赋予新的意义。例如,路易斯安那州重塑了卡津人(Cajun)①认同(Dormon 1984),以及移居阿根廷的第四代移民在庆祝瑞士独立 700 周年之后,重新发现了瑞士人族群性(Karlen 1998)。

边界是否可以跨越,显然也取决于另一边的人,他们可以接纳或排斥新来者。少数群体的形成将会使边界跨越更加困难,占主导地位的群体可能会监管其边界以反对非法侵入者。另一方面,吸纳型的民族建构促进甚至鼓励从属群

---

① 卡津人,指移居美国路易斯安纳州的法国人后裔。——译者注

体成员的认同转变。过去几个世纪里,族群数量的大幅减少是在民族化国家框架内的这类策略收敛的结果。

集体重新定位

第二种跨越策略所针对的是一个人被分派到的在整个族群类别中的相对地位。也许最好的例子就是印度人类学家所说的"种姓攀登"(caste climbing)。通过采用上层种姓的生活方式,并策略性地要求其他种姓成员提供某些迦吉马尼(jajmani)①服务(地方种姓制度的一个核心特征),一个群体可能在仪式等级中获得更好的地位(F. Bailey 1969:95—100)。[24]上一章已经讨论过的美国历史上的例子是密西西比的华人,他们虽然最初被归类为"有色人种",但他们设法跨越了肤色界线(Loewen 1971),就像先前的犹太人(Saks 1994)、意大利人(Guglielmo 2003)和爱尔兰人(Ignatiev 1995)那样,他们最初也被视为非白人(nonwhites)。[25]另一个著名的例子是后来成为巴加拉人(Baggara)(即"阿拉伯"牧羊人)的富尔人(Fur)农民群体(Haaland 1969)。[26]这也是将达尔富尔(Darfur)目前的冲突描述为相互对立的两个不同种族"阿拉伯人"和"非洲人"之间的冲突可能符合西方公众的常识,但与当地的现实情况却不太吻合的原因之一(de Waal 2005)。在尼泊尔西北部,整个村庄可能会从一个族群(和种姓)类别转变为另一个族群(和种姓)类别,这取决于他们占据了哪个经济细分市场(Levine 1987:81—85)。

模糊

边界模糊降低了族群性作为分类和社会组织原则的重要性。其他的、非族群的原则得到促进,族群的、民族的或体征性族群的边界的合法性受到破坏。正如理查德·阿尔巴(Alba 2005)所指出的,模糊的边界与日常生活的行为相关性较小,排斥性和制度化程度较低,这与美国和德国移民的经历形成了对比。

最常见的策略似乎是强调一个地方共同体。乌尔夫·汉内兹(Ulf Hannerz)

---

① 迦吉马尼制,指有实力的地方土地所有者,雇佣婆罗门来执行礼仪,给其报酬,也给为其服务的其他种姓一定的粮食作为报酬。——译者注

描述了 20 世纪 50 年代的索菲亚镇(Sophiatown)。这是约翰内斯堡郊外的一个小镇,这个小镇的非洲人、犹太人和移民借鉴了美国爵士乐、英国时尚和大陆文学风格,形成了他们所认为的世界主义文化。他们至少部分地将这种城市生活方式视为反对新兴种族隔离政权的一种反文化(Hannerz 1994)。另一个例子是印度尼西亚的多族群城市望加锡(Antweiler 2001),这个城市的高异族通婚率、低居住隔离程度和长期共存的历史,使得跨族群的社会阶级和地区认同比族群差异更加突出,而这种族群差异在这个群岛国家的其他地区政治景观中却非常显著。其他例子包括二战前美国的小型工业城镇(Alter 1996)、纽约当代邻里的多族群联盟(Sanjek 1998)、利比里亚大酋长的多族群选区(D'Azevedo 1970—1971)或英国青少年的多族群圈子(Rampton 1995)。多族群地方主义也是住房合作社的一个特征,在这些合作社中,"我们"(即老牌和体面的人)与"他们"(即麻烦制造者和局外人)之间的边界,是根据遵守有关垃圾处理、公共洗衣机和烘干机使用以及诸如此类的社区规则而划定的,从而模糊了现有的族群和种族划分。正如前一章所述,这种"局内人-局外人"边界可以在伦敦的保障性公房(Wallman 1978;Back 1996)、苏黎世的住房合作社(Karrer 2002)和科隆的工人阶级邻里(Kissler and Eckert 1990)中找到。这将在第五章中详细讨论。

另一种不强调族群、种族或民族边界的策略是,转向一个全球的而不是地方的归属共同体(Lyman and Douglass 1973:358)。普遍人性和"人类大家庭"似乎经常被最被排斥和最被污名化的群体唤起。米歇尔·拉蒙展示了非裔美国工人阶级以及法国的马格里布(Maghrebine)和非洲移民如何使用宗教的普遍性语言来否认族群-种族等级制度的合法性,并将自己定位在社会和道德世界的中心(Lamont 2000;Lamont et al. 2002)。

同样,来自南斯拉夫特别是来自科索沃的移民和难民,是在欧洲大陆许多国家普遍受到鄙视和歧视的群体,他们强调所有独立于族群或民族背景的个人所共有的普遍道德品质(Karrer 2002:chap.12)。[27]在海得拉巴,对社会世界的"去族群化"观点也出现在被鄙视的穆斯林种姓群体中(Ali 2002)。有时,占主导地位的群体也使用普遍化的宗教话语来模糊边界。自 20 世纪 90 年代以来,美国一些福音派教会开始将种族主义视为一种罪恶,并试图建立多种族教会社区,以便其成员跨越黑人-白人划分并建立起友谊纽带(Emerson and Woo 2006)。

针对世界和地方之间的目标,边界模糊也可以通过强调文明的共性,通常是通过利用消失已久的帝国的文化遗产和政治统一来实现。欧盟的官僚精英们常常唤起诸如查理曼帝国那样的基督教帝国过去的统一，以克服欧洲大陆分裂成众多民族共同体的问题。[28]自19世纪以来，各种伊斯兰改革运动一直在寻求恢复乌玛（*ummah*）①在哈里发（caliphs）统治下所享有的统一和全球权力（Lapidus 2001）。在日常认同政治的不那么宏大的层次上，我们可以引用最近一项关于英国巴基斯坦人的研究，其作为乌玛成员的日常生活身份认同比国家分派给他们的"巴基斯坦人"类别要重要得多（Jacobson 1997）。同样，移民到埃及和英国的苏丹阿拉伯穆斯林妇女通过强调她们的伊斯兰宗教认同来抵制将她们归类为"黑人"的做法（Fàbos 2012）。另一个例子是大洲层次的拉丁美洲民族性（continental *latinidad*）②，它是西班牙帝国的遗产，由塞莉亚·克鲁兹（Celia Cruz）、奥斯卡·德里昂（Oscar de León）等萨尔萨舞曲（salsa）歌手唤起。他们的许多歌曲呼吁所有拉丁美洲人（Latinos）的文化一致性和跨大洲的兄弟情谊。[29]

第二部分：边界制定方法

我现在已经讨论了行动者试图改变边界的位置或意义的最重要的方式。现在是时候考虑他们如何使其对社会合法划分的愿景（包括新发明的社会类别）具有相关性。以下边界制定（和废除）工具的类型学区分了不同类型的资源［遵循并扩展了华康德（Wacquant 1997）的种族支配形式类型学］。类别化和认同化依赖于话语和符号资源。当为了使边界具有相关性而拒绝某些个人获得商品、职位、空间或关系时，我称这些为歧视策略。政治动员以集体组织为基础，将其作为突出边界或争夺边界相关性和显著性的资源。最后，强制和暴力依靠武力或武力的威胁来实现同样的目标。在此过程中，将再次区分各种子类型。正如这一预览所表明的，这些不同的边界制定方法是松散排序的，这取决于它们的重要性以及因此所具有的潜在有效性的程度如何。

---

① 乌玛，阿拉伯语的音译，本意为民族，现指基于宗教纽带而联系在一起的整个穆斯林共同体。乌玛起初是穆斯林最早政教合一的政权。622年9月24日"希吉来"（即迁徙）后，穆罕默德以麦地那为根据地，号召穆斯林不分民族、部落、家庭和地区界限，在共同信仰的基础上，由迁士、辅士以及不同氏族部落的穆斯林，组织起名为"安拉的民族"（Ummatullah）的宗教公社，并以盟约的形式，签订了《麦地那宪章》。公社突破了阿拉伯氏族、部落的血缘关系，以宗教和地区为社会组织的基础，建立起组织严密的、为伊斯兰而奋斗的武装社团——乌玛。——译者注

② *Latinidad* 即 Latino-ness，意即拉丁美洲性、拉丁美洲民族性。——译者注

话语与符号

类别化实践（界定相关群体）和认同化实践（确定谁属于哪些群体）都使用话语和符号方法来增加族群边界的显著性。我将依次逐一加以讨论。国家机构享有特权，可以通过纪念节日和公共仪式，通过美化"民族"历史英雄和确认民族敌人的历史书籍，通过对少数族裔群体的"代表"加以命名、赋予荣誉或进行诋毁的公共仪式和演讲（Bourdieu 1991），以及通过进行人口普查和公布将世界描述为由某些族群或民族群体组成的统计数据，来使其偏好的族群划分具有政治相关性、公开承认性和文化合法性。关于这种类别化和符号化策略的不同影响，已经涌现了大量文献，包括关于"传统的发明"（Hobsbawm and Ranger 1983）、"平常的"（banal）民族主义①和日常的民族性（Billig 1995；Edensor 2002）、公共仪式（Connerton 1989）和人口普查（Alonso and Starr 1987；Nobles 2000；Arel 2002）等方面的研究。

最近美国关于类别化策略有效性的例子是西班牙裔（Padilla 1986；Mora 2010）或亚裔（Espiritu 1992；Okamoto 2003）类别的创建和日益公开的使用。最初，这种统摄性（overarching）类别对他们指定的人来说意义不大，就像上面讨论的"亚裔"情况一样；"西班牙裔"一词只在美国西南部通用，即使在那里也从来不是对个人进行分类的主要方式。更早之前，"黑人"和"白人"之间的边界被强加在美国南方曾经公认的更多样化和更复杂的分类系统之上（Lee 1993）。

类别化策略也被试图跨越边界的个人和群体用于日常话语中。在哥伦比亚，回到上面提到的一些例子中，向上流动的黑人对黑人文化并不认同，并试图将污名传递给他们下面的"真正的黑人"哥伦比亚人（Wade 1995）。在瓦哈卡州，"落后的印第安人"（backward inditos）是那些住在更远的山上，仍然在实行前哥伦布时期的仪式（pre-Columbian rituals）的人，而"我们"则是好的即现在完全融入了墨西哥民族文化的前印第安人。同样，许多作为外来劳工来到欧洲的移民

---

① "'banal' nationalism"，起初有"平庸"民族主义或"平实"民族主义等译法，后来一般译为"日常"民族主义。这里对"平庸的"民族主义和"日常的"民族主义两种译法进行综合，并且基于"banal"的本义以及与"everyday"的区分，改译为"平常的"民族主义，同时也为了与后文"日常的民族性"和"日常话语"等用语不雷同。——译者注

强烈地疏远那些被称为"假难民"(bogus refugees)和"福利国家的滥用者"的最近抵达的寻求庇护者(请参见第五章)。

主导群体和从属群体的成员都可以通过依赖或发明各种符号标记对边界进行监管,以防止潜在的跨越者(Rothschild 1981:chap.5),即便边界没有遵循明显的文化差异线(换言之,正如在巴斯的文化景观中的那样)。一种方式是将某些行为模式标记为"典型的"。例如,19世纪为欧洲所同化的犹太人,他们被认为"过于熟稔"德国高级文化,而不被认为是"真正的"德国人(Laitin 1995a)。许多学者已经观察到,在拉丁美洲的高地,尽管有相当程度的文化同化,但族群边界仍然存在(Tax and Hinshaw 1970;Colby and van den Berghe 1969:173;W. Smith 1975:228;Reina 1966:31f.)。足以说明问题的是,那些完全被同化的人被识别为涂油彩的印第安人(*indios revestidos*)["乔装的印第安人"(disguised Indios)],或者在南美,被称为乔落人(*cholos*)①(Aguirre Beltrán 1967:301—311)而遭到排斥。在北爱尔兰,天主教徒通过他们的手势、肢体语言和语法癖好(idiosyncrasies)[30]被识别出来,这些线索与印度北部村庄用来发现印度其他地区"贱民"的线索相似(Sebring 1969)。

可见的线索是识别群体成员的另一种方式。特别有效的是一些不能改变的或者只有付出巨大的代价才能改变(比如通过整容手术,请参见 Kaw 1991)的体征性符号。在美国,尽管移民来自从不存在降格继嗣②原则的社会,但"一滴血规则"本应建立的"黑人"和"白人"之间的边界的明确性仍然得以维持。移民们认识到,考虑到他们的皮肤底纹,在占主导地位的分类网格中,除了"黑人"之外,他们没有其他的位置了。这是来自佛得角(Ito-Adler 1980)、海地(Woldemikael 1989)和西印度群岛(Waters 1999)的第二代移民的情况,而他们的父母通过强调自己的民族认同和对非裔美国人类别的不认同,仍然强烈地采取边界收缩的策略。

可见的标记也可以刻在身体上,而不仅仅是从身体上读取出来。波利尼西亚(Polynesia)和美拉尼亚(Melanesia)的文身、南美低地的身体饰品和穿孔,以及东

---

① *cholo*,即印第安人与西班牙人或葡萄牙人所生的混血儿。请参见[英]埃里克·霍布斯鲍姆:《民族与民族主义》,李金梅译,上海人民出版社 2006 年版,第 63 页。——译者注

② "一滴血法则",也被称为降格继嗣(hypodescent),即任何白人与黑人结合生下的混血儿,将被划归非白人父母的种族。——译者注

非和西非的脸部和身体上的装饰性疤痕，是用来镌刻我们和他们（以及美丽和丑陋、贵族和平民）之间的族群边界的一些手段。其中一些技术已经奇迹般地被重新定义，用来在一种日益分化的西方青年亚文化中标记成员身份（Rosenblatt 1997）。

服装图案更被广泛地用于标记群体成员身份[31]：危地马拉妇女在周日集市穿的不同颜色和编织图案装饰的绣花罩衫（huipiles），表明她们来自哪个村镇（municipio）；穆鲁族（Mru）男人精心设计的发型，使他们与吉大港丘陵（Chittagong Hills）的孟加拉族移民（Bengali settlers）区别开来；19世纪伦敦戴的"爱尔兰"尖顶帽；在集体农场（kibbutz）里摘橘子的旅行者T恤衫上的几维鸟①；美国城市中的非裔美国人穿的灯笼裤。这些服装标记可以自愿展示，如上述例子所示，或者强加给个人，如纳粹德国的大卫星（Star of David）②或前现代社会的各种服装规则。后者的一个例子是，在殖民地时期的墨西哥，详细的着装规定定义了哪个体征性族群群体被允许携带剑或穿皮靴或戴某种帽子。

同样具有强加性的是，记录族群类别成员身份的官方文件——尽管这并不易被公众察觉。例如，卢旺达身份证件上标明族群背景的印章（Longman 2001）、纳粹时代的德国护照、当代美国出生证明中证明"印第安血统"比例或种族类别的官方记录（Meyer 1999），当然还有那些识别民族共同体成员并区别于其他移民的护照（Torpey 1999）。它们都可以或多或少作为有效的工具来监管边界，并通过重新分类和同化来防止边界跨越。

歧视

通过将生活机会的分配与族群类别的成员身份联系起来，歧视极大地影响了个人定义自己的方式，并且是一种比类别化和符号化更有效的、强制推行族群

---

① 几维鸟（kiwi），因叫声像"keee-weee"而得名，被新西兰人视为自己民族的象征，并且定为国鸟。新西兰人也自称Kiwi。——译者注

② 大卫星，又称六芒星、大卫之星、所罗门封印、犹太星等，是犹太教和犹太文化的标志。其状为两个等边三角形组成的一个正六角形。相传，犹太史上最杰出的国王大卫使用这种形状的藤牌，南征北战，统一了以色列十二支派，建立了强大的希伯来王国，因此，犹太人把这种六角形称作大卫盾或大卫星。德国纳粹时期，强迫六岁以上犹太人必须佩戴一个印有黄色大卫星的袖章，以此来辨别犹太人。——译者注

意义上的"我们"和"他者"之间特定区别的工具。根据正式化(formalization)的程度,可以区分三种歧视模式。

在最正式的层面,法律通过区分不同族群或民族类别的成员的权利来使边界制度化。在现代民族国家中,公民身份是基于族群血统来歧视个人的最有效和最合法的制度(Brubaker 1992a;Wimmer 2002:chap.3)。公民法(citizenship law)将普遍人权与一个特定的民族共同体的成员身份联系起来,汉娜·阿伦特(Hannah Arendt)是第一个对此发表评论和谴责的人(Arendt 1951)。公民身份使这些共同体的成员身份与出生和继承息息相关。一旦获得,一个人的公民身份就会成为永久的"原生性"特征,并传递给下一代。入籍(naturalization)仍然是一个困难、繁重和代价昂贵的过程,尤其是对那些无法显示出与民族共同体有着牢固谱系联系的人来说。基于公民身份的歧视也许是当代世界强制实施族群-民族边界的最普遍和最强大的机制。

有时,权利也以分化的方式授予一个国家的公民,通常是区分民族多数群体和少数族裔。在民权运动开始之前,美国南部的非裔美国人、战前东欧的犹太人或以色列的非犹太人公民都被认为是不享有充分权利的二等公民。作为前现代案例,我们可以援引奥斯曼帝国中穆斯林和非穆斯林在法律上有区别的权利。直到 1839 年的花厅御诏(Gülhane Decree)①规定苏丹所有臣民法律平等之前,非穆斯林都必须缴纳特殊税[即所谓的吉兹耶(jizye)②],以抵偿他们没有被征召入伍。除非他们正式皈依伊斯兰教,并在文化上融入奥斯曼帝国的精英阶层,否则他们无法在政府中,特别是在军队中担任某些高级职务。此外,基督徒和犹太教徒不能(而且现在仍然不能)在伊斯兰教法法庭(sharia courts)上作证反对穆斯林(Grillo 1998:94f.)。最后,他们被禁止骑马、携带武器或拥有自己的奴隶,他们必须穿某些衣服,必须把他们的房屋限制在一定的高度,等等。这种法律上的差别是前现代国家的特征,这些国家基于不同的原则对待(沿着族群或其他界线

---

① 1839 年 11 月,在托普卡帕宫外的玫瑰花园广场,大维齐尔穆斯塔法·雷希德帕夏(Mustafa Reshid Pasha,1800—1858 年)以苏丹的名义颁布敕令,史称"花厅御诏"(Edict of Gülhane)。花厅御诏的内容包括:(1)保障苏丹臣民的生命、荣誉和财产;(2)废除包税制,实行直接征税制;(3)采用征兵制,明确限定服役期限;(4)打破宗教界限,强调权利分配的世俗原则,即帝国臣民无论信仰何种宗教,皆享有同等的法律地位。——译者注

② 吉兹耶,即非穆斯林所缴纳的人头税。——译者注

划分的)各种地位群体,这取决于历史上授予的特权、不同的权力结构和传统的权宜之计观念。

合法化的歧视(legalized discrimination)最引人注目的例子涉及被剥夺了公民身份的少数群体。最近的例子包括 1952 年失去了日本公民身份的在日朝鲜人(Iwasawa 1986),在伊拉克遭受同样的命运并被迫越过伊朗边境的所谓法伊利库尔德人(Faili Kurds)①(McDowall 1996:30),或者根据溯及性国籍法于 1980 年被剥夺国籍的扎伊尔的巴尼亚卢旺达人(Banyarwanda)(Lemarchand 2004)。新近独立的波罗的海国家的俄罗斯人(Brubaker 1992b)或科特迪瓦"移民"后代(Woods 2003)为公民身份而进行的斗争是当代著名的例子。一个著名的近代案例是 1685 年南特敕令(Edict of Nantes)的废止,该法令之前授予法国新教徒公民权利和皇家保护。最引人注目和最残酷的例子仍然是纳粹德国犹太人的命运。

歧视往往是国家行政部门日常工作的一部分,即使这种行为缺乏公民法的法律基础(Cornell and Hartman 1998:chap.5)。在一些国家,犹太人尽管获得"解放",但直到第二次世界大战之后,他们实际上经常被排除在军事和公共服务等职业之外。新独立的原苏联加盟共和国(Grodeland et al. 2000)和发展中国家(Horowitz 1985:194;Hyden and Williams 1994)的政府对少数族裔的歧视被广泛报道,这是造成族群紧张局势升级为全面内战的最重要条件之一(Wimmer et al. 2009)。优待和配额政策是柔性但制度化的族群歧视的又一个例子,它强化了民族多数群体和少数族裔之间的边界。最突出的例子是美国(Bowen and Bok 2000)、印度和巴西教育系统中的少数群体配额(minority quotas),以及苏联官僚机构(Martin 2001;Vujacic and Zaslavsky 1991)、马来西亚、尼日利亚和斯里兰卡的多数群体配额(majority quotas)。[32]

歧视在国家控制领域之外的日常互动中更为普遍。如果有足够多的人系统性地推行这种非正式的歧视,就会导致沿着族群界线的社会封闭,这反过来又使社会世界划分为各种族群,对特权者和被排斥者来说,都是自然和不言而喻的。

---

① 法伊利库尔德人是历史上居住在伊拉克和伊朗边境扎格罗斯山脉两侧的一个族群,可以被视为跨界群体。今天,伊拉克估计有 150 万法伊利库尔德人,主要生活在巴格达,以及迪亚拉、瓦西特、米桑和巴士拉省的东部地区。——译者注

这种族群封闭可能是所有生活领域,特别是就业、住房和婚姻市场的特征,下面的例子将说明这一点。一系列实验研究表明,在所有经合组织国家,具有"外国"姓名的公民,或者在美国,具有非裔美国人姓名的公民,在劳动力市场上面临着大量形式的歧视(Taran et al. 2004;Bertrand and Sendhil 2003;Pager et al. 2009)。一些少数群体的高度居住隔离(residential segregation),不仅源于通过网络效应或收入效应自我选择进入族群邻里,而且还源于歧视(Turner and Ross 2005)、限制、空间束缚和制度封闭(Wacquant 2004)。典型的例子是近代欧洲早期建立的犹太人贫民窟(ghettos)和第一次世界大战后北美建立的黑人贫民窟(Wacquant 2004;Massey and Denton 1994)。

在婚姻市场上,内婚制(endogamy)规则可以有力地增强一个类别的群体性(groupness),并使之与个人社会网络的构成相关联(例如 Nave 2000;Schultz 1979;Tinker 1973)。可以肯定的是,监管群体边界绝不仅限于传统的族群或移民共同体。世界各地的民族建构者都宣称民族对"其"女性身体的专属控制权,并强调女性作为民族文化圣地的守护者和民族战士的生育者的角色(Nagel 2001)。

政治动员

主导行动者和从属行动者都可以试图动员一部分人口,以便将大众舆论的砝码带到公共舞台上,并使他们对相关族群划分的愿景具有政治显著性。有关族群的、民族主义的和族群-种族的抗议、抵抗、解放和复兴运动的文献汗牛充栋,我将仅限于提及其中的一些基本内容。一方面,我们发现一些研究路径,强调的是操纵性的(例如,Sklar 1967)、相对剥夺的(Esman 1977)或者充满怨恨和政治雄心的中产阶级的作用[33],尤其是那些刚受过良好教育的少数群体精英,他们往往把自己的擢升归功于现代化国家和帝国的同化政策,而这些政策后来遭到了他们的强烈反对(有关案例研究,请参见 Wimmer 1993)。

在从批判的观点到同情的观点这一连续体的另一端,一些作者,特别是那些在政治上与美洲的族群民族主义运动或后殖民世界中的各种民族主义"解放"运动关系密切的学者,描述了族群或民族从征服、压迫和自我否定的噩梦中的"觉醒"[34]，他们与曾经唤起各自民族的"民族意识的兴起"的 19 世纪欧洲的民族主义学者没什么两样。在（介于上述两端之间的）中间位置，我们发现"现代化"（modernization）研究路径，将现代性在一个国家领土上的不平等传播视为对那些在进步道路上落后的人进行族群民族主义动员的主要原因（Hechter and Levi 1979；Horowitz 1985；另请参见 Nielsen 1985）。

为了我们的目的，我们特别感兴趣的是那些案例研究和比较分析，它们通过诸如框架理论（frame-theory）的视角（Snow et al. 1986）来审视社会运动的边界制定维度。它提供了许多有用的见解，关于如何通过动员、提出主张、选择舞台和议题等策略，使一个族群意义上的"我们"的存在、文化尊严和政治重要性，被追随者和广大公众认为是合理的。[35]

强制与暴力

主导行动者和从属行动者都可以诉诸武力和暴力来增强他们所促进的族群边界的相关性。各国部署了大量强制性工具，以将其社会愿景强加于民众。许多国家利用强迫同化，将一幅由各种族群和宗教的碎片构成的马赛克转变成一幅民族群体的同质画面，欧内斯特·盖尔纳（Ernest Gellner）将之类比为从一幅科柯施卡（Kokoschka）画作到一幅莫蒂里安尼（Modigliani）①画作的转变（Gellner 1983：139f.）。日夫科夫（Zhivkov）统治下土耳其人名字的保加利亚化可能是最近的一个例子（Warhola and Boteva 2000）。另一个例子是对荷兰-印度尼西亚混合血统的人的成功吸收和完全同化，他们在印尼获得独立后逃到了荷兰。尽管体征上存在差异，但特殊教育、分散定居和有控制地吸收进劳动力市场等强迫同化政策，导致了该群体及其相应边界的消失（Willems et al. 1990；de Vries 1999）。

其他的例子包括，吉普赛人的定居化（sedentarization）和多数群体父母强迫

---

① 奥斯卡·科柯施卡（Oskar Kokoschka，1886—1980 年），奥地利表现主义戏剧家、画家。阿美迪欧·莫蒂里安尼（Amedeo Modigliani，1884—1920 年），意大利表现主义画家与雕塑家。——译者注

收养吉卜赛人的孩子,这种做法在 20 世纪的整个欧洲都很普遍。在瑞士,1926
年至 1972 年期间一个国家资助项目剥夺了(吉卜赛)父母的监护权,并将吉卜赛
儿童送入寄养家庭和收容所。从第二次世界大战持续到 1967 年,澳大利亚政府
致力于其"白澳"(white Australia)政策,旨在通过强迫收养计划消灭土著人口
(Wolfe 2001:872—873)。在前现代社会,强迫收养主导群体的情况也很常见,如
斯瓦特帕坦人(the Swath Pathans)①,他们将童工收养到自己的家庭中(Barth
1969b:22)。

　　各种形式的族群清洗(ethnic cleansing)②是将民族主义的世界愿景变为现
实的更加暴力的方式。族群清洗的最初实例发生在 20 世纪初的两次巴尔干战
争期间;从那里开始,这条路线通向了希腊和土耳其之间的"人口交换"、萨尔瓦
多"大屠杀"(la matanza)期间土著人口的灭绝、德国纳粹大屠杀(Holocaust)、印
巴分治期间的大规模屠杀和驱逐,以及最近在波斯尼亚和达尔富尔发生的事件
(Jackson Preece 1998)。对族群异质性"问题"的这种"最终解决办法"是一种典
型的现代现象,由一个致力于通过武力和暴力实现族群-民族同质性理想的国家
机构来实施(Mann 2005)。

　　更具体地说,正如阿帕杜赖(Appadurai 1998)所论证的那样,暴力的目的是,
在群体成员身份相互重叠的复杂情况下,明确人们可以依赖谁的忠诚。暴力将
"他们"与"我们"分开,将民族身体的危险肿瘤与健康肌体分开——这里套用种
族灭绝的知识奠基者和组织策划者经常使用的语言。把"犹太人"赶进纳粹欧洲
的集中营和贫民窟,把"亚美尼亚人"赶进安纳托利亚的山路,迫使"图西人"进入
卢旺达(Thousand Hills)③的教堂和校舍,清楚地表明了谁是"犹太人""亚美尼亚
人"和"图西人",尽管之前的通婚、同化或皈依已经模糊了边界。民族化国家的
族群异嗜性恐惧症(heterophobia),以及迈克尔·曼(Michael Mann 2005)、芭芭
拉·哈夫(Barbara Harff 2003)和皮埃尔·范·登·贝格(Pierre van den Berghe
1990)深入研究的其他更明确的情境因素,是造成人类历史上这些道德低谷

---

① Pathans 一般译为"帕坦人"。参见[美]弗雷德里克·巴特:《斯瓦特巴坦人的政治过程:一个社会
　人类学研究的范例》,黄建生译,上海:上海人民出版社 2005 年版。——译者注
② ethnic cleansing 一般译为"种族清洗"或"民族清洗",但由于族群、种族和民族三个术语之间的区
　别,加之前文统一将 ethnic 译为"族群的",为了保持一致,这里改译为"族群清洗"。——译者注
③ "千丘之国",卢旺达的别称。——译者注

(nadirs)的原因——不论自由主义的民族主义者(liberal nationalists)喜欢与否
(O'Leary 1998)。

　　然而,国家精英并不是唯一一类将使用暴力作为边界实施策略的行动者。
主导的多数群体也对少数群体诉诸暴力,以防止相应的边界及其所带来的特权
被侵蚀。斯科特·华盛顿(Scott Washington 2012)指出,在美国南部,白人暴徒
对黑人实施私刑,发生在奴隶制终结和美国重建时期(Reconstruction)所激起的
对异族通婚和其他形式的边界模糊的恐惧日益加剧的背景下。

　　少数族裔活跃分子也以策略性方式使用暴力,将族群-民族的框架施加到情
境之中(Brubaker 2004:chap.1)。戴维·莱廷(David Laitin 1995b)提出了一种
引爆点模型(tipping model),来显示暴力团体如何提高认同于某一族群类别的相
对价值,以压制同化和边界消除(boundary erasure)的动力。其他作者展示了一
小撮极端分子如何通过迫使每个人对情境的诠释进入族群的轨道来煽动冲突。
根据弗兰克·赖特(Frank Wright 1987)撰写的有关北爱尔兰的文章,暴力的表
征性(representativity)使这一点成为可能。随机选择一个天主教徒或一个新教
徒作为受害者,使得宗教性族群的边界在日常政治话语中具有相关性:所有天主
教信仰的信徒都被视为潜在的受害者,而真正的受害者则代表了所有天主教徒。
同样的策略似乎指导着在美国占领初期每天报道的任意杀害伊拉克什叶派和逊
尼派平民的事件。

　　最后,在巴基斯坦、北爱尔兰、斯里兰卡、印度和其他地方的社群骚乱(com-
munal riots)中,暴力也被用作加强边界的一种手段。骚乱是蓄意策划的,而且
具有一致的模式(Horowitz 2001)。引发激烈反应的社群认同符号在对立的宗
教性族群居住的邻里进行展示;回应此类挑衅、报复非法侵入与捍卫群体的荣
誉和领土的剧本,以及如何识别和针对对立类别的成员进行报复性杀戮的计
划,都是现成的(Tambiah 1996)。政治精英们巧妙地利用了这种潜在的暴力
行为,并在免于惩罚和执法机构听之任之的情况下精心策划了一次爆发事
件,而这一时刻似乎是政治上的适当时机(Brass 1996)。所有这些要素共同
构成了稳定的、有时甚至是仪式化的行动剧目,通过抑制交叉联系的发展来
重新创建和重新加强群体边界,并保持社群的政治统一性和社会同质性
(Varshney 2003)。

　　反复发生的社群骚乱的历史,在创建界限分明和政治上显著的族群或民族

群体方面,与内战和国际战争一样有效(A. Smith 1981),而这些群体正是暴力行动者试图实现的政治结果。正如战后波斯尼亚和黑塞哥维那的案例研究表明的那样,重建跨越这些分界线的社会网络并模糊因暴力而加剧的族群分裂是困难的(Pickering 2006)。

总结与展望

前面几节中概述的类型学现在可以用两张图表进行总结。图 3.1 列出了上文介绍的边界制定的主要类型和子类型,而表 3.1 总结了上面讨论的边界制定方法。边界制定的所有主要类型(位于图 3.1 中分类分化的第一、二、三层次)都用来自发展中国家和发达国家、当代和历史时期、现代和传统背景、"种族"和其他类型族群,以及国内少数群体和移民少数群体的案例来加以说明。民族建构和规范反转是两个例外,前者局限于现代背景,后者我找不到一个前现代的例子。总的来说,这支持了这样的说法,即在各种社会和历史背景中,全球范围内的人类确实运用着数量有限的制定和废除族群边界的策略。这一见解为发展族群形成的比较模式提供了动力,该模式将不局限于移民或国内少数族裔、民族建构或少数群体形成、发展中国家或西方发达国家的族群性、"种族"或族群性,以及诸如此类中的某一方面。这将是下一章的任务。

如前所述,除了纳入尽可能多的经验已知的例子,一个好的类型学也应该是一致的和详尽的。各种类型应该根据统一的原则相互区分;它们彼此应该不可还原;它们应该用尽逻辑上的可能性。我将简要讨论边界制定模式类型学在这种质量测试中的表现。

就一致性而言,所有类型和子类型都是基于策略与现有边界的关联方式。换句话说,它们都是指向边界策略的形式属性(formal properties)。[36]似乎也很明显的是,任何策略都不可能包含在任何其他策略之中,即使某些类型可能会相互重叠。例如,地方主义和收缩是基于是(收缩)否(跨族群地方主义)用族群术语来定义低层次的类别从而加以区分的。从经验上讲,其差异可能很小。同样明显的是,随着分类层次的降低,进一步区分的启发式边际效用会迅速降低。

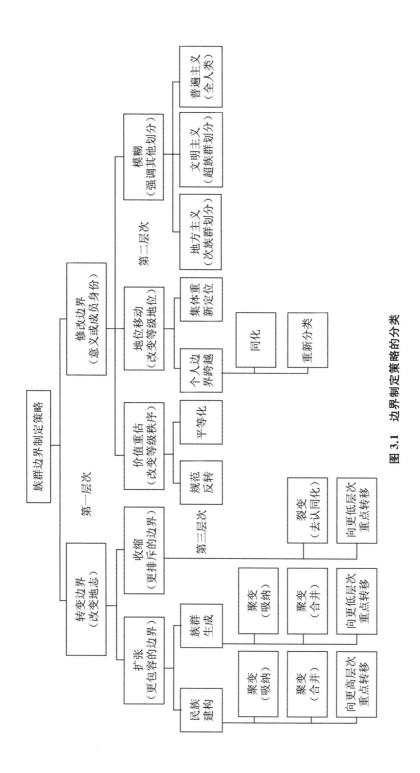

图 3.1　边界制定策略的分类

表 3.1　边界制定方法

第一层次	第二层次	实例与领域	经　验　例　证
话语与符号	类别化	官方话语：人口普查和统计、仪式和典礼	美国的种族类别、"平常的"民族主义
		日常话语	非裔哥伦比亚人的污名递延（stigma deferral）；欧洲移民；瓦哈卡农民
	认同化	作为标记的行为	19 世纪德国犹太人、达利尼西亚的文身；南美的身体饰品；东欧和西欧的发型、僮鲁族的发型、爱尔兰式顶帽；纳粹德国的大卫星、西班牙殖民时期的着装规范
		作为标记的可见线索	美国的"种族"；波利尼西亚和美拉尼西亚的文身；南美的身体饰品、东欧和西欧的装饰性疤痕；危地马拉印第安人共同体的着装图案、僮鲁族的发型、爱尔兰式顶帽；纳粹德国的大卫星、西班牙殖民时期的着装规范
		作为标记的证件	卢旺达护照、纳粹德国护照、美国印第安人"血统"证明上的印章
歧视	合法化的歧视	歧视现代民族国家	所有现代民族国家
		歧视国内少数族裔	二战前欧洲的犹太人；以色列的非犹太人；民权运动前美国南部的非裔美国人；奥斯曼帝国的非穆斯林；南非种族隔离时期的非洲人
		剥夺少数族裔的国籍	伊拉克的库尔德人；日本的朝鲜人；扎伊尔的巴尼亚卢旺达人；波罗的海国家的俄罗斯人；科特迪瓦的"移民"；17 世纪法国的新教徒
	制度化的歧视	正式的族群配额制度	印度、马来西亚、美国、苏联
		非正式的优惠待遇制度	西欧对"解放"后的犹太人的歧视；原苏联加盟共和国和许多发展中国家对少数群体的歧视

续表

第一层次	第二层次	实例与领域	经　验　例　证
歧　视	非正式的日常歧视	就业市场的歧视	经合组织国家对移民的歧视；美国对黑人的歧视
		住房市场的歧视	近代欧洲早期的犹太人贫民窟；第一次世界大战后，美国黑人贫民窟的建立
		婚姻市场的歧视	在"传统"族群，移民共同体、现代民族国家中都非常普遍
政治动员			
强制与暴力	强迫同化	荷兰的荷兰印尼混血人；欧洲的吉普赛人；澳大利亚的原住民；保加利亚的土耳其人；巴基斯坦斯瓦特帕坦人的强迫收养	
	族群清洗	巴尔干战争；希腊和土耳其之间的"人口交换"；萨尔瓦多的"大屠杀"；纳粹大屠杀；印巴分治；波斯尼亚和达尔富尔的战争	
	恐　怖	美国的私刑；北爱尔兰；当代伊拉克	
	骚　乱	巴基斯坦，北爱尔兰，斯里兰卡，印度的社群暴力	

图 3.2 说明了主要的边界策略（即位于第三层次的策略）涵盖了所有可能的边界系统[包括只有两个或具有更多类别的系统、等级排序（ranked）的系统以及非等级排序（nonranked）的系统]中的所有逻辑可能性，包括从主导或从属的行动者角度来看。[37]让我简要说明一下如何"阅读"这幅图，诚然它相当复杂。我们从自我（ego）的视角出发，自我被分派在用粗黑线绘制的类别中，这构成了类别 3和类别 4。边界收缩意味着自我不再认同于类别 3，并使类别 4 成为她的认同的主要焦点，就像一个"印第安人"强调她的"辛纳坎特科人"认同一样。族群生成将使类别 5 的个人成为同族群人（正如各种地方群体成为"科曼奇人"那样），而民族建构策略则包括从属类别 6（也许还包括类别 7）的成员，比如从"印第安人"中制造"墨西哥人"。

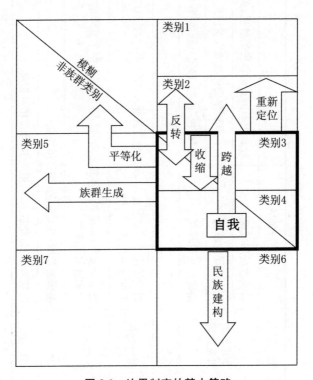

图 3.2 边界制定的基本策略

重新定位将使她的族群在多层阶梯中上升一层，从而使其位于类别 1 和类别 2 之间。例如，密西西比的华人通过与黑人保持距离，成功跨越了社会阶层界线。个人边界跨越将自我转变为类别 2,就像移民融入民族主流一样。规范反转转换了自我类别和类别 2 的等级位置(例如在"黑人力量"运动中),而平等化则使自我类别与类别 1 和类别 2 处于相同的等级层次(这是民权运动的目标)。各种模糊策略产生了非族群分类,从而跨越了族群划分的网格。因此,所有这些都将导致跨族群的分类模式,自我将认同于和(或)被认同为一个地方共同体(如索菲亚镇)、一个文明(如伊斯兰乌玛)或人类。据我所知,自我不可能采取其他可能的边界改变策略。

可以肯定的是,这种可能的边界制定策略的分类不应该被解读为对个人主义决策方法的呼吁,即每个人都可以自由选择她喜欢的任何策略:提升自己在一个等级排序系统中的类别,跨越进入另一个群体,认同一个统摄性的、非族群的类别,等等。这种夸张的个人主义和决策主义并不太适合本书试图建立的理论框架。相反,我们必须考虑到个人所采取的策略在许多不同的方面受到限制,这些限制因素包括:他们将那些为其象征利益、物质利益和政治利益服务的类别划分强加给他人的不同权力,为某些类别分裂提供合法性并否认其他差异之合法性的制度环境;最为重要的是,每个个人或团体的行动者都会遭遇或多或少有权势的其他行动者(可能试图对社会的合法划分施加一个完全不同的愿景)所采取的策略这一事实。下一章的任务是超越前文的分类工作,建立一个考虑到权力、制度和边界形成互动动力的族群边界制定比较模型。这个模型应该能够解释在哪些情况下哪些行动者会采取哪种策略,他们与其他行动者相比如何有效地实施这种策略,以及采取不同边界制定策略的不同行动者之间的互动结果将是什么。

【注释】

[1] 有关科学社会学、社会运动和经济学中的类似研究方法,请参见 Gieryn (1983)、Jasper (2004)和 Fligstein (1996)。

[2] 这一章标题的灵感来自克劳德·列维-斯特劳斯(Claude Lévi-Strauss)的《亲属关系的基本结构》(*Les structures élémentaires de la parenté*)。

[3] 关于对后族群性或后民族主义文献的批判,请参见 Calhoun (2002)和 Favell (2005)。洛夫曼(Loveman 1997)提出了一个反对"种族"和族群性是完全不同社会过程之结果的令人信服的论点。

[4] 为获得对族群边界制定的"富有能动性"(agency-rich)的理解,学界目前正在探索

一些其他途径。一些人依靠精确的民族志来研究在哪些情况下,族群性在从学校到工作到地方政治等特定社会场域的日常互动中是否发挥作用(Brubaker et al. 2007)。还有一些人则通过演化论方法(Boyd and Richerson 2007)或其他博弈论方法(Kroneberg and Wimmer 2012)来理解族群边界是如何从个体之间的动态互动中产生的。然而,另一些人则运用基于主体的建模(agent-based modeling)来理解追求不同目标的行动者之间的反复接触如何导致族群分界线的稳定化(Lustick 2000;Cederman 2004)。还有的人则从实用主义的社会理论化传统或者布迪厄那里获得灵感,以更好地理解个人如何应对和制定族群边界来保全面子、维护尊严,或促进其道德优越感的主张(Lamont 2000)。最后,新葛兰西主义学派强调了将社会划分为族群的不同方式所产生的权力效应,并研究了某些这类"计划"在何种条件下可能获得霸权主导地位(Omi and Winant 1994;Mallon 1995;Grandin 2000)。

 [5] 一个最近的杰出贡献是 Elman(2005)。

 [6] 鲍曼(Baumann 2006)最近引入了另一种类型学。他区分了三种"同一性/他异性的语法"(grammars of identity/alterity):分隔两个群体的横向边界制定、分层嵌套的类别以及等级排序的类别(hierarchical subsumption of ranked categories)。如果将这三种结构转化为边界制定策略,它们将通过分层分类系统中的重点转移,或通过两种类别融合为一个包容性的类别,对应于下文所谓的边界扩张和收缩。

 [7] 为了达到此类型学的目的,不需要区分个人行动者和团体行动者(如社会运动、机构、企业团体等)。我所回顾的所有策略都可以由任何一种类型的行动者来采用,但个人边界跨越除外,根据定义,这是个人的事情。

 [8] 类似地,波多黎各在第一次世界大战后,扩大了"谁是白人"的定义,其方式是将"混合"婚姻的孩子纳入"白人"群体(Loveman and Muniz 2006)。

 [9] 加勒比海的克里奥尔民族主义(Creole nationalism)(Patterson 1975)或社会学家吉尔伯托·弗雷雷(Gilberto Freire)所赞誉的巴西"种族民主"(racial democracy)是通过合并策略进行民族建构的其他例子(Skidmore 1993 [1974])。

 [10] 最近有关米利特问题的辩论的综述,请参见 Grillo (1998:86—93)。

 [11] 在罗得西亚,传教士将当地的修纳人(Shona)合并成六个语言群体,即科瑞科(Koreko)、泽祖鲁(Zezuru)、马尼卡(Manyika)、恩道(Ndau)、卡朗加(Karanga)和卡兰加(Kalanga),每个群体后来都被捐赠了圣经和学校,并由白人拓殖者国家(the white settler state)在不同的省份加以管理。它们后来在津巴布韦独立后的政治舞台上作为重要类别出现(Posner 2005)。

 [12] R. Cohen (1978:396f.)、Lanoue (1992),以及 Macmillan (1989)。

 [13] 霍洛维茨(Horowitz 1975)讨论了更多的非洲例子。

 [14] 关于"族群街区"(ethnic blocks)的分析,请参见 Geertz (1963)、Horowitz (1975)、Hannan (1979)、Nielsen (1985)和 Chai (1996)等。

 [15] 另请参见关于约鲁巴人(Yoruba)(Peel 1989)、聪加人(Tsonga)(Harries 1989)、乌干达的"北方人"(Northerners)(Kasfir 1976:98ff.)、尼日利亚的伊博人(Ibo)和扎伊尔的卢巴-开赛人(Luba-Kasai)(Chai 1996)或加蓬和喀麦隆的芳族人(Fang)(Fernandez 1966)的相关研究。

[16] 也可比较从加勒比海地区到美国的第一代中产阶级移民,他们不认同"黑人"这个类别,并强调原籍国的身份认同(Waters 1999)。

[17] 请参见 Friedlander (1975)、Colby and van den Berghe (1969:179f.)、Iwanska (1971:99ff.)、Köhler (1990:62)等。桑德斯特罗姆(Sandstrom 1991:68f.)所描述的纳瓦人(Nahuas)似乎是一个例外,纳瓦人将所有土著群体归入 *masehualmej* 类别,这个术语表示阿兹特克帝国(Aztec Empire)的平民(commoners)。

[18] 还可比较霍迪(Hoddie 2002)关于澳大利亚原住民的研究。

[19] 在民权运动之后,日裔美国人摆脱了与珍珠港有关的污名,并且将他们的故事重新诠释为对剥夺和拘禁的不公正现象的一种纠正(Takezawa 1995)。

[20] 关于社会运动文献术语中的"框架转变"(frame transformation),参见 Snow et al. (1986)。

[21] 关于哥伦比亚,请参见 Wade (1995);关于厄瓜多尔,请参见 Belote and Belote (1984);关于巴西,请参见 Harris (1964)。

[22] 另外请参见 Reina (1966)、Friedlander (1975)、Deverre (1980)和 O'Connor (1989:chap. 7)。关于跨越融入厄瓜多尔"白人"(blanco)类别的研究,请参见 Belote and Belote (1984)。

[23] 德里格(Dryger 1979)描述了一个相反的例子。

[24] 也可参见 Kertzer (1988:112—113) 和 Srinivas (1952:24—31)。

[25] 相比之下,墨西哥裔美国中产阶级试图被接受为"白人",但在将其整个群体重新分类方面通常并不成功(Oboler 1997)。后来,一些受过教育的精英阶层转向了民权话语,强调了他们所遭受的种族排斥,并采取一种平等化而不是跨越的策略(Skerry 1995)。

[26] 在卢旺达东部,胡图族如果强大到足以对酋长构成挑战,就会被重新归类为图西族(Lemarchand 1966)。

[27] 类似地,关于荷兰的土耳其裔青少年,参见 Milikowski (2000)。

[28] 有关例子,参见 Moravcsik (1994:43)。

[29] 请比较 Pacini Hernández (2003);达维拉(Dávila 2001)则强调拉丁美洲裔泛族群性(Latino panethnicity)的商业维度。

[30] Easthope (1976),Burton (1978).

[31] 例如,J. Smith (2002)、Barreto (2001)、Mulcahy (1979)和 Horowitz (1971);不同的观点请参见 Harrison (2002)。

[32] 关于这些政策的批判性观点,请参见 Sowell (2004);其他例子请参见 Horowitz (1985:655)。

[33] Brass (1979)、Vail (1989)、Rabushka and Shepsle (1972)和 Greenfeld (1992)。

[34] Varese (1983)、Stavenhagen (1991)和 Berberoglu (1995)。

[35] Young (1976)、Rothschild (1981)和 Tambiah (1996)。

[36] 一个模棱两可的情况是民族建构(nation-building)和族群生成(ethnogenesis)之间的区别。它指的是与现代国家的不同关系,而不是与既有边界的不同关系。然而,这两种子类型都关注这种关系的形式特征,而不是它的内容——如果有人要遵循主流文献,并在族群民族主义和公民民族主义之间进行区分,便会出现这种情况。

[37]格德·鲍曼（Gerd Baumann 2006）最近引入了一种社会边界类型学（即他所谓的"同一性/他异性的语法"）。它包括两个群体之间的对称并列、分层嵌套的认同以及等级排序的群体。所有这些显然都被这里介绍的边界制定策略的类型所涵盖，正如前面的注释中所详细阐述的。

第四章　冲突与共识

　　上一章揭示了个人和团体的行动者制定和废除族群边界的各种方式。正如本章所示，这些方式导致了性质截然不同的族群边界——这种差异在原生主义和建构主义之间的数十年争论中很大程度上被忽视了。我首先确定了边界性质差异的四个主要维度：政治显著性程度不同、沿族群界线所形成的社会封闭和排斥程度不同、群体之间的文化分化程度不同，以及随着时间推移的稳定性程度不同。其次，我概述了一个理论框架，旨在解释为什么族群形成过程会产生如此不同的结果。该模型从宏观结构层次延伸到个人能动性（agency），即上一章中讨论的边界制定和实施的不同策略，并将他们的行动重新聚合到宏观结构层次。因此，它代表了一个动态过程理论，重点关注社会形态（social forms）是如何随着时间的推移而产生和转变的。与上一章介绍的分类法类似，这里介绍的理论框架是为了理解现有社会形态的再生产或转变。它既不是历史的论点（关于族群边界最初是如何产生的），也不是关于哪些社会应该有哪种边界类型的抽象、普遍和定律般（lawlike）的论点。它是一种过程理论，关于现有的边界构型将如何随着时间的推移而稳定化或变化，以及我们如何比较地理解这些边界在其制定和废除的持续过程中所呈现出的不同特征。

　　第一步，我讨论了社会场域的三个特征，解释哪些行动者将采取上一章所述的哪种族群边界制定策略（宏观结构层次）：（1）制度框架决定了哪种边界类型（族群、社会阶层、性别、村庄或其他）可以在特定社会场域中以有意义和可接受的方式进行划分；（2）在权力等级中的地位界定了利益，行动者依据利益在可能存在的不同族群分化层次之间进行选择,并且决定他们可以用来实施其所偏好的分类的方法;(3)究竟谁将被纳入行动者自己的族群类别,取决于她的政治联盟结构。第二步[1],我解释了倡导不同族群类别的行动者之间接踵而至的分类和政治斗争,如何导致在边界的地志、特征和合法后果上达成或多或少包容性的共识(能动性层次)。最后,它表明这一共识的性质解释了族群边界的特征:其政治显著性、社会封闭、文化分化和历史稳定性的程度不同(重新回到结构层次)。

据我所知,这个多层次的族群边界制定过程模型是第一次尝试系统地解释族群边界的不同特征和后果。它超越了族群性比较研究的主流研究路径,它们要么像在原生主义与建构主义的辩论中那样,试图查明族群现象"真正"的本质,或者像在扬(Young 1976)、罗斯柴尔德(Rothschild 1981)或范登贝尔赫(van den Berghe 1967)的早期著作中那样,发展出不同族群结构的静态类型;要么像大多数宏观历史专著一样,用粗线条勾勒出赋予族群、种族或民族划分当前意义的世界历史力量。

对比较理论的挑战

过去几十年的研究已经产生了数百项民族志研究,这与案例比较以及族群和族群边界的历史编纂学形成鲜明对比。它们在一起提供了各种族群形态的壮观全景。在这里,我通过概述可以将单个案例定位在其中的四个变化维度,来审视和整理这种复杂性。[1]每一个维度都将揭示出经验上和分析上的不同挑战,而族群性比较研究迄今为止还没有系统地解决这些挑战。

边界的位置和政治显著性

第一个挑战是理解为什么一些族群边界在政治上很显著,而另一些则不显著。当边界显著时,政治联盟更有可能在同族群人之间形成,而不是在边界两侧的个人之间形成。例如,在瑞士,没有任何一个政党、工会或主要的公民社会组

---

① 原文为"In the third step"(第三步),疑为作者笔误,从上下文来看,应为"第二步"。——译者注

织是基于语言来组织的(Wimmer 2002：chap. 8)。相比之下,在北爱尔兰,政治被认为是一个宗教性族群的权力关系的问题,而政治忠诚很少跨越宗教性族群的分界线。我们如何对这种不同程度的政治显著性进行比较性的解释?

这个问题不仅从比较的角度来看是相关的,而且对于案例研究也是相关的,因为如此多的族群分类系统是多层次的:它们由几个嵌套分层的分化所组成——例如,这与性别分类或社会阶层排序(ranked social estates)形成了对比——所有这些分化层次都可能成为政治忠诚的主要焦点。这些潜在的分裂线中,哪些会具有政治相关性?

为了解决这个问题,学术界已经作了几次尝试。在复杂"多元"社会中工作的人类学家所提出的"情境主义"研究路径(Okamura 1981;不同的观点请参见Galaty 1982)[2]提供了一个直截了当的答案:不同分化层次的显著性取决于情境的逻辑和互动者的特征。因此,在第二章介绍的例子中,一个政治活跃分子在与台湾外省人为哪一个群体将被加利福尼亚州政府视为"台湾人"的代表而进行斗争时,会强调他的岛民身份。在欧洲旅行时,他将被当作美国人对待,并认同自己"是"美国人。

然而,除了那些从特定社会环境中产生的社会力量之外,还有一些社会力量使得某些层次的类别区分对于一个人的整体生活机会更为重要。无论岛民与大陆人之间边界的情境相关性如何,一个人被指派为种族化的"亚裔"类别,对于大学工作人员在决定录取谁时,或者对于设计选举策略的政治倡导者来说,都将更为重要,即便他的个人身份认同可能根据情境用其他术语来定义(Kibria 2002：chap. 3)。继多元主义学派的德普雷(Despres 1975)和其他人之后,我们可能因此想要确定那些对社会中政治关系的总体结构化(structuring)最重要和最突出的类别分裂。借用安东尼·吉登斯(Anthony Giddens)的术语,后面章节概述的框架将确定最有可能产生这种"结构化"(structuration)影响的这些社会力量:制度、权力和网络。

第二种研究路径从经济竞争的动力中推衍出族群类别的显著性。与劳动力市场竞争中的群体相对应的族群边界,将比那些跨越经济利益界线的族群边界更具有政治意义。从20世纪70年代阿布纳·科恩(Abner Cohen)的著作一直到蔡美儿(Amy Chua)最近的畅销书(请参见 A. Cohen 1974；Patterson 1975；Ban-

ton 1983;Bonacich 1974;O'Sullivan 1986;Olzak and Nagel 1986;Chua 2004;
Chai 1996,2005),这种显著性问题的解决方案是族群研究领域唯一真正的比较
传统的核心。竞争理论确实有助于理解贸易型少数群体(trading minorities)的
情境,因为对于他们来说,族群网络在提供廉价信贷和劳动力方面具有相当大的
优势(请参见 Landa 1981;Ward and Jenkins 1984;Boissevain et al. 1990;Win-
trobe 1995)。

然而,更广泛的主张被证明是有问题的。劳动力市场的经济结构不能很好
地预测族群景观中最显著的断层线所在的位置,如以下例子所示。奥尔扎克
(Olzak 1993)研究了第一次世界大战前移民高潮时期的美国城市,以证实竞争理
论。然而,来自南方的非裔美国人移民与老牌劳动力之间就业隔离加剧和竞争
减少,并没有降低黑人-白人边界(black-white boundary)的显著性。相反,在此
期间,大多数暴力行为针对的是黑人移民,而不是欧洲移民(Lieberson 1980),尽
管后者越来越多地与当地的欧洲裔美国人竞争相同的工作。[3]冈本迪娜(Dina
Okamoto 2003)最近的一项研究也发现竞争理论几乎没有得到支持:亚裔美国人
与其他人之间的职业隔离程度较高,泛亚裔动员的可能性就会加大,而更多的竞
争会减少这种动员。

经济竞争理论似乎无助于理解谁被视为和谁未被视为合法的竞争对手。族
群边界形成的动力遵循一种政治逻辑,这种逻辑是不能直接从经济激励结构中
推衍出来的。[4]在经济领域中,合法竞争者与非法竞争者之间的区分常常与民族
多数群体和少数群体之间的区分联系在一起——后面我将回到这个论题。

一些学者给出了显著性问题的第三个答案,他们认为族群标记的可见性
(visibility)决定了哪种分裂与社会互动和政治生活最具相关性。许多作者(Hale
2004;van den Berghe 1997)坚持认为,外表上的差异更有可能被用来划定边界,
因为它们易于识别,因此在认知上更为高效。根据另一群作者的说法,种族化的
边界起源于殖民征服、奴隶制和解放后的种族隔离,因此将比族群之间不那么排
他性的边界更为显著(Isaac 1967;Omi and Winant 1994;Bonilla-Silva 1996;
Cornell and Hartman 1998)。这当然是对美国当代情境的合理评估,但事实证
明,一旦我们扩大了历史的和跨民族的视野,就很难一概而论。[5]

如前所述,犹太人(Saks 1994)、爱尔兰人(Ignatiev 1995)和意大利人(Guglielmo

2003)等曾经被认为是生物表型上模棱两可的(phenotypically ambivalent),甚至可能属于其他"种族",现在则被认为是"白人"族群。对种族差异的认知以及相关联的种族歧视实践似乎并不仅仅依赖于显型外表。在其他尚不存在美国"一滴血规则"的新大陆种植园社会中,体征性连续体上的边界位置变化更大。在波多黎各,"白人"的定义随着时间的推移大大扩展,包括以前被认为是"有色人种"的"混血"背景的人(Loveman and Muniz 2006)。在巴西,对相貌相近的人的体征性族群类型的划分,会因许多背景因素而各不相同(Sansone 2003:chap. 1)。在哥伦比亚,具有相同身体特征的人在一个地区可能是"黑人"(Wade 1995),但在另一个地区则不是(Streicker 1995)。如果我们对不同社会进行比较,从"种族"差异中推衍出边界显著性的困难就更加明显了。正如霍廷克(Hoetink 1967:xii)早些时候注意到的那样,"同一个人可能在多米尼加共和国或波多黎各被认为是白人……在牙买加、马提尼克岛(Martinique)或库拉索岛(Curaçao)被认为是'有色人种'……(而)在美国佐治亚州则可能被称为'黑人'"。

社会封闭与"群体性"

第二个挑战是理解哪些族群边界与社会网络的结构以及它们的资源获取具有相关性。一些族群已经坚决地与局外人隔绝。在其他情况下,人际关系很容易跨越族群边界。有时,族群边界与高度的歧视和排斥有关;有时,它们对雇佣和解雇、结婚和离婚、交友和结怨等来说并不重要。整理和描述这种差异的最佳方法是什么?

理查德·詹金斯(Richard Jenkins 1994)建议对族群类别和族群"群体"进行区分,前者完全由有权势的局外人强加并与高度歧视和排斥联系在一起,而后者则基于自我认同和共同归属感。[6]然而,正如詹金斯自己所指出的那样,群体和类别之间的区别并不是原则性的,因为随着时间的推移,强加的类别可能会被接受为一个自我认同的类别,进而转化为一个群体。[7]如果同一个族群既能代表由局外人强加的类别,也能代表被其成员所接纳的群体,那么这种二分法的区分显然就失去了它的价值。我们可能需要用一个连续变量来代替它。

一个很好的起点是马克斯·韦伯对族群形成作为社会封闭过程的讨论(Loveman 1997)。高度封闭意味着边界无法轻易跨越,并且对日常生活具有重要意义,因为它剥夺了获得被主导群体所垄断的资源的权利。[8]然而,社会封闭并不只发生在这类等级关系中,而是可能具有更为对称的性质,比如,当墨西哥的印第安人农民村庄都控制着自己的一块公共土地,拒绝局外人进入时(Wolf 1957)。可以肯定的是,社会封闭并不是族群边界的一个普遍特征。一些文献提供了一系列民族志的例子,其中没有发生这样的封闭,而且族群成员身份对资源获取几乎没有影响。[9]我们最好区分不同程度的封闭,并试图理解这些封闭是在哪些条件下出现的。

由此而来的是差异的另一个维度。根据封闭程度的不同,族群边界可能会、也可能不会将社会学意义上的"群体"分开,这意味着就谁属于哪个类别以及某种最小程度的社会凝聚力和集体行动能力达成了广泛的共识。许多学者忽略了这种可变性,又回到了一种罗杰斯·布鲁贝克(Rogers Brubaker 2004)所谓的"群体主义"(groupist)的默认语言。这些学者假定,而不是证明,一个族群类别代表了一个具有单一目的和共同观点的行动者。[10]正如第二章所讨论的,这种赫尔德主义忽略了族群类别可能会随情境而变化,而且个人之间可能在哪些是最恰当和最相关的族群标签上存在实质性的分歧。有充分证据证明的例子很多。[11]在这些背景下,我们很可能会谈论"无群体的族群性"(Brubaker 2004)或没有社会边界的族群性。摩尔曼(Moerman 1965)对泰国北部的流动、模糊和重叠的族群分类模式的描述,代表了这种情境的经典轨迹(*locus classicus*)。

我想再次指出,这些例子只代表了一个连续体的一端。可以引用一个同样多样化的样本来支持相反的立场,根据这种立场,族群边界被明确地划定,得到绝大多数个人的同意,并构成集体行动和资源动员的基础。在吉尔-怀特(Gil-White 1999)来自蒙古的例子中,他的受访者几乎都同意,一个蒙古人,即使其母亲是哈萨克人并在哈萨克人中长大,也是蒙古人。[12]北爱尔兰可以说是另一个宗教性族群类别使用差异相当有限的社会,这是长期以来社会隔离、一夫一妻制和冲突的结果(Ruane and Todd 1996)。[13]许多学者观察到,通过暴力冲突和战争,分类的可变性和模糊性大大减少(最明确的是 Smith 1981 和 Appadurai 1998)。"谁是阿尔巴尼亚人?",套用摩尔曼(Moerman)文章的标题,在今天的科索沃,这个问题可能太简单,不值得回答。鉴于这种广泛的差异,正如詹金斯(Jenkins 1997:50)所说,区分不同程度的"群体性"并尝试进行比较性解释是有用的。[14]

文化分化

与巴斯著名的格言——在族群关系中,重要的是边界,而不是它们所包含的"文化内容"(Barth 1969b:15)——相反,许多作者,包括大约 30 年后的巴斯(Barth 1994)本人,已经注意到,这些内容可能确实会有所影响。在文化差异的景观中,运用蒂姆·英戈尔德(Tim Ingold 1993)创造的隐喻,我们可以观察不连续和断裂:构造板块之间的地堑或土壤成分和植被的突变,来推动地质隐喻。在其他条件相同的情况下(*ceteris paribus*),我们预期,族群边界会随着一些更具戏剧性的文化破裂而出现,比如那些由长距离迁徙或征服而带来的破裂。[15]如果牙买加的中国移民商人不认为自己在族群上有所不同,并且不被非裔加勒比人认为在族群上有所不同——至少在第一代人当中,那么我们确实会感到惊讶。[16]

如果文化差异和族群边界确实以这种方式相吻合——符合一个赫尔德式的世界,那么它们可以在一个双向的过程中相互加强。文化分化可能使边界看起来是准自然的和不言而喻的,而沿着族群界线形成的社会封闭可能通过发明新的文化符号来加强这种差异[17],例如牙买加的中国商人通过皈依天主教,将自己与其他群体区分开并使边界稳定化(Patterson 1975)。

然而,这再次只代表了一个连续体的一端。在其他结构中,族群边界并没有按照明显的文化界线来划分人口,而是将遵循相当异质文化习俗的个人团结起来,从而形成一个巴斯式的世界。这样的例子包括多语言和多宗教的民族共同体,例如瑞士人,他们形成了一种强烈的归属感,并为来自邻国的移民划定了清晰的边界,这令托克维尔(Tocqueville)、约翰·斯图尔特·穆勒(John Stuart Mill)、欧内斯特·勒南(Ernest Renan)、马克斯·韦伯和卡尔·多伊奇(Karl Deutsch)等观察者都感到迷惑不解(Wimmer 2002:chap. 8)。另一个例子是马孔德人(Maconde),尽管这些来自莫桑比克的移居者和坦桑尼亚的城镇居民之间存在巨大的文化差异,尽管他们被划分为不同的内婚制阶层(endogamous castes),但他们被视为并认为自己是一个独特的族群(Saetersdal 1999)。[18]最后,即便族群边界最初确实与文化差异相吻合,边界随后也可能会被模糊,并最终被完全打破——就像圭亚那(Patterson 1975)或古巴(Corbitt 1971)的华人以及无数其他完全同化的案例一样。第七章在研究文化价值观时将探讨这种差异的一个特殊方面，以及它们如何映射到族群差异上。它将从经验上表明，只有当边界以高度的社会封闭为标志时，族群差异才会与不同的价值观相伴随。

稳定性

对族群性的比较理解的最后一个挑战是，族群景观可能在一个人的一生中发生重大变化。例如，自 20 世纪 80 年代以来"南斯拉夫人"的消失，美国红色力量运动后自我认同为印第安人的人数的膨胀（Nagel 1995），清朝统治下中国东部省份汉族和满族之间的身份认同转变（Campbell et al. 2002），苏联统治期间俄罗斯中部的鞑靼人（Tatar）和巴什基尔人（Baskir）类别之间类似的摇摆不定（Gorenburg 1999），以及切特里人（Chetri）种姓通过异族通婚在尼泊尔的惊人传播（Ramble 1997）。然而，其他群体和边界却是顽强的，并且在许多代人的过程中变化缓慢。人们可以把散居海外的犹太人的生存作为族群长期持续存在（尽管有跨越边界和同化的过程）的范例。族群边界不能总是像建构主义者所主张的那样，被随意地彻底重新定义或改变。遵循凯瑟琳·韦德里（Katherine Verdery 1994）的主张，我们最好将建构主义范式"置于情境主义之中"。

稳定性的程度似乎与传递族群成员身份的各种模式有关。最稳定的边界出现在通过多代、单系血统来确认个人身份的民族中，例如蒙古人、帕坦人（Pathans）、犹太人（Gil-White 1999）和德国人。人们可能会认为，更不稳定的边界是由行为上的而非谱系上的成员身份标准定义的。例如，在马达加斯加的斐索人（Vezo）①中，如果一个人的行为像"一个典型的斐索人"，以"斐索人"的方式生活，不受其父母族群背景的影响，就被认为"是斐索人"（Astuti 1995）。[19]

无论或多或少稳定的边界的相关性如何，几千年来一直存在的族群类别与一代人之内发明、采用和遗忘的族群类别——例如，种族隔离时期的"西斯凯民族"（Ciskeian nation）（Anonymous 1989）——之间的对比，都非常引人注目，需要进行比较性的解释。

到目前为止，我已经表明，解释不同程度的政治显著性、社会封闭、文化分化

---

① 参见俐塔·雅斯图堤：《依海之人：马达加斯加的斐索人，一本横跨南岛与非洲的民族志》，郭佩宜译，左岸文化 2017 年版。——译者注

和历史稳定性是对族群形成的比较社会学的一个重大挑战。我还认为,现有的文献对解决这项任务几乎没有什么帮助。在下文中,我将概述一个理论框架,它可能代表了朝着分析上更加复杂的比较理论迈出的第一步。它从制度结构、联盟网络、权力分配以及它们所塑造的表征性政治(representational politics)的动力中,推衍出族群边界的地志和特征。该模型分几个步骤提出。

第一个步骤是在上一章中完成的。它包括评估不同的行动者在不同的社会背景下可能采取的各种可能的族群边界制定策略。基于各种经验文献的总结,我区分了五种策略:试图通过扩大群体成员范围来建立新边界的策略;旨在通过收缩边界来减少群体成员范围的策略;试图通过挑战族群类别的等级排序来改变现有边界意义的策略;试图通过改变自己的类别成员身份来跨越边界的策略;旨在通过强调(或发明)其他横切的社会分裂来扬弃族群边界的策略,即我所谓的边界模糊策略。

制度、权力和网络

行动者显然不能自由地选择他们最喜欢的策略——无论是"反转"规范等级结构,还是简单地跨越边界进入主导群体。因此,下一步在于确定由行动者所处的社会场域的结构所产生的约束条件。正如第二章所指出的:第一,行动者受到制度环境的约束、支持和诱导,这种制度环境使得划定某些类型的边界(族群、阶级、地区、性别、部落或其他)显得更加合理和有吸引力。第二,权力分配界定了个人的利益,进而决定了哪个族群分化层次将被认为是最有意义的。第三,政治联盟网络将影响谁会和谁不会被视为"我们中的一员"。

制度框架

制度激励行动者划定某些类型的边界,例如族群边界,而不是阶级或性别边界。一些学者强调了宏观政治制度的转变,如从间接统治到直接统治的转变(Hechter 2004)或民族国家形态的传播(Brubaker 1996;Meyer et al. 1997;Wimmer and Min 2006),而另一些学者则研究了导致行动者强调族群边界而不是其他边界的中层和微观制度机制（Posner 2005；Koopmans et al. 2005）。这种制度主义研究路径与各种微观社会学传统形成鲜明对比，后者认为族群边界是从认知、行动或互动的细节中"涌现"出来的，这些细节以不同的方式被设想为交谈际遇［例如，在戴（Day 1998）所采取的民族学方法论传统中］、表演行为（Sharp and Boonzaier 1994）、理性选择（例如 Kuran 1998）或信息的认知处理（Fryer and Jackson 2003）。

为了本书的目的，我把特定制度安排的出现和扩散视为外生的（请参阅 Wimmer and Feinstein 2010）。我关注的是民族国家制度的特殊性，它为当代世界提供了政治组织的基本框架，充当着"象征权力的中央银行"（正如布迪厄所说），并且采取了大量通过使特定的分类边界与人们的日常生活相关来实施该边界的手段。对民族国家为族群政治提供的激励措施的分析，为理解为什么当代政治的大部分内容都是关于划定、维护和转变族群性、种族或民族性的边界，提供了一个关键的起点。这一论点借鉴了日益增长的研究传统，该传统着眼于民族建构与少数族裔形成之间的相互作用（Young 1976；Williams 1989；Verdery 1994；Wimmer 2002；Mann 2005）。

虽然认为帝国或前现代的领土国家对塑造和监管族群边界完全不感兴趣有点夸大其词，但从帝国到民族国家的转变为国家精英采取族群边界制定策略提供了两种新的激励。[20] 首先，政府的族群-民族代表性原则，即同类应该统治同类，成为了任何合法国家的惯例（de rigueur）。它为国家精英在文化和族群方面系统地同质化其臣民，提供了主要的制度激励，通常是通过扩大自己群体的边界和宣称自己族群的背景、文化和语言形成了其他所有人都应该渴望融入其中的民族熔炉（参见上一章的讨论）。其次，民族国家也需要用族群术语来界定其领土边界。跨族群的、普遍的帝国统治原则——以安拉（Allah）、文明传播、革命进步的名义——意味着一个政体的领土范围从未用族群-民族术语来定义。然而，在现代民族国家中，只有由民族聚居的领土才应该被归并到政体中。因此，界定民族的族群边界具有核心政治重要性；也因此，国家精英被鼓励去推行上述民族建构和少数群体形成策略。

民族国家还为非精英，尤其是"少数族裔"中的政治倡导者提供制度激励，以强调族群划分而不是其他社会划分。族群-民族代表性的原则可以通过将其应用于少数群体本身而被"颠倒过来"。这样,少数群体就可以通过规范反转的策略,转变为"民族"(Wimmer 1993)。通过唤起族群-民族代表性的逻辑,他们可以要求为自己的群体建立一个独立的国家,或者至少在现有的国家中得到公平的代表,例如使少数群体文化在国家博物馆中获得尊重和荣誉,使其语言被认可为在学校和大学里教授的官方用语(official idiom),等等。

对于广大民众来说,民族国家还提供了推行族群边界制定策略的激励措施:多数群体成员可能在就业、婚姻和住房市场的日常互动中歧视少数群体,即便他们不被鼓励这样做,他们也觉得有理由这样做,因为他们已经因代表了一个特定国家的"人民"而变得有尊严,因而有权在社会舞台上享有特权地位。他们可能会强行实施针对少数群体的边界,或者通过将成员融入民族大家庭来鼓励边界扩张。少数群体被鼓励去跨越边界融入民族多数群体并采取转变和同化策略,以克服新的排斥和歧视结构的后果,或者相反,通过边界模糊来转移与其少数群体地位有关的污名:强调村庄、大洲或全人类作为身份认同的主要焦点和人类尊严的主要来源。

民族国家的族群逻辑因而塑造了许多行动者的边界制定策略,并渗透到许多不同的社会场域。划分民族与它的各种"他者"之间边界的精确方式因社会而异。这一边界的性质随之决定了少数族裔在公共领域提出的主张的类型。在英国,民族的种族化边界反映在移民组织自我认同的体征性族群模式上;而在法国,移民组织很少将自己的支持者描述为种族少数群体,相反,这些组织将自己的地位描述为在政治和法律上被排除在公民共同体之外。[21]在荷兰、德国和瑞士,民族认同更为普遍,而"种族"作为一种认同标志,几乎没有在少数群体政治的话语剧目(discursive repertoire)中出现,这与民族多数群体定义自己和移民他者之间边界的方式相符(Koopmans et al. 2005:chap. 4)。[22]

两个限制条件:首先,上述分析并不意味着包容和排斥的边界在所有制度场域和所有情境下都是沿着族群或民族的界线划定的(Bommes 2004;Brubaker et al. 2007;另请参见第二章)。举个例子,在当代美国医院的急诊室里,基于族群、民族或种族的区分被认为是不合适的,而区分对身体的伤害有无生命危险才是制度惯例的一部分。然而,在急诊室外,当涉及治疗不威胁直接生存的疾病时,一些医院可能会询问讲西班牙语的移民的法律地位(例如,请参见 Preston

2006),或者对黑人患者的照顾可能会少于有类似健康问题的英裔美国人患者 (Thomson 1997)。这是一个需要确定现代社会的族群-民族的主方案(master scheme)在多大程度上渗透到了这些制度领域的实证分析问题,人们需要仔细地 将族群过程与非族群过程剥离开来,正如第二章所述的那样。

其次,一旦现代民族国家已经被建立起来,其他制度也会影响族群边界制定 的动力,从而使案例间的差异进一步增大。民主化加深了民族多数群体和少数 族裔之间的边界并使之政治化,因为它为政治家呼吁"人民"的共同利益和瓦解 其族群敌人的阴谋提供了额外的激励因素(Mansfield and Snyder 2005)。从一党 制政体向民主多党制政府的转变,可能会激励人们强调迄今为止几乎没有政治 意义的其他族群分化层次(Posner 2005)。当引入联邦制时,也可以观察到类似 的效应[请参见布劳坎普(Braukämper 2005)的埃塞俄比亚案例研究]。[23]

权力与利益

在上述的制度环境中,行动者将强调族群划分,而不是其他类型的社会划 分,并采取上一章所概述的各种族群边界制定策略中的一种或另一种。哪个行 动者会选择这些策略中的哪一种?鉴于族群分类的分层嵌套特征,他们将聚焦 于哪一种族群边界?答案取决于他们在制度秩序所建立的权力等级中的地位。 权力的影响是双重的。

首先,考虑到所拥有的经济、政治和象征性资源的禀赋,一个行动者将采取 她所感知到的可以促进其利益的特定策略和族群分化层次。帮助我们理解这个 过程的最佳模型是哈特穆特·埃塞尔(Hartmut Esser 2002)提出的框架选择 (frame selection)理论(Kroneberg 2005)。它描述了行动者如何首先选择适合制 度环境且有利于他们所感知到的利益的认知方案,然后选择最适合实现该方案 所定义的目标的行动剧本。依据信息成本和情境逻辑,这两种选择要么是以完 全有意识的、自反性的推理模式,要么是以半自动的、自发的方式做出的。应当 强调的是,在这种模式中,对利益的感知并不独立于已经常规化的制度环境和认 知框架。我将在本章后面讨论这种路径依赖效应,重点讨论更有可能使其产生 的边界类型。

然而,即使一个特定的族群边界已经在日常认知和行动中被确立和常规化,个人仍然可以在不同的策略与对既有族群方案的不同诠释和实例化（instantiations）之间进行选择（Lyman and Douglass 1973）。正如下面的例子所示，他们将选择那个使他们能够声称相对于同一族群类别的其他人拥有优势地位的特定版本。米歇尔·拉蒙和她的合作者已经完成了一系列关于非裔美国人如何划定社会边界以对抗污名化和排斥的民族志研究。市场营销专家通过强调消费的力量和黑人文化的"时髦"（hipness）来采取一种反转策略。通过这种方式，他们在局内人和局外人之间划清界线，使自己——作为生产和消费花哨东西的专家以及作为黑人共同体的成员——处于象征性等级的顶端（Lamont and Molnár 2001）。相比之下，受过高等教育的成功的中上层阶级则强调专业能力、智力和成就是鉴别道德上和社会上优越者的标准，从而依靠经典的精英领导体制（meritocracy）来建立"黑人"和"白人"之间的平等，并模糊他们之间的边界（Lamont and Fleming 2005）。最后，非裔美国人工人阶级利用宗教普遍主义和凸显关爱型人格（caring personalities）的价值，来强调他们属于道德分歧的正确的那一边，从而再次不再强调黑人和白人之间既有的等级。这些群体中的每一个都以这种方式与黑人-白人之间的划分相联系，从而赋予他们自己的道德价值和社会地位主张以合法性，并将自己置于威望金字塔的顶端。[24]

　　其次，权力资源禀赋不仅决定了一个人将采取哪种族群边界制定策略，而且还决定了她可以任意使用哪些边界实施方法，从而决定了她所偏爱的族群分类模式对其他人的影响程度。显然，只有那些控制国家机构的人才能使用人口普查和法律来实施某种边界。只有那些掌握暴力手段的人才能将他们所诠释的族群方案变为现实，通过杀害"天主教徒"、"什叶派"或"波斯人"（Furs），或重新安置"鞑靼人"和"德国人"，从而制造了天主教徒、什叶派、波斯人、鞑靼人和德国人。与那些从属的个人和群体的歧视性做法相比，那些控制着关于雇佣谁、在哪里修路以及向谁提供信贷方面决策的人的歧视产生的影响要大得多。

　　然而，我们不应过分夸大主导的族群边界制定模式的霸权力量。虽然强大的行动者可以使他们对社会世界的愿景为公众所知，并对所有人的生活产生影响，但从属者可以发展出将社会世界划分为群体的其他模式，而不是主导行动者宣传的模式[请参见詹姆斯·斯科特（James Scott 1990）的"隐藏的文本"（hidden transcripts）概念；关于种族类别，请参见 Lyman and Douglass 1973：

363]。正如上一章所讨论的,有时强加的类别会被边界收缩策略所抵消:坚持"是"牙买加人而不是黑人(Waters 1999),或者"是"辛纳坎特科人而不是印第安人(Wasserstrom 1983)。有时边界扩张是答案:是穆斯林而不是巴基斯坦人(Jacobson 1997)或者是"上帝的子民"而不是黑人(Lamont 2000)。在其他情况下,边界模糊是反霸权的选择策略:勾选美国人口普查中的"其他种族"复选框(Almaguer and Jung 1999)。

这种反话语(counterdiscourses)——或者以更浪漫术语表达的"抵抗"——的可能性和存在,对这里提出的模型至关重要。它使我们能够避免将强大行动者的分类策略与日常生活中的群体形成等同起来,进而提出一个重要的问题:从属行动者在什么条件下采取反策略(counterstrategies),他们何时接受强加给他们的类别区分,从而将类别转变成一个群体,并将类别区分转变成一个社会边界?下面我将回到这个问题。

政治网络和边界位置

制度框架和权力差异解释了行动者是否选择族群边界制定策略以及选择何种策略。如果有强烈的制度激励,他们将采用族群分类,而不是区分阶级、男女、宗教、村庄、部落,并且他们将选择族群分化的层次和诠释现有的边界,以确保个人是那个值得尊敬、正直、有尊严的类别的正式成员。但是,"我们"和"他者"之间的边界究竟会划定在哪里呢? 哪些人将被分类归入哪些族群? 在这里,联盟网络开始发挥作用,这是我提出的框架中的社会场域的第三个特征。[25]

我假设,已经建立的联盟网络的覆盖范围将决定,族群意义上的"我们"和"他们"之间的确切边界将划定在何处。[26]这可以用民族建构过程和政治联盟网络在这些新兴政治场域中所起作用的例子来说明。比较研究表明,在民族国家形成的早期,国家精英的联盟对民族和少数群体之间边界的位置最为重要。安东尼·马克斯(Anthony Marx 1999)解释了冲突和联盟的不同结构如何导致大部分非洲后裔被纳入巴西的民族建构计划,并导致他们在美国和南非被排除在外。修改马克斯的观点,我们可以这样说:当奴隶制被废除且有限民主形式被引入时,巴西的精英们依赖于广泛的、一直延伸到前几个世纪出现的混血种族出身的中间阶级的庇护主义(clientelist)联系网络。然而,在美国,这个中级阶级是由英裔美国农民和商人组成的(Harris 1980：chap. 5),并且以前没有形成任何跨种族的政治联系。因此,巴西的新政治精英旨在融合和混合不同种族出身的民众[27],而在美国,民族被想象为白人的,并且混血被设想和视为可以不惜一切代价加以避免的一种恐怖(Ringer 1983;Hollinger 2003)。[28]缺乏成熟的跨种族政治网络有助于解释为什么美国的民族建构是以“黑人”作为其内在的他者而展开的,而不是像欧洲大部分地区那样针对相互竞争的邻国的民族。

同样的教训也可以从涉及瑞士、伊拉克和墨西哥的最不相似的案例比较中得出(Wimmer 2002)。它表明,在民族国家形成的早期,精英政治网络的影响力决定了哪些群体将被视为民族计划的一部分。在瑞士,新的政治精英们依靠已经建立的遍布法语、德语和意大利语州(cantons)的公民社会网络,动员一批追随者在选举政治的新舞台上进行竞争。这就解释了瑞士多族群民族建构的罕见历史(Wimmer 2011)。在墨西哥革命之前,那些网络仅限于新独立的墨西哥的克里奥尔混血(Creole-mestizo)精英,绝大多数土著居民一直被排除在民族建构计划之外。独立前伊拉克的政治网络沿着宗教性族群界线而产生的隔离,阻止了伊拉克大众民族主义在该国摆脱殖民地束缚之后的崛起。在复兴党(Baath)的族群独裁统治(ethnocratic dictatorship)下,不允许独立的公民社会组织存在,而诸如在共产党内部形成的那种跨族群联盟也被摧毁。当美国的入侵导致伊拉克国家崩溃时,政治联盟很少跨越宗教性族群的分界线,政治很快成为宗教性族群集团之间权力平衡的问题(Wimmer 2003)。[29]

为边界而斗争

如果不同的行动者根据其在权力等级中的地位及其政治网络的结构而采取不同的边界制定策略,那么社会场域的特征将是各种分类模式和各种对道德优越性、合法权利以及与它们相关的政治团结的主张之间的竞争和争夺(例如,请参见 Lyman and Douglass 1973:363—365)。我们准备仔细考虑这种互动动力,并分析在哪些条件下,它可能导致对族群边界的位置和意义的共同理解。但是,在采取不同策略的行动者和追求不同利益的行动者之间,如何可能达成这样的共识呢?

也许这个问题最突出的答案是遵循葛兰西传统的学者提供的答案。[30]他们假设从属者同意精英们发展的文化模式,包括族群或民族归属的类别,从而稳定了政治和经济支配的基本系统。然而,这种同意被概念化的确切方式差异很大,这不仅仅是因为葛兰西自己的著作中有许多模棱两可的地方(Anderson 1976)。一些学者强调了占主导地位的行动者压倒性的定义权。从属者被动地接受和内化霸权话语,没有留下自主能动性的空间。这种对霸权的诠释使我们无法理解,为什么从属者有时会采取边界模糊、反转或跨越等反霸权策略。[31]更有前途的是葛兰西的追随者,尤其是罗斯伯里(Roseberry 1994)、格兰丁(Grandin 2000)和马伦(Mallon 1995),他们强调从属者同意的知情性、局部性和策略性,并且表明精英也受到霸权协议的约束,即使这有时违背了他们眼前的私利。在这种诠释中,霸权表达的是一种特定的权力和联盟结构,而不是一种支配形式或虚假意识。

这种新葛兰西主义(neo-Gramscianism)的变体接近我在其他地方(Wimmer 2002：chap. 2；Wimmer 2005)发展起来的文化妥协(cultural compromise)理论,我在这里依靠它来理解边界谈判。根据该理论,如果拥有不同资源禀赋的个人和群体的利益至少部分重叠,并且分类策略因而可以在一个共同的观点上达成一致,那么他们就更有可能达成共识。[32]这样就有可能同意一个特定的族群边界代表着社会世界最重要的划分。然而,利益的重叠并不意味着利益是完全一样的。不同类型的经济、政治和象征性资源的交换也可能达成共识。因此,利益的重叠反映了资源分配和政治联盟(即对资源交换具有共同兴趣的行动者的政治联盟)的一种特定结构,这种结构是一个社会场域的特征。[33]

让我用一些例子来说明这种文化妥协理论的有效性。也许最有趣的是民族共同体思想的传播。什么妥协构成了这一共识的基础? 新建立的民族国家的精英们促进民族边界的扩大,从而为从间接统治向直接统治转变所带来的国家集权和行政控制的增加赋予了合法性(Hechter 2000)。另一方面,不同族群背景的个人可能接受同化的提议,并跨越边界"融入民族",因为这使他们能够在法律面前主张平等待遇,而以前获得正义则是取决于一个人的社会地位和财富。融入民族也增加了他们发声的机会,由于现在政府声称以"人民"的名义进行统治,而之前的政治参与受到某些宗族、家族或族群社会（ethnosocial）阶层出身的限制（Wimmer 2002）。这样，国家精英所采取的民族建构策略就可以通过由个体同化或集体重新定位的边界跨越从属策略来反映。因此，在这个民族建构过程中，民族和少数族裔之间的边界将位于何处，取决于维持它的政治权力和联盟的结构，正如之前对美国、巴西、墨西哥、瑞士和伊拉克的讨论所表明的那样（另请参见 Mallon 1995）。

　　文化共识也可以出现在更有限的空间中，包括面对面互动和密集社会网络为特征的环境。[34] 在之前有关墨西哥和危地马拉的土著民共同体的研究中，我已经展示了当地精英和农民之间的持续谈判可能会就不同类型的族群边界达成一致，这取决于行动者之间的权力配置及其所引发的交换平衡。一个例子是用农民的政治忠诚换取当地精英提供的集体物品，其中最重要的是保护共同体的土地所有权，以防止农业企业家或其他农民共同体的侵犯。对于这两组行动者来说，将当地族群共同体作为政治团结的主要场所和作为世界的精神中心的想法是有意义的，并随后在包括宗教在内的许多社会生活场域中被制度化和常规化（Wimmer 1995）。同样，马伦（Mallon 1995）和格兰丁（Grandin 2000）也描述了地方性和区域性的"霸权"将北普埃布拉山脉（Sierra Norte de Puebla）和克察尔特南戈（Quetzaltenango）的族群共同体成员捆绑在一起，尽管这些族群成员的经济权力和政治权力存在严重差异。

　　正如对瑞士移民邻里的边界斗争的研究所表明的那样，这种地方共识不仅局限于乡村共同体，而且还可能出现在现代城市环境中。这是下一章的重点，这里我将只强调与本节讨论最相关的那些方面。在这些邻里中出现的共识比以前的例子要稀少得多，但仍然对社会边界制定的动力有强大的影响。尽管在谁合法地属于道德、社会和文化上可接受的人的圈子，以及什么是适当的判断标准方面存在分歧，但男人和女人、老年人和年轻人、老牌移民和本地人都同意，最近从南斯拉夫抵达的难民给邻里带来了麻烦、下流和暴力。这种关于归属分类边界的共识反映在社会封闭的结构中：网络数据表明，来自南斯拉夫的移民与老牌居民之间几乎没有私人关系。然而，那些被排除在道德上体面和社会上可接受的范围之外的人，并不同意这种社会世界观点。他们奉行模糊策略，通过强调普遍道德品质，从而使世界被划分为族群-民族群体显得错误和不合理（Karrer 2002：chap.12）。

正如这个例子所示,关于边界的共识可能不包括全体居民。在瑞士的案例中,边界是单方面的:只有长期的老牌邻里居民才同意其相关性和合法性。我们可以将其称为不对称的共识。在其他情况下,共识是局部性的。大多数人会同意边界的地志即谁属于哪一边,但强烈不同意族群划分的性质和政治意义。如上所述,在北爱尔兰,对社会按照宗教性族群界线划分以及谁是天主教徒和谁是新教徒几乎没有异议,即使在地方层面存在谈判的空间和偶尔的边界模糊(R. Harris 1972;Burton 1978)。然而,人们对宗教分歧的意义和政治含义的观点却大相径庭。在美国,"一滴血规则"在"黑人"和"白人"之间划定了明晰的界线,并且在很大程度上都被双方的个人所接受,只有一小部分人主张在种族全景画中加入"混血"类别来模糊它。但是,关于边界的意义和政治含义的分歧,就像关于平权行动的合法性的分歧,在今天仍然像以往一样明显(Hochschild 2003)。

这种斗争和论争是所有文化妥协的特征,即便在日常互动的表面上没有出现公开的分歧。根据文化共识理论,每一个团体行动者和个人行动者,都不断地试图以似乎为自己的要求辩护、使自己的行动合法化,并将自己的私人恶习(private vices)表现为公共利益的方式,来诠释文化妥协。因此,文化妥协的概念并没有回到功能主义的社会观,即冲突和变化从视野中消失。文化妥协仅仅限制了个人在寻求权力和承认时可以争论的可能性范围。因此,文化妥协可能或多或少具有包容性;它可能局限于精英和反精英,也可能被大部分民众所共享;它可能或多或少是稳定的,或多或少是可反转的,或多或少是详细且详尽的。

边界特征与动力

到目前为止,我已经提出了一系列假设来解释在哪些条件下会就族群边界产生广泛的共识。我们剩下的任务是解释这些边界的不同性质,或者更具体地说,它们的政治显著性、文化意义、社会封闭性和历史稳定性。我将论证,这些特征根据权力不平等的程度以及共识的范围(无论是局部性的还是包容性的、不对称的还是对称的)而有所不同。制度和网络——模型中的其他主要变量——影响着族群边界是否重要,以及如果重要,则影响着它们包括谁和排除谁。二者对于理解边界本身的属性就不那么重要。在下文中，我提出了一些关于不平等程度和共识范围如何塑造边界特征的初步假设。

封闭、显著性、分化

妥协越是具有包容性，即越对称和完整，边界就越是具有政治显著性。当边界的位置、意义和含义被广泛接受时，它将在日常生活中被视为理所当然，并更容易转化进入政治舞台，从而使行动者可以为权力和资源应当归属于哪个族群而斗争。在下一章的结尾，我将初步探讨这一假设，通过表明在瑞士城市地区，围绕老牌居民和"不可同化的"新来者之间的划分所达成的深远共识，如何为仇外反移民政党在政治舞台上崛起提供了基础。在光谱的另一端，在关于哪些族群、种族或民族的类别具有意义和相关性方面没有达成一致的地方，我们预期族群性在政治上不那么显著。如果没有就边界的位置达成最小的共识，行动者就无法为是一名 X 而不是一名 Y 的合法后果而斗争，并且族群之间的权力分配问题也不太可能转移到政治戏剧的中心舞台上。

包容性的共识也使文化分化得以顺利进行，因为增加新的文化符号似乎是一个自然的过程。因此，关于边界的共识使上一章中讨论的文化区分和象征性边界制定的策略成为可能：将某些行为模式确认为"典型"，发明或重新定义服装、方言和食物等方面的文化习俗，以区分"我们"和"他们"，等等。随着时间的推移，关于哪些类别具有相关性的共识允许累积这类分化标记，以至于不同族群共同体成员之间的行为模式将越来越不同，并且文化习俗将越来越沿着群体边界聚集在一起。这反过来通过产生越来越多经验世界确实是以明确的族群划分为模式的证据，强化了关于哪些类别分裂应当具有相关性的共识。这一过程的一个很好的例子是内战后美国南部音乐风格的分化。在"一滴血规则"逐渐确立的黑人和白人之间的边界方面日益达成的一致，使得类似的音乐风格在黑人音乐家表演时被重新归类为"蓝调"(blues)，在白人音乐家表演时则被重新归类为"民谣"(folk)——尽管左翼知识分子仍试图构建一个包容性的"民间音乐"(folk music)概念(Roy 2002)。随着时间的推移，各种独特的音乐流派出现了，这有助于标记种族边界，美国南部的生活就是围绕着这一边界组织起来的。

相反，像摩尔曼所描述的泰国高地的情境，将不会产生清晰的赫尔德式的文化景观。当当地人对谁是谁没有达成一致时，当着手编写"泐人"(Lue)①族群志的人类学家发现了关于哪些人应该被归类为"泐人"的无数想法时，当地人自己将无法采取有效的象征性边界标记策略，并产生使他们偏爱的族群分类方案在经验上更加合理的易于识别的文化符号。换言之，如果没有共识，象征性标记策略就不会聚合为不言而喻和清晰明了的文化分歧。

不平等如何影响族群边界的性质？正如康奈尔和哈特曼所假设的那样，在不同族群背景的个人之间权力差异很大的地方，社会封闭的程度也会很高(Cornell and Hartman 1998：chap. 6)。那些成功地将自己与作为"族群他者"的其他人口区分开来，并设法垄断经济、政治或象征性资源的人，将试图监管族群边界，使同化和其他边界跨越策略变得困难。特权的维护越是依赖于集体的群体成员身份，正如在内战后美国南部的"统治民族"(Herrenvolk)民主中那样，采取的封闭策略就会越激烈。相反，如果市场力量——例如通过昂贵的私立学校和大学招募精英的"精英领导"制度——确保了地位再生产，封闭的倾向可能会减弱。

正如我们从马克斯·韦伯(Weber 1978：341—348)和皮埃尔·布迪厄(Bourdieu 1982)那里学习到的那样，社会封闭和高度的"群体性"，反过来会通过象征性边界标记策略导致文化分化：那些将自己分隔开的人通过增加新的文化符号来加强边界，以表明从属群体在文化上有多么不同和低劣，如上一章讨论的危地马拉高地的拉迪诺人和土著群体的例子。这再次强化了边界的理所当然性，从

---

① 泐人自称 Lue 或 Tai Lue(这里的 Tai 是"人"的意思)，又被翻译为傣仂、泰泐、老泐或卢族，是泰佬民族之一。泐人由于原先居住在勐泐，所以为了区别其他地方的同族[景栋的"痕"(Khun)、清迈的"庸那迦"或"阮"(Yuan)等]，古代长期以来泐人就自称"泐"(Lue)。但是在区别外族的时候，西双版纳泐人一般自称 Tai。泐人总人口约 200 万，是西双版纳、勐永(缅甸掸邦)和勐新(老挝琅南塔省)的本地人，泐人中的 40 万左右居住在中国境内的西双版纳，少部分在思茅和金平。绝大部分的泐人(大概 100 万人)居住在泰国北部的清迈府、清莱府、帕尧府、楠府、帕府、南奔府河南邦府，其中南奔府 90％的人口都是自称"永"(Yong)的勐永泐人后裔。居住在泰国北部的泐人和泰国北部本地的阮人[Tai Yuan，又叫作庸那迦人(Yonok)或本地人(Khon Mueang)]、掸邦移来的掸人(Tai Yai/Shan)、景栋移来的痕人(Tai Khun)一起，被称为"兰纳泰/ล้านนาไทย"。泐人经常被错误地称为"水傣"，"水傣"是汉族起的名字。泐人使用的语言是泐语，是泰佬语言的一种方言，和景栋的痕语、泰国北部的庸那迦语(即泰国北部方言)以及老挝语很接近，文字是经书文(Tua Tham，使用于西双版纳、泰国北部、缅甸景栋、大其力、勐永、勐帕亚、老挝以及泰国东北部)和酸角文(Tua Fak Kham，使用于西双版纳、泰国北部、缅甸景栋、大其力、勐永、勐帕亚等地以及老挝北部)。——译者注

而导致了进一步和持续的文化分化,如此等等。在本书的最后一章中,我将实证性地表明,文化分化确实遵循社会封闭的界线,而不具有封闭性的族群差异并不会导致显著的文化分化形式。

因此,在连续体的另一端,较低程度的不平等可能会使边界的实施、监管和识别策略变得不大可能,而且在任何情况下都不太成功,因为通过反转、转移或模糊来争夺边界的权力在整个群体中的分配更为均匀。其结果是,社会封闭程度较低,文化分化较少。在许多情况下,边界将是有争议的、含混的、多样的和柔软的,足以让观察者——甚至是那些最致力于赫尔德范式的观察者——都同意,不存在一个研究者可以撰写成民族志的明确可识别的"族群"。

稳定性与路径依赖

边界的相对稳定性,即四个变化维度中最后一个有待处理的维度,源于上述讨论的另外三个特征。在边界不具有政治显著性以及封闭和等级化程度低的地方,当文化分化没有产生一个具有明确划分的文化相似区域的经验性景观时,分类的模糊性和复杂性将很高,并允许更多的个人选择。相应地,边界将更容易改变。

在连续体的另一端,路径依赖产生了强大的影响(Mahoney 2000)。如果族群边界与文化差异相对应,那么它们就代表了一种合理的经验性景观,任何新的分类话语都必须对其加以反驳;如果高度的社会封闭产生森严的族群等级,那么一个横切的、新界定的族群边界就需要由拥有相当大政治权力和合法性的行动者来倡导;如果政治网络沿着族群边界排列,就很难建立横切的联盟来使另一种分类模式具有合理性。

这些路径依赖效应通过认同化的社会心理学过程得到加强。当一个族群类别的成员自我认同并被他人认同为"属于"一个几乎没有含混性的"群体"时,当他们分享易于认同的思维和行为上的文化剧目时,当他们在日常政治中被强大的联盟联系在一起时,我们预期他们会对这些族群类别有强烈的情感依恋(Brubaker 2004:46—47)。族群认同将比其他背景"更为厚重",并且群体成员将准备承担高昂的成本来捍卫其共同体的文化和荣誉以及其文化的本真性,从而即使在深刻社会变革的情况下也能使边界稳定化。

　　换句话说,"厚重的"认同缩小了行动者可利用的策略选择范围。因此,他们更有可能选择符合他们族群类别的诠释方案和行动脚本,他们更有可能根据整个族群共同体的利益来界定自己的利益,也更有可能对来自族群同伴的群体压力作出反应(Cornell 1996)。在这种情况下,"认同"可能确实高于"利益"。

　　图 4.1 将这些不同的假设总结为两张图。左图描述了边界的政治显著性、文化分化和社会封闭性如何取决于不平等和共识的程度;右图显示了这些边界的特征如何反过来解释其历史稳定性和心理相关性。这些假设可以使用各种研究策略来检验,包括比较历史方法(comparative historical methods)、多地点田野调查(multisite fieldwork)或大样本(large N)的跨民族(crossnational)研究。

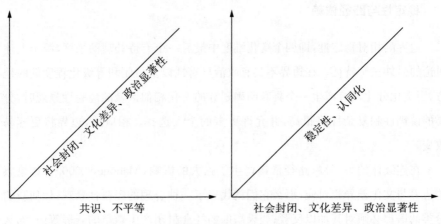

图 4.1　解释边界特征

　　然而,统计检验要克服的数据问题非常艰巨。到目前为止,族群边界很少被视为需要解释的结果(但是,不同的观点请参见 Chai 2005),相反,它们扮演着影响经济增长或内战倾向等被解释变量(explananda)的自变量角色。虽然有几个指数从人口统计学的(Fearon 2003)或政治的角度(Wimmer et al. 2009)来衡量族群多样性,或者表明族群的政治动员程度(Gurr 1993),但尚无描述族群边界性质、其显著程度、文化独特性或稳定性的数据集。第七章试图通过衡量和解释 24 个国家的 360 个少数族裔与其各自的民族多数群体之间的文化分化程度来克服其中的一些困难。

变化的动力

在前一节中,我概述了通过缩小行动者所选的策略选择范围来稳定边界的主要机制。因此,某些族群边界将比其他族群边界更能抵制策略性的重新诠释或模糊。然而,路径依赖并不是一个完全基于决定论的概念。在某些历史情况下,一条路径可能会被放弃,而改变也会成为可能。[35]根据迄今为止概述的模型的核心原则,现在可以讨论三种变化机制:第一,场域特征(制度框架、权力分配或政治联盟)可能会发生变化,因为引入了新的制度、资源或行动者[外源性转变(exogenous shift)]。第二,这些场域特征可能会因各种行动者所采取的策略的意欲后果和意外后果而发生内生性变化[内生性转变(endogenous shift)]。第三,新的策略扩散到一个社会场域,并被某些行动者采用[外源性漂移(exogenous drift)]。这三种变化来源随后将加以讨论。

(1)外源性转变。帝国征服或民族国家形成等重大政治事件改变了制度结构,这反过来又激励人们在放弃旧策略的同时,采取新的边界制定策略。类似的转变模式也可以由相对不那么显著的制度转变所触发。丹·波斯纳(Dan Posner)展示了赞比亚的民主化是如何导致边界扩张过程的(Posner 2005)。在美国的后民权时代,向一个基于族群的国家资源分配系统的转变,激励了政治行动者和个人模仿非裔美国人民权运动在族群主张的基础上组织社会运动。[36]

社会场域的另外两个特征,即其权力关系和政治联盟的结构,也可以通过各种过程发生外源性的变化。新的行动者可能会进入一个场域,例如当国际组织积极卷入一个国家的族群政治时。欧盟对东欧候选国的干预(Kymlicka 2007:chap. 6)或联合国和其他国际组织参与拉丁美洲各国"土著权利保护"活动,都是这方面的例子(Conklin and Graham 1995;Warren 1998)。国际移民也可能会极大地改变行动者的结构。这些新的行动者为形成联盟提供了新的机遇,从而为重新划定族群边界提供了动力。

正如下面的例子所示,外源性过程也可以改变行动者的权力基础。当金融市场和国际货币基金组织迫使拉丁美洲国家精英们转向精简政府的政策时,他们控制的资源减少了。庇护主义的、法团主义的政治吸纳形式崩溃了,降低了民族主义妥协的吸引力。庇护关系网络变得不那么包容,不再从权力中心延伸到土著民腹地。这两个因素共同导致了族群民族主义运动的兴起(Yashar 2005)。

(2)内生性转变。边界也可能由于行动者所采取的策略的累积后果而发生内生性的变化。如果某个特定族群类别的所有成员都采取跨越边界融入另一个群体的策略,并且如果第二个群体的成员都采取边界扩张策略并允许这种同化,那么第一个族群将随着时间的推移而逐渐消失,正如发生在俄罗斯的米沙尔鞑靼人(Mishars)和特普特尔鞑靼人(Teptiars)身上的一样(Gorenburg 1999),或者上一章已经提到的伯利兹的玛雅人(Gregory 1976)或讲法语的阿尔伯塔省(Bouchard 1994)似乎也是这种情况。

第二个内生性机制是,即便是个人所采取的策略组合的微小变化,也可能会级联导致族群边界结构的急剧转变,正如库兰(Kuran 1998)所表明的那样,因为它们可能会"引爆"(tip)行动者之间的互动和谈判的动力,以达成新的共识。这种级联效应(cascades)①反过来又可能赋予(或剥夺)政治运动以权力,这些运动声称代表了一个族群的利益,并旨在重新绘制族群分化的景观。[37]

第三,如果这些运动取得成功,它们可能会使现有的权力等级、制度结构和政治联盟去稳定化和非自然化(denaturalize)。由此产生的权力分配、制度秩序和联盟网络的转变,反过来导致行动者采取新的边界制定策略,并在谈判和论争过程中改变其议价权(bargaining power),进而导致族群边界系统的进一步转变,直至达到新的"平衡"。

墨西哥革命为这种内生性变化的"反馈"机制提供了一个恰当的例证。革命战争动员了大部分土著居民,并为他们融入一个由新兴的一党政体管理和控制的新的、普遍存在的庇护关系网络提供了基础。正如我在其他地方所表明的那样(Wimmer 1995:chap. 3;另请参见 Mallon 1995),这些政治网络支持被扩张了的墨西哥民族概念。在革命前时期,"墨西哥人"被认为是由西班牙血统的克里奥尔人精英组成的,他们与土著居民划定了清晰的边界,他们认为土著居民在文化和种族上都处于劣等地位。革命者们以一种更包容的方式重新定义了墨西哥民族,将种族混血(*mestizaje*),即印第安人和西班牙人的文化和民族的合

---

① 级联效应是由一个动作影响系统而导致一系列意外事件发生的效应,也译为"瀑布效应"或"流瀑效应"。与之相关的是社会流瀑效应(social cascades),但二者的含义是有区别的。——译者注

并,确定为核心的民族方案。正如理论模型所预言的那样,政治网络的扩张因此反映在民族概念的扩张上,从而导致那些最紧密地卷入革命斗争并因此最能融入新兴庇护关系权力网络的土著民村庄大规模跨越边界。他们很快就不再认为自己是"墨西哥人"以外的任何人了[请参见弗里德里希(Friedrich 1970)的案例研究]。

(3)外源性漂移。族群边界系统也可能因行动者采取了不属于他们现有剧目的新策略而改变。重新组合不同的思维和行为方案的创新行动者,可能会自己发明这些新策略,或者往往采用来自外部的新策略。例如,如上一章所述,非裔美国人民权运动所采取的平等化策略的全球扩散,不仅激发了美国的"红色力量"(Nagel 1995)和其他少数族群运动(Takezawa 1995),而且也激发了加拿大魁北克人、北爱尔兰天主教徒、英国的后殖民移民(postcolonial immigrants)、巴西的"黑人"(Telles 2004),甚至在巴拉克·奥巴马(Barack Obama)当选为美国第一位黑人总统后激发了法国的非洲移民的政治动员。全球扩散的另一个例子是拉丁美洲的少数族裔(Niezen 2003)以及克里米亚鞑靼人(Crimean Tatars)、罗姆人(Roma)、非裔拉美人(Afro-Latin Americans)、库尔德人(Kurds)、巴勒斯坦人(Palestinians)、阿布哈兹人(Abkhas)、车臣人(Chechens)和达利特人(Kymlicka 2007:285)所采用的"土著民性"(indigenousness)①话语。从世界历史的角度来看,更重要的是民族主义(即族群边界和政治边界应该一致的原则)以及相应的族群边界制定策略的全球传播。从19世纪中叶开始,民族主义的扩散,通过把一个帝国的世界变成一个民族国家的世界,深刻地改变了全球的政治面貌(Wimmer and Feinstein 2010)。

概要和未来研究的建议

族群边界制定的生成过程理论

现在,我已经讨论了族群边界制定的多层次过程理论的所有不同要素,该理

---

① indigenousness 也译为"原住民性"。——译者注

论有望解决当今族群性比较研究领域所面临的经验和分析上的挑战。该模型的第一部分由一个社会场域的三个基本特征组成,这些特征共同决定了哪些行动者将在该特定场域中采取何种族群边界制定策略(参见图 4.2)。首先,制度秩序为划定某种类型的边界提供了激励。更具体地说,我已经讨论了现代民族国家如何诱导精英和从属者在政治舞台和私人生活中区分族群意义上的"我们"和"他们",而不是男人和女人、富人和穷人、木匠和大学教授。

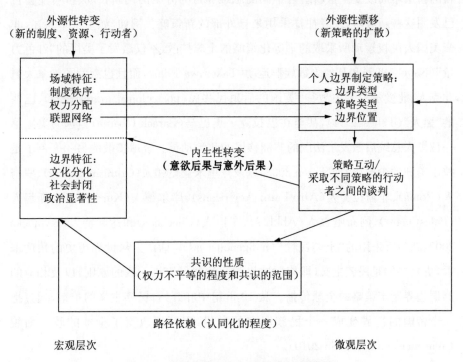

图 4.2 族群边界制定与废除的过程模型

然而,这些制度框架并不能决定,将采取哪种类型的边界制定策略(从扩张到模糊),或者将强调哪一个层次的族群分化(如中国人、亚裔还是美国人的身份认同)。这种选择取决于行动者在一个特定场域所特有的权力等级中的地位。行动者将选择那些最能支持其威望、道德价值和政治权力方面主张的族群区分策略和层次。最后,联盟网络将确定边界的确切位置,即谁将被纳入文化上本真的、道德上有尊严的和政治上有权利的群体之中。因此,这三个场域特征以一种或然性的方式确定哪些行动者将采取哪些族群边界制定策略。

在下一步中,我研究了采取不同边界制定策略的行动者是如何互动的。关于社会地志和族群边界意义的共识可能是、也可能不是从这些持续的谈判中演变而来。我坚持认为,如果制度结构、权力差异和联盟网络在行动者之间建立一个互利交换的区域,即一个促使边界制定策略走向收敛的利益重叠领域,共识就会出现。关于这种共识,我的主要例子是民族建构,在民族建构过程中,国家精英的边界扩张策略和少数群体个人的同化策略收敛在一起。其他更多当地例子还涉及墨西哥的土著农民共同体和瑞士的移民邻里。

在最后一步中,我探讨了共识的性质是如何塑造边界的特征的:它们是否在很大程度上是分类的,或者对日常社会关系网络产生影响(封闭程度或群体性程度),边界两侧的个人之间的文化差异的重要性如何(文化分化),以及边界对缔造政治联盟的相关性如何(政治显著性)。简而言之,该模型预测,族群不平等程度越高,行动者之间的共识越广泛,我们预期的封闭和文化分化就越大。另一方面,不平等越严重,共识越少,某一特定场域的边界就越具有政治显著性。

最后,我确定了稳定或改变族群边界系统的四种机制。高显著性的、社会封闭的和有文化标记的族群将在其成员之间产生高度的认同化,从而通过路径依赖效应来稳定边界。另一方面,当新制度出现在社会场域(如通过征服、革命或民主化),新行动者参与谈判过程(例如移居者或跨国组织),或者他们可以获得新的权力资源时,交换平衡就会被破坏。这些变化的来源被视为模型的外源性因素,新的族群边界制定策略的发明和扩散也是如此。行动者所采取的策略的累积后果代表了一种内生性的变化机制:成功的族群政治运动有意识地通过协调一致的政治行动来改变场域结构,而个体策略的意外后果可能会级联导致族群边界的位置和意义的转变。

本章介绍的理论框架在几个重要方面与其他研究路径不同。首先,它不遵循族群性比较研究中标准类型学的静态逻辑。如上一章中提到的,这些类型学将族群性同社会阶级重合的社会与族群性跨越阶级分裂的社会区分开来(Horowitz 1971),或者将族群制度多元性程度高的社会与族群制度多元性程度低的社会区分开来(van den Berghe 1967;M. Smith 1969),或者将族群相互隔离的社会与族群更加融合的社会区分开来(Hunt and Walker 1979),或者将后民族主义的西方社会与原生性族群的全球南方区分开来（Heisler 1991）。这些类型学局限于概述族群性的不同形式和功能，而本章提出的模型将这些解释为由各种稳定性和变革性反馈组成的再生产和转变的循环结果。

其次，多层次过程理论并没有像主流社会科学那样提供一个将"因"变量与"自"变量联系起来的简单公式，例如，从国内生产总值、民主化或族群语言异质性的水平预测族群性的政治显著性程度［请参见崔胜基（Chai 2005）的尝试］。相反，变量在再生产和转变的循环中的一个阶段是"因变量"，在下一个阶段则是"自变量"。这与社会学（Abbott 1998；Emirbayer 1997）、政治学（Greif and Laitin 2004；Thelen 2003；Cederman 2005）和经济学（Acemoglu et al. 2004）中的一系列最新研究路径相一致，这些研究路径也聚焦于生成和转变各种社会形态的过程逻辑。

与其他此类模型一样，并且类似于生物学中的演化模型（Lieberson and Lynn 2002），这里引入的理论在经验上是"空白的"。也就是说，它需要根据相关的社会和历史背景量身定制，以便具体预测我们期望从谈判和论争的动力中产生哪种族群边界。因此，该模型并不代表定律般的通用运算符，而是一个用来生成特定背景的当地解释的分析框架。更具体地说，首先需要"填补"现有边界的历史发展特征（其显著性、封闭性、文化分化等），然后再具体说明在历史上某一特定时刻盛行的制度约束、权力分配和联盟结构，从而理解谈判和论争的动力，这将使特定的转变路径比其他路径更有可能。

最后，该模型比其他模型更复杂，因为它整合了宏观和微观社会学传统的现有见解，而不是只采取一种研究途径，例如理性选择理论或者光谱另一端的各种世界体系论的研究路径。因此，它涵盖了若干分析层次，从国家层次一直到日常生活中边界论争的微观过程。它通过展示宏观社会现象（制度结构、权力分配和政治联盟）如何影响微观行为（特定的边界制定策略的选择），来具体说明将这些层次联系起来的机制。它还分析了各种策略的相互作用（共识和冲突的动力）如何反过来反射回宏观结构，即一个社会场域所特有的族群边界的性质。因此，该模型提供了一个解释的"完整循环"，正如科尔曼（Coleman 1990）、邦奇（Bunge 1997）和赫斯特罗姆（Hedström 2005）所阐明的那样，从宏观到微观，再回到宏观层次。

【注释】

［1］其他阐述族群形态之可变性（variability）维度的尝试，请参见 Horowitz（1971）、Cohen（1981）和 Shibutani and Kwan（1965）。亚瑟·斯廷奇科姆（Arthur Stinchcombe 2006）最近描述了社会边界特征变化的一般形态。

［2］请与康奈尔和哈特曼（Cornell and Hartman 1998：chap. 6）、詹金斯（Jenkins 1997：63—70）的"情境主义"论点进行比较。

［3］关于竞争理论的更广泛的经验批评，参见霍洛维茨（Horowitz 1985：105—135）的贸易型少数群体模式以及贝朗热和皮纳德（Bélanger and Pinard 1991）与威默（Wimmer 2000a）的劳动力市场竞争理论。

［4］这一点是贝朗热和皮纳德（Bélanger and Pinard 1991）以及埃斯皮里图（Espiritu 1992：chap. 1）提出的。

［5］对此最好的讨论仍然是 Horowitz（1971：240—244）。

［6］关于群体和类别之间的区别，另外请参见 McKay and Lewis（1978）。尼泊尔的一个例子很好地说明了詹金斯所说的族群类别的含义。"加德满都谷地（Katmandu valley）的大多数拉帕德雅雅婆罗门（Rajopadhyaya Brahmans），"盖尔纳写道，"今天不将自己视为尼瓦尔人（Newars），不称自己为尼瓦尔人，不对自己的孩子说尼瓦尔语（Newar），并且不支持尼瓦尔族的激进主义。然而，他们被许多其他人视为尼瓦尔人，这种身份认定（identification）……他们自己都是拒绝的。"（Gellner 2001：6）

［7］导致强加边界"内化"的机制在社会心理学中是众所周知的。一些研究表明，当边界被视为不可渗透时，低地位的群体成员更有可能认同他们自己的类别（Mummendey et al. 1999）。另一项研究表明，高度偏见会导致更多地认同自己的群体，以此作为建立积极自我概念的第一步（Branscombe et al. 1999）。

［8］在这类背景中，帕特森（Patterson 1975）、鲁斯迪克（Lustick 2000）或莱廷（Laitin 1995a）提出的"身份选择"（identity choice）理论没有什么帮助，因为处于从属类别的个人的选择对他们自己生活的影响，要远小于更强大的行动者的选择对他们生活的影响。

［9］关于美国白人的身份选择，请参见 Waters（1990）；关于鞑靼和巴什基尔类别之间的来回切换，请参见 Gorenburg（1999）；关于拉丁美洲自我认同的变化，请参见 Lancester（1991）和 Wade（1995）。

［10］另外请参见崔胜基（Chai 1996）的评论。有关"群体主义"分析的最新例证，请参见 Ross（2001）。

［11］戈伦伯格（Gorenburg 2000）认为，对鞑靼民族主义的认同化因职业群体而不同；桑杰克（Sanjek 1981）描述了个人如何在加纳城市以不同的方式划分部落-族群类别；根据在战前贝鲁特做研究的斯塔尔（Starr 1978），个人的分类取决于互动的背景和分类者的族群特征；莱文（Levine 1987）记述了尼泊尔不同的族群和种姓分类系统如何运用于不同的情境；贝雷曼（Berreman 1972）得出了关于印度北部族群和种姓分类的类似发现；拉贝尔（Labelle 1987）表明，海地族群-种族标签的使用因社会阶层而不同；在尼加拉瓜，这取决于互动情境的正式程度（Lancester 1991）；马尔温·哈里斯（Marvin Harris 1980：chap. 5）在巴西的研究发现，在对同样的人使用不同的族群-种族类别，甚至对兄弟姐妹使用不同的分类方面，人们存在普遍的分歧；兰代尔和奥罗佩萨（Landale and Oropesa 2002）的研究

强调了美国波多黎各人自我认同的各种策略。更为复杂的是，一些民族志研究表明，即使是个人的自我分类也可能是情境依赖（context-dependent）的和可变的[例如，希门尼斯（Jiménez 2004）关于墨西哥人和"白人"混血血统的当代加利福尼亚人；坎贝尔等人（Campbell et al. 2002）关于清朝统治下的中国东北；永田（Nagata 1974）关于马来西亚城市；迈尔（Mayer 1962）关于南非城市中的农村移民；沃特斯（Waters 1990：36—38）关于美国郊区的白人族群；拉塞尔（Russell 1997）关于尼泊尔东部的雅卡人（Yahka）]。

[12] 罗森斯（Roosens 1994）也提出了一个关于"参与者的原生主义"（participant's primordialism）的类似论点。他的例子是荷兰的第一代西班牙移民。

[13] 很显然，这并不排除对这些边界的意义和政治含义的大量异议，正如北爱尔兰的例子所说明的那样。民族志研究表明，就日常互动中宗教分歧的影响进行地方谈判是有空间的（R. Harris 1972；Burton 1978）。个体可能会模糊边界的一个分类维度（例如，通过与体育俱乐部里的天主教徒建立联系），只要他们在其他维度维护边界（例如，不与任何公开同情爱尔兰共和军的人打交道）。

[14] 允许族群存在的理论框架并不意味着本体论上的集体主义：这些群体可能会作为个体层次的过程和机制的综合结果而出现。有关本体论和方法论上的集体主义与个人主义的有用区别，请参见 Hedström（2005：70—74）。

[15] 马克斯·韦伯认为移民和征服是族群形成的主要力量（Weber 1978：385—398；另请参见 Keyes 1981）。舍默霍恩（Schermerhorn 1970）还将拓殖者社会（settler societies）中贱民（pariah）群体和"土著隔绝者"（indigenous isolates）的出现列入族群性生成动力（ethnicity generating dynamics）的列表中。

[16] 请参见鲍威尔（Powell 1998）关于牙买加中国商人的小说；关于密西西比的华人，请参见 Loewen（1971）。

[17] 这个论点是由不同的作者以不同的分析语言提出的。本特利（Bentley）使用布迪厄的惯习理论（habitus theory）来解释为什么文化差异很容易（但不是自动地）转化为对族群差异的感知（Bentley 1987；Wimmer 1994）。康奈尔认为，如果一个族群的认同主要建立在共同价值观而非共同利益的基础上，那么这种文化就可以充当利益认知的"过滤器"，从而影响边界维持的策略[Cornell 1996；Barth 1994；过滤论也可以在凯斯的研究（Keyes 1981）中找到]。黑尔（Hale）采取认知的视角，并认为在新德国人模式（neo-Deutschean mode）下，沟通障碍（例如由语言差异所代表的障碍）将使人们更有可能发现边界有意义，并会使用相应的语言标记作为线索来使人们认知社会世界和减少不确定性（Hale 2004）。

[18] 其他例子包括达吉斯坦（Dagestan）的塔特人（Tat），包括基督徒、犹太人和穆斯林等分支；泰国和缅甸的卡伦人（Karen），包括新教、天主教、万物有灵论（animist religions）、佛教和一些调和论（syncretist）宗教（Keyes 1979）；缅甸北部说景颇语（Jinghpaw）或傈僳语（Lisu）的克钦人（Kachin）群体（Leach 1954）；或者埃塞俄比亚的哈底亚人（Hadiyya），包括穆斯林、新教徒和天主教徒等分支（Braukämper 2005）。

[19] 这与开放和封闭的公民身份机制（citizenship regimes）的讨论相呼应，这些机制允许移民或多或少容易地入籍，从而允许国民和外国人之间具有或多或少稳定的边界。有人认为，当民族以政治行为来定义时，获得公民身份就更容易；另一方面，成员身份是由

血统来定义的地方,民族边界就更为稳定和不可渗透(Brubaker 1992a;Alba 2005)。

［20］我在《民族主义排斥和族群冲突》(*Nationalist Exclusion and Ethnic Conflicts*)一书中更详细地探讨了民族国家与族群性政治化之间的关系(Wimmer 2002)。

［21］即使是明显反族群的法国共和主义也遵循民族边界制定的逻辑,即将共同体中的合法成员身份与对民族文化风格的掌握联系起来(关于公民民族主义和族群民族主义之间的过度区分,请参见 Brubaker 1999)。

［22］其他关于族群主张的提出(ethnic claims making)如何依赖于制度化的机遇结构的研究,请参见 Ireland(1994)和 Okamoto(2006)。

［23］超国家机构提供了有时是相互矛盾的其他的激励措施。关于欧盟准入条件对东欧候选国家少数群体政治的影响,请参见金里卡的研究(Kymlicka 2007：41 n. 26)中引用的文献。关于超国家土著民权利机制提供的政治机遇,请参见 Passy(1999)。

［24］我们还可以引用其他的例子来强调这一点。与美国白人中产阶级郊区居民(suburbanites)正在进行的族群认同选择博弈(Waters 1990)形成鲜明对比的是,他们相当焦虑地坚持黑人种族划分在工人阶级同龄人之间的相关性(Lamont 2000)。许多研究表明,教育背景(或阶级地位)解释了我们发现的大多数差异,即多数群体成员对少数群体/移民划定边界的明晰程度(例如 Betz 1994；Mugny et al. 1991；Semyonov et al. 2006)。

［25］这些网络反过来由制度框架(定义了行动者是谁,以及他们可以使用什么资源来追求哪些类型的策略)以及权力分配(影响不同资源禀赋的人之间形成稳定联盟的可能性)所建构。

［26］一个相关假设在社会运动研究中起着重要作用。研究表明,运动是沿着现有网络进行动员的,相关的边界在认同和分类层次上也变得显著(Bearman 1993；Gould 1995；Zelizer and Tilly 2006)。正如实验经济学(experimental economics)的研究所表明的那样,网络和族群类别的边界可能重合是解释族群团结的最重要机制之一(Habyarimana et al. 2007)。

［27］同样,古巴独立战争期间也形成了这种"跨种族"的政治联系(Helg 1995),并且这种"跨种族"的政治联系解释了为什么民族是以一种相对包容的方式来想象的。

［28］弗吉尼亚州民粹党(Populist Party)或重新调整者联盟(Readjuster coalition)试图从零开始建立一个跨种族的政治网络,但未能打破战争期间建立并在民主党内部制度化的"白人"跨阶级联盟。关于重新调整者运动的兴衰,请参见 Dailey(2000);关于民粹党的失败和民主党对黑人投票的控制,请参见 Goodwyn(1978：187—200)和 Hicks(1961 [1931]：251—254)。

［29］因此,政治网络的范围解释了在社会景观中边界将确切地划定在何处,即如何确切地定义不同族群类别的成员身份。可以肯定的是,这些联盟网络可能会在包括多个民族国家和多个群体的场域中发展出来。在这种情况下,我们将不得不考虑更复杂的族群-种族边界的生态学,正如下面的例子所说明的那样。在美国,如果没有来自南方的黑人劳工同时大规模移民的话,政治网络以及相应的"白人"民族边界的扩张进而包括来自爱尔兰和地中海沿岸的欧洲移民,可能就不会发生(Lieberson 1980)。在以色列,如果这个年轻的国家没有在其环境中面对阿拉伯国家的敌对联盟,创造米兹拉希姆犹太人(Mizrahim,又称"东方系犹太人")类别将会导致一个不同的并且可能更政治化和更有争

议的边界。同样,我们需要理解东哈莱姆区(East Harlem)复杂的城市多族群场域的逻辑,以解释为什么意大利移民及其子女与波多黎各人划定了明晰的边界,以便与黑皮肤的人保持距离,并被认可为"白人",而后来,他们欢迎海地黑人移民进入他们的宗教共同体(Orsi 1992)。

[30] 还有两种替代的研究方法值得一提。马克思主义者认为这些一致(agreements)是"虚假意识"(false consciousness)的例子(Kasfir 1979),这一观点现在已基本上被抛弃了。另一些人则试图将布迪厄的惯习理论迁移到族群领域,以解释具有不同社会经济背景和不同政治利益的行动者之间的族群认同化(Bentley 1987;Wimmer 1994)。

[31] 有关对葛兰西的这种福柯式的诠释,请参见 Comaroff and Comaroff(1991)和 Omi and Winant(1994:66)。有关批评,请参见 Donham(2001)和 Merry(2003)。

[32] 关于对这一假设的实验支持,请参见蒂博(Thibaut 1968)建立的社会心理学研究传统。关于政治哲学中的类似方法,请参见约翰·罗尔斯(Rawls 1987)的"重叠共识"(overlapping consensus)概念。

[33] 我更偏爱这个文化共识理论,而不是新葛兰西主义框架,有三个密切相关的理由。首先,它并不意味着一种二分法的观点,即一个社会必然由两个利益相反的阶级组成——葛兰西框架中的马克思主义痕迹。其次,文化共识的语言无疑表明,从属行动者有能力发展他们自己的分类实践。这就避免了个人的行为和思考违背其"真实"利益的暗示,这是"霸权"的概念包袱的一部分,至少在对葛兰西著作的主流诠释中是这样(Gramsci 2001:145)。最后,霸权概念是为了支持共产国际内部的俄国革命者以及后来的意大利共产党(Anderson 1976)和新左派的某些政治策略而提出的。这个概念带有这一政治历史的印记,并且没有很好地传播到这些意识形态成见的轨道之外的其他结构中去。

[34] 关于强调谈判过程中这种互动的、情境层面的族群认同理论,请参见 Eder et al.(2002)或 Lyman and Douglass(1973)。贝利(Bailey 2000)对一个多米尼加血统的青少年如何依情境而强调其黑人的、西班牙裔的或美国人的身份认同的分析,提供了个人层次的谈判动力的一个很好的经验例子。

[35] 请参见卡斯塔尔迪和多西(Castaldi and Dosi 2006)描述的"解锁"(unlocking)机制以及凯茜·西伦(Kathy Thelen)对长时期内缓慢而累积的变化的研究(Thelen 2004)。

[36] 请参见 Glazer and Moynihan(1975);帕迪利亚(Padilla 1986)提供了一个案例研究。

[37] 有关其他"引爆点"(或"临界点")模型,请参见 Laitin(1995b);有关描述性方法,请参见 Nagel(1995)。

第五章　分类斗争

前两章带领读者进行了世界之旅，其中列举了一些异国情调的、熟悉的、历史悠久的和最近的例子。它们还提供了理论上的视野之旅，并且为族群边界制定的比较研究引入了一个分析框架。有了这一框架，我们现在回到第二章所讨论的移民吸纳问题上。本章提供了一个经验上更具体的而理论上不太雄心勃勃的例子，说明边界制定研究路径如何在特定案例的分析中派上用场。它聚焦于社会场域内的网络结构和权力分配如何塑造个人的边界制定策略和所形成的共识。它对制度框架的关注较少，因为关注同一国家的三个移民邻里不会提供足够的变化来探索。

本章还阐明了如何运用非族群观察单元和不把"族群共同体"的存在和相关性视为理所当然的分析视角，来为当代移民社会的边界制定动力提供丰富的见解。从经验的角度研究群体形成的日常形态，也有助于纠正建构主义的言过其实，这种建构主义是许多关于欧洲移民吸纳的学术著作的特征。

根据这些激进的建构主义作者的观点，族群文化差异仅仅在决策者和移民政治倡导者的眼中是相关的，而在移民或他们的工人阶级同伴的日常实践中是不相关的。强调文化差异和社群分界线会程式化地将移民视为族群或种族的他者，并将他们排除在民族核心群体之外。有种观点认为，主要是国家和准国家（parastate）机构孕育了这种排斥话语，并在移民政策和多元文化社会工作中实施它，而移民倡导者则利用这一机遇结构，将自己描绘成这些族群文化群体的合法代表。

按照这种观点，这种"种族化"（在德语和法语世界为"族群化"）造成了移民

"融合政策"假装要克服的文化障碍。在这种种族化/族群化获得动力之前,族群文化差异在日常的群体形成过程中并未发挥重要作用,这些过程基本上是由阶级、性别和其他结构性因素决定的。因此,族群或种族定义的群体,根本不能代表自然给定的社会实体,而只能通过自上而下的话语的类别化和边界的实施来产生。这种种族化/族群化假设,最初是在 20 世纪 90 年代早期发展起来[1],很快在年轻的研究人员尤其是那些在旧世界(Old World)①工作的研究人员的出版物中占据了主导地位。这一章不仅会对赫尔德关于移民社会的观点,也会对这种激进的建构主义观点提出一些质疑。

研究设计

瑞士是研究移民社会边界制定的一个有趣的地点。自 19 世纪末以来,移民水平一直与新世界(New World)的传统移民国家的移民水平持平或比其更高,也大大高于除卢森堡以外的任何其他欧洲国家。作为一个勉强的传统移民国家,瑞士也以其财富和城市缺乏边缘化的高度贫困地区而闻名,至少与法国和英国相比是如此,更不用说美国了。由于缺乏帝国或奴隶制的历史以及相应的种族分类遗产,因此在与其移民的关系方面,瑞士更像德国和其他中欧和北欧国家,而不像大西洋沿岸国家。尽管有这些特殊性,但本章将要揭示的边界制定的基本模式,也可以在这些有着完全不同的移民和城市边缘化历史的其他国家中找到。虽然从定位于一个特定国家背景的案例研究出发进行普遍化确实很难,但是本章将讨论与关于移民社会中族群性方面的一般文献相关的更广泛的问题。

这项研究是由三位研究人员进行的,他们分别研究了靠近巴塞尔、伯尔尼和苏黎世市区的移民区域:丽贝卡·埃雷特(Rebekka Ehret)的圣约翰(St. Johann)邻里、安吉拉·斯蒂宁(Angela Stienen)的布雷滕雷恩(Breitenrain)邻里,以及迪特尔·卡雷尔(Dieter Karrer)的哈德(Hard)邻里。我们采访了蓝领和职员以及

---

① 旧世界和新世界的划分源于大航海时代(Age of Exploration)。旧世界是指欧洲、非洲和亚洲,而新世界是指北美、南美和加勒比海。——译者注

小店主，以便不陷入研究强势机构的话语，并假设它们塑造（而不是反映）日常社会现实的陷阱——就像上一章讨论的新葛兰西主义研究路径和上面简要介绍的族群化理论中提到的那样。

在每座城市，我们都选择了一个移民比例高的居民区。按照配额抽样（quota sampling）策略，我们确保了一半的访谈伙伴是女性。1/3 是瑞士人背景，1/3 是意大利人背景，其余 1/3 是土耳其人背景。所有人都在邻里住了至少三年，因此有足够的时间对当地环境形成一个稳定的愿景。其中一半是几十年前作为外来劳工来到这里的第一代移民，或者就瑞士人邻里居民而言则是可比年龄组；另一半是外来劳工移民的子女和 20—40 岁的瑞士人。

我们进行了半定向（semi-directed）访谈和网络分析，以掌握我们所调查的邻里居民的边界制定策略，并理解在这些社会空间中展开的日常群体形成过程。用更技术性的术语来说，我们正在寻找以自我为中心（egocentric）的个人网络（Schweizer 1989：203）。我们将自己限制在一个 77 人的非代表性样本（nonrepresentative sample）中，他们共拥有 819 种社会关系。

考虑到统计标准（性别、族群背景、世代、居住时间）数量庞大，我们选择信息提供者的首选方法是滚雪球抽样。与传统的网络研究不同，我们还希望将家庭和亲密朋友之外的弱关系包括在内；因此，我们询问了一些定期的会面和接触，但不一定涉及个人生活的亲密细节的对话，就像标准的网络问卷那样。在收集网络数据的同时，我们进行了半定向采访，以了解信息提供者如何感知他们的社会环境，以及他们使用了什么边界制定策略。

注意，这项研究的所有数据都是在 20 世纪 90 年代末收集的，因此并不反映随后十年的发展，例如仇外民粹主义（xenophobic populism）在政治主流中的兴起或"9·11"事件以及随后在欧洲大部分地区对伊斯兰教的丑闻化。然而，正如结论部分所指出的那样，这里所提供的分析确实有助于了解一些最近的事态发展的产生背景。

巴塞尔、伯尔尼和苏黎世的社会人口变化

这三个邻里均建于 19 世纪末，靠近新建的火车站及其周围的工业区。经过

几代人的发展,出现了一个稳定的"卑微群体"——蓝领工人、商人和自营店主——的环境。第二次世界大战后,这三个邻里成为了移民邻里,瑞士人蓝领工人的向上社会流动和地理上的分散以及同一收入群体的移民的迁入促进了这一过程(完整的分析,请参见 Wimmer 2000b)。图 5.1 概述了这些变化。

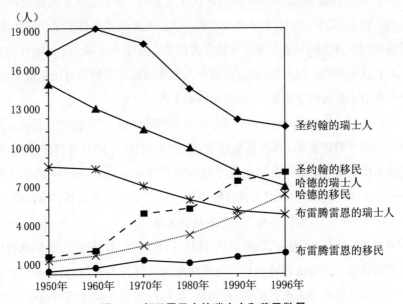

图 5.1 邻里居民中的瑞士人和移民数量

这三个邻里仅在程度上有所不同,而不是在这种转变的基本动力学上有所不同。伯尔尼的发展似乎晚于巴塞尔和苏黎世。伯尔尼的邻里包含了中产阶级的元素,因此,与苏黎世和巴塞尔的研究区域相比,它更具社会混杂性。在伯尔尼,来自意大利和西班牙的传统外来劳工移民在人口统计上仍然占主导地位,而来自南斯拉夫、土耳其、葡萄牙和非欧洲地区的新移民群体在巴塞尔和苏黎世则更为重要,如图 5.2 所示。[2]

在下文中,我将聚焦于人们如何感知这些人口变化,以及这对日常关系网络和个人所采取的边界制定策略的影响。首先,我分析了邻里居民话语中出现的分类边界("局内人和局外人:老牌居民的视角"和"差异与转变:移民及其子女的视角"),然后转向网络分析所揭示的社会边界("网络中的社会边界")。这些共同形成了边界系统——类别和封闭的边界系统,这个系统是这些社会世界的特征。

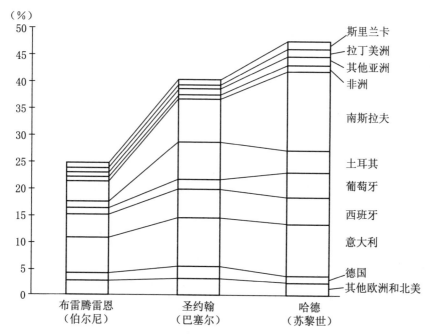

图 5.2　移民占邻里人口的百分比（1996 年）

局内人和局外人：老牌居民的视角

　　老牌瑞士居民通常出生在邻里，或者已经在该邻里住了几十年，并在一个紧密的、高度本地化的关系网络中长大成人，这种关系网络是 20 世纪 50 年代和 60 年代日常邻里生活的特征（更详细的描述，请参见 Karrer 2002：chap. 7）。据我们的信息提供者的说法，朋友和邻居之间的关系是相对稳定的，大多数公民社会组织，例如歌唱和体育俱乐部，特别是教会，都是在邻里的基础上招募成员，从而使得社会封闭沿着邻里界线而制度化。邻里在社会阶级方面的同质性和在众多住房合作社中发展起来的社会控制机制，似乎有利于形成一种特定的城市工人阶级文化。这种文化环境的中心是所谓的秩序方案（scheme of order），它决定了老牌居民的许多边界制定策略。

　　"秩序"是指保持经典的"小资产阶级"（petit bourgeois）美德，例如卫生、守时和安静,并在有限的邻里空间内保持稳定的社会关系。与在整体权力结构中的从属地位相一致,行动的空间半径比经济和教育精英更加有限,并且空间、社会和认同上的接近性(proximity)交织在一起。除了那些与工作场所相关的关系外,日常关系都被捆绑在邻里的限定空间内。[3] 该秩序方案的许多基本特征与20世纪60年代埃利亚斯和斯科特森(Elias and Scotson 1965)所描述的英国城市工人阶级的那些特征相吻合,并且与芝加哥蓝领邻里居民所维护的价值观相一致(Kefalas 2003)。

自19世纪以来,社会地位较高的人对这些工人阶级邻里进行污名化,这反映在普遍将苏黎世邻里描述为"Scherbenquartier"(字面意思是"碎玻璃邻里",意味着与酗酒和暴力有关)或"Chreis Chaib"(字面意思是"马尸体区")(关于地域污名化,请参见 Wacquant 2007)。这种污名化被边界收缩和模糊的策略所抵消:通过指出"真正糟糕的"邻里,以及诉诸社会秩序理想的普遍有效性和相关性。在自己的空间和社会环境中维持这种秩序曾经是,并且现在仍然是一种可以转换成其他资本形式的象征性资本。举个例子,在苏黎世合作社中,那些最一丝不苟地遵循日常生活有序行为期望的人可以搬进更高楼层、更安静、基础设施更好的公寓(Karrer 2002:109)。换句话说,在瑞士社会的总体权力结构中的从属地位产生了这种特定的认知和实践方案,使这些工人阶级邻里居民把自己置于道德世界的中心,并且划定了相对于下述那些人的相应边界,即那些没有掌握秩序准则并因此不配拥有工人阶级生活所能提供的尊严的人[有关与其他工人阶级道德规范的比较,请参见拉蒙(Lamont 2000)的美国案例研究]。

从老牌居民的角度来看,近几十年的社会人口变化对应于这种秩序的丧失;更糟糕的是,秩序作为一种核心价值的整体贬值,因为移民和年轻的瑞士人,尤其是那些属于在各种青年运动之后发展起来的"另类圈子"的人,不承认这种秩序是道德世界的关键,也不愿意遵守它。老牌居民认为这是对他们自身的价值和社会地位的威胁。

如果我们现在审视一下这些老牌居民在社会景观中划定的分类边界,我们就会发现那些被视为对维持秩序(进而对老牌居民的社会地位)特别危险的群体在过去的几十年里是不同的。似乎主要的边界不是源自公民身份(瑞士人对外国人),而是来自所感知到的与核心秩序方案的距离。因此,新来的瑞士人另类圈子的成员被视为与某些移民群体一样是"外来的"且令人不安的。[4] 即使他们自出生以来就持有瑞士护照,也会被视为局外人,但如果以国家公民身份(或"种族")为分类的主要标准,他们本可以像邻里老牌居民一样被归类为属于"我们"。相比之下,意大利和西班牙的第一波外来劳工现在已经跻身老牌和体面的人之列了,因为他们被视为已经融入一个井然有序的社会世界。在这种环境中,"外来者"并不是指持有外国护照的人,而是指那些没有融入既有的邻里关系和价值观系统的人。

庭院是否保持整洁并遵守建筑的规则,比一个家庭是黑人还是白人、是瑞士血统还是外国血统更为重要。相应地,某一个特定的移民群体是属于"我们",即体面、组织良好和有道德的"那类人",还是属于异己的和令人不安的"他们",取决于他们是否被视为接受并适应秩序方案。"文化距离"或"种族障碍",通常被称为融合的最可怕的障碍,但它们只起着从属的作用。举一个突出的例子,在所有这三个城市,来自斯里兰卡的泰米尔难民总体上被认为比来自文化和种族上更接近的南斯拉夫移民"更能融入"。

为了进一步阐明秩序方案与族群-民族类别之间的关系:土耳其人、意大利人、葡萄牙人等这些类别被认为是理所当然的,并经常用来描述邻里的社会世界,但划定我们和他们之间界线是由另一种边界制定逻辑决定的,而不是由这些族群-民族区别本身决定的。正是秩序方案与捍卫与之相关联的尊严和社会地位,而不是所感知到的文化距离或种族接近性的观念,决定了这些人的边界制定策略。我们的信息提供者当然会毫不犹豫地唤起这样的观念,并声明"泰米尔人"或"土耳其人"由于他们的文化,或者就泰米尔人而言由于种族差异,而本质上无法同化和"变得像我们一样"。公开提出这样的论点几乎没有禁忌。因此,秩序话语并不是基于族群或种族理由排斥群体的一种"隐藏方式"。

另一方面,我们假设一个瑞士人比一个非洲穆斯林更容易被算作恰当的人。对瑞士人来说,评估"典型群体成员"行为的标准肯定没有其他人那么严格。遗憾的是,我们无法估计局内人和局外人之间边界的族群-种族"肤色"有多重要,因为我们没有关于邻里居民的实际行为的信息,而是完全依赖于我们的受访者如何描述它。

差异与转变:移民及其子女的视角

这种社会世界观点在很大程度上被这三个邻里的意大利和土耳其老牌移民所共享。然而,我们也发现了他们的象征性边界制定策略与老牌瑞士人的差异。前者似乎比瑞士人更加脱离新来的移民群体,特别是那些来自南斯拉夫或发展中国家的群体——这就是我在第三章中称之为边界收缩的一个例子。这种收缩是通过在分类系统中增加另一个维度,即区分合法移民和非法移民来实现的。这种等级化的基础是移民和东道国之间互惠交换的理想:外来劳工为"瑞士"提供劳动力,常常牺牲他们的健康,并在困难、痛苦的同化过程中适应现有的秩序。作为回报,他们获得了稳定的收入,并在多年后终于获得了永久居留权和所有社会权利。这种交换并不总被认为是平衡的。在许多情况下,现在不得不与寻求庇护者和难民分享他们所取得的成果是令人痛苦的,因为这些人没有为换取这些特权付出任何代价。根据这种互惠互利的道德经济学,难民和新移民群体不仅是混乱、下流、暴力和不洁的来源,而且还是福利制度的不当获利者,而老牌居民则为之贡献了辛勤的劳动和高额的税收。[5]

在第一代土耳其移民中,对新移民的愤怒与日俱增,因为后者加剧了对他们自己群体的污名化,进而导致"体面"这一来之不易的象征性资本贬值的危险,这使得边界收缩成为格外具有吸引力的策略。另一方面,作为穆斯林,他们可以使用对于瑞士人和意大利人来说似乎不合情理的其他分类模式。

一些土耳其血统的老一辈移民通过复兴和积极参与伊斯兰话语和习俗,对在西欧城市生活的复杂性和各种道德威胁做出了反应。然后,依据教育程度和生平环境的不同,伊斯兰教作为一种或多或少知性表达的和连贯的、或多或少"正统"的取向模式(Schiffauer 2000),与不同类型的分类边界相联系,将安拉的追随者与异教徒世界对立起来。有趣的是,正如我们的许多土耳其人信息提供者自己所说的那样,他们的分类模式几乎与老牌瑞士人和意大利人的分类模式无缝隙地相关联。他们强调,"体面的瑞士人"因其对工作、卫生、秩序和社会互惠的独特尊重,非常接近"过上善好生活"的伊斯兰理想。[6]这使得他们能够将

"体面的瑞士人"纳入具有道德价值的类别,并避免在信教土耳其人和占主导地位的社会群体之间划定边界。然而,将所有"好的穆斯林"包括在"我们"之中,也意味着对瑞士人分类模式的扩展:来自巴尔干的穆斯林,即使他们只是最近才移民,而且在老牌土耳其人看来尚未采取同化的决定性步骤,也被视为内群体成员。[7]

在第二代中,我们发现了迄今为止描述的分类系统的更根本性的偏差。尽管年轻的瑞士人重现了他们父母的分类边界,但移民子女的边界制定策略有时与他们的父母明显不同。让我们从土耳其移民的后代开始。由于瑞士人和老牌意大利人将他们作为穆斯林纳入失序的领域,并将他们等同于阿尔巴尼亚和波斯尼亚难民,一些土耳其人父母的子女几乎完全认同瑞士人的观点。换句话说,他们采取一种边界跨越的策略,似乎是为了逃避他们自己的歧视性类别,并获得与主导群体成员有关的象征性资本。[8]其他第二代土耳其人则通过区分与族群背景或出身无关的个人主义和集体主义类型的人来采取边界模糊策略,从而坚持一种普遍的分类模式。

在其父母是从意大利移民过来的邻里居民中,我们发现了另一种分类模式。正如我们在上面所看到的,瑞士人在此期间将意大利人群体纳入了"我们"类别,而精通意大利文化已经成为当地人中一种中产阶级地位的标志。第二代人的职业和教育融合大多是成功的(Bolzmann et al. 2000),意大利移民的子女是第二代人中最大的群体。这使得"意二代"(Secondi)①——他们在一个关于"第二代"的文字游戏中这样称呼自己——能够发展出他们自己的亚文化和清晰表达的群体认同。他们对社会世界的看法可以解释为与主流分类模式的对立。他们的父母经常试图通过强迫自己经历同化过程来逃避与意大利移民有关的污名——用诸如"Tschingge"[源自意大利语"五"(cinque)]②等贬义词来表达——而第二代更

---

① "Secondi"是第二代意大利移民的自称,译者没有发现更好的译法,姑且简称为"意二代"。——译者注

② 19世纪晚期的第一批意大利外来劳工被称为 Tschingge,反过来又是意大利人经常玩的游戏的名字。这个词今天仍然被使用,不仅是对意大利人的贬损标签,也用来描述一个头脑简单的人、懒惰的工人、不洁净的人,或者(动词形式)不悦耳的歌唱或用手说话。请参见 Regina Bendix, "Of Mohrenköpfe und Japanesen: Swiss Images of the Foreign," *Journal of Folklore Research* 30, No.1(1993):16。——译者注

经常采取规范反转的策略:难以管束的、不体面的、惹人注目的和适应不良的领域被重新评价为即兴创作、自然率性和热心交际的拉丁艺术。与小资产阶级瑞士人的狭隘文化相反,他们唤起了南欧人更善于交际和以快乐为导向的生活方式,从而将自己置于社会边界系统的中心。[9]"意二代"认为不仅他们自己的群体是,而且第二代西班牙、葡萄牙、希腊和其他南欧移民也是更广泛的"我们"休闲拉丁人(casual Latins)的一部分。毫不奇怪,这种对秩序方案的规范反转并没有导致针对新来移民的边界消失:尽管"意二代"与巴尔干新移民群体的分离不像他们自己的父母或者老牌瑞士人那么暴力,但他们以非常相似的方式对其进行污名化和回避。总的来说,最明显的边界仍然是邻里老牌居民和新来者之间的边界。

综上所述,我们观察到社会世界的不同愿景之间的一个竞争场域:定义归属边界与分配道德尊严和价值的不同方式。图 5.3 总结了边界制定的主要模式,并强调了它们之间的重叠和差异之处。

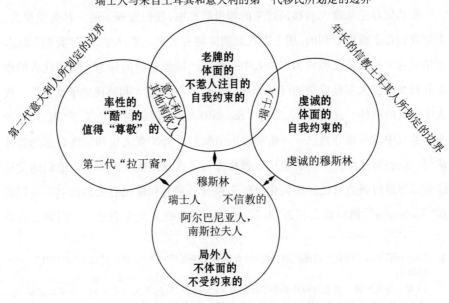

图 5.3　老牌居民如何划定分类边界

这一象征性场域的三个特征尤其引人注目。如上所述,官方的公民身份类别(外国人对瑞士人)或种族类别几乎没有任何意义。族群类别被认为是理所当然的,但往往只起到次要的分类作用。它们在边界系统中的定位取决于"典型"群体成员针对秩序方案的行为(或者对于"意二代"而言,取决于其反转),因而原籍国类别并不代表分类的主要原则。因此,所有的边界系统都暗示着一个族群异质性的"我们"的定义:对于年轻和年长的瑞士人以及年长的意大利人和世俗的土耳其人而言,"我们"是指"瑞士人、意大利人和西班牙人";对于一些虔诚、年长的土耳其移民而言,"我们"是指"好的穆斯林,以及体面的瑞士人、意大利人和西班牙人";对于意大利移民的子女而言,"我们"是指"第二代意大利人、西班牙人、希腊人和葡萄牙人"。

这种象征性边界系统显然与赫尔德的观点相矛盾:族群在描述和理解我们的信息提供者的社会世界和近几十年的大规模人口变化方面并不起核心作用。他们不会根据文化渊源将自己和他人划分为不同的群体,而是根据感知到的与主要秩序范式的接近性或距离对个体进行分类,该秩序范式区分了老牌居民与局外人,而不受其族群-民族背景的影响,这是一种与捍卫城市工人阶级的社会地位和道德中心性相关联的边界制定策略。

第二,各种分类边界在某一点收敛,这个收敛点就是,来自阿尔巴尼亚、南斯拉夫和发展中国家的大多数新移民被排除在外。另一方面,有两个边界存在争议。首先,尽管从老牌的瑞士人和移民的角度来看,来自意大利和西班牙的第一代和第二代移民属于"有秩序的"群体,但第二代意大利人却将瑞士人排除在他们的"我们"之外。其次,土耳其血统的人看不出他们与瑞士人之间的界线,而后者却犹豫着不肯接受信教的、老牌的劳工移民及其子女作为他们内群体的正式成员,特别是当戴头巾等明显的宗教信仰标志与他们的不惹人注目和无条件同化的想法相矛盾时。

这种观察世界和划定社会边界的模式是我们调查的瑞士信息提供者所特有的吗? 正如前几章中已经提到的那样,这种边界模式似乎在工人阶级的环境中相当普遍。基斯勒和埃克特(Kissler and Eckert 1990)研究了老牌居民、新移民和另类圈子成员是如何看待科隆的一个工人阶级邻里的。他们利用诺贝特·埃利亚斯提出的构型分析(configuration analysis)表明,"老牌居民"和"局外人"之间的非族群区别是邻里居民最相关的社会分类。对伦敦南部工人阶级住房合作社的研究(Back 1996；Wallman 1978)也得出了类似的结果。莱斯·巴克创造了邻里民族主义(neighborhood nationalism)一词,用来描述他在这些环境中发现的跨族群的、地方主义的分类和社交模式。最后,华康德对法国拉库鲁夫郊区(*banlieue* La Courneuve)的研究(Wacquant 2008；188—196)也表明了日常生活的主要对立双方：一方是年长的居民和家庭,另一方是所有族群背景的"年轻人",而不是媒体和精英话语中所凸显的法国人与外国人的区分。

现在是时候审视一下个人社会网络中出现的边界了。迄今为止出现的分类区别是否与个人关系的实际模式相一致？三个邻里的老牌居民——意大利人、土耳其人和瑞士人——的日常生活是否如此交织在一起,以至于他们彼此融入他们的朋友和熟人圈子？土耳其血统的邻里居民是否更有可能成为瑞士人的朋友而不是反过来,就像社会分类将引导我们这样去预期的那样？第二代意大利人主要是彼此互动,并与其他南欧拉丁人交朋友吗？对社会网络的分析可以帮助回答这些问题。

网络中的社会边界

下表揭示了此分析的一个基本结果：尽管在空间上很接近,但瑞士人、意大利人和土耳其人大多数与他们自己背景的人交朋友。他们的关系网络分别包括85.5％、68.9％和66.6％的瑞士人、意大利人和土耳其人(表 5.1)。[10]应当如何解释这些数字？它们是否为赫尔德的观点——根据这种观点,族群共同体代表了当代移民社会中最重要的分裂——提供了证据？有几点削弱了这种解释。首先,由于我们询问的是相对强烈的、频繁的甚至部分是亲密的关系,因此高度的族群同质性并不奇怪。由于与移民生平中显而易见的事实有关的原因,家庭成员和最亲密的朋友通常有相同的族群背景。表 5.2 说明了众所周知的基本规则,即关系越密切,伙伴(partners)就越有可能具有相同的族群背景[此处和全书中的"伙伴"指任何一种关系,而不仅仅是亲密关系；技术术语"密友"(alters)也在这里和其他地方使用]。这对三个群体都适用。

表 5.1　按受访者国籍划分的密友族群-民族背景

		密友的背景							
		瑞士人	意大利人	土耳其人	南斯拉夫人	北欧人	其他南欧人	其他	总数
受访者的背景	瑞士人 联系的数量	206	12	2	2	14	1	4	241
	百分比	85.5%	5.0%	0.8%	0.8%	5.8%	0.4%	1.7%	100%
	意大利人 联系的数量	48	186	2	4	10	13	7	270
	百分比	17.8%	68.9%	0.7%	1.5%	3.7%	4.8%	2.6%	100%
	土耳其人 联系的数量	64	12	205	12		9	6	308
	百分比	20.8%	3.9%	66.6%	3.9%		2.9%	1.9%	100%
总　数	联系的数量	318	210	209	18	24	23	17	819
	百分比	38.8%	25.6%	25.5%	2.2%	2.9%	2.8%	2.1%	100%

注:克莱姆 V(Cramer's V)为 0.718; $p < 0.001$。

表 5.2　按联系类型划分的族群同质性程度

		族群同质性程度		总　数
		同族的	异族的	
联系的类型	亲属 联系的数量	218	21	239
	百分比	91.2%	8.8%	100%
	朋友 联系的数量	149	60	209
	百分比	71.3%	28.7%	100%
	熟人 联系的数量	195	113	308
	百分比	63.3%	36.7%	100%
	邻居 联系的数量	35	28	63
	百分比	55.6%	44.4%	100%
总　数	联系的数量	597	222	819
	百分比	72.9%	27.1%	100%

其次,应当根据不同族群-民族群体的人口规模来观察社会网络的相对同质性或异质性,因为与一个大群体的某个人联系的机会明显高于与一个小群体或类别的某个成员联系的机会(Quillan and Campbell 2003;McPherson et al. 2001)。下一章将更全面地讨论这个主题。从这个角度来看,瑞士人与非瑞士人(15%)建立的亲密关系几乎与预期的(如果随机选择伙伴的话)一样多(约

24%）。意大利人和土耳其人的情况有所不同,因为他们分别只占三个邻里人口的 6%—10% 和 1%—7% 之间,所以个人对相同的族群-民族背景的偏好远远超出了仅凭群体规模所暗示的范围。

移民研究提供的用于解释这一现象的标准假设告诉我们,第一代人仍然依赖于与具有相同背景的人的关系,不仅因为语言困难,而且因为分享相似移民经历的人之间的互助对适应新环境依然很重要。因此,偏爱具有相同族群背景的伙伴可能源于适应的日常语用学(everyday pragmatics),而不是源于有意识的族群封闭策略。[11]为了进一步探讨这一论点,表 5.3 对世代进行了区分,尽管格内频数(cell frequencies)现在很低,使得其解释颇具推测性。

不过,第二代人从自己族群背景中挑选伙伴的人数远少于第一代人。这里没有给出的其他计算表明,在移民子女中,62%的伙伴有相同的背景,而第一代中的这一百分比为 73%。相比之下,在同一年龄段的瑞士人中,网络同质性的程度并不低于其父母,如表所示。这与年轻一代划定与其父母相同的象征性边界的发现相吻合。

可以归结为网络的族群同质性的最后一点是,我们的数据显示出其他归属标准也具有相同的高度同质性:男女在约 3/4 的日常关系中坚持自己的性别标准,蓝领工人与其他蓝领工人成为朋友,长期居住的移民与长期居住的移民建立友谊,而上班族则与上班族建立友谊(结果未在此处显示)。只有戴着赫尔德眼镜观察社会世界的研究者,才能忽视社会封闭的这些非族群维度,并得出结论说,这些邻里是由"族群共同体"组成,而不是由男人和女人、蓝领或白领工人等组成。

因此,这三点证明了族群嗜同性是塑造这些邻里个人网络的主要力量。网络分析优先对待亲密的因而是同族群的关系;群体规模很大程度上解释了瑞士人网络的同质性;而且,也许最重要的是,在性别和职业方面也发现了类似程度的同质性。下一章将基于更丰富的数据和更复杂的分析技术,详细说明如何将族群嗜同性和其他联系形成(tie formation)机制相互分离开来,以理解产生特定网络构成(network composition)的那些力量。

在这里,我更关心分类边界和社会边界是如何相互联系的。在下文中,我将关注跨族群关系的结构,即与受访者的族群类别不同的大约 1/4 的朋友和熟人。

表 5.3　按受访者民族背景和世代划分的密友族群-民族来源

受访者的民族背景	世代	指标	密友的民族背景							
			瑞士人	意大利人	土耳其人	南斯拉夫人	北欧人	其他南欧人	其他	总数
瑞士人	第一代	联系的数量	101	5	2	2	6	1		117
		百分比	86.3%	4.3%	1.7%	1.7%	5.1%	0.9%		100%
	第二代	联系的数量	105	7			8		4	124
		百分比	84.7%	5.6%			6.5%		3.2%	100%
	总数	联系的数量	206	12	2	2	14	1	4	241
		百分比	85.5%	5.0%	0.8%	0.8%	5.8%	0.4%	1.7%	100%
意大利人	第一代	联系的数量	27	101		2	3	3		136
		百分比	19.9%	74.3%		1.5%	2.2%	2.2%		100%
	第二代	联系的数量	21	85	2	2	7	10	7	134
		百分比	15.7%	63.4%	1.5%	1.5%	5.2%	7.5%	5.2%	100%
	总数	联系的数量	48	186	2	4	10	13	7	270
		百分比	17.8%	68.9%	0.7%	1.5%	3.7%	4.8%	2.6%	100%
土耳其人	第一代	联系的数量	33	3	126	6	5		3	176
		百分比	18.8%	1.7%	71.6%	3.4%	2.8%		1.7%	100%
	第二代	联系的数量	31	9	79	6	4		3	132
		百分比	23.5%	6.8%	59.8%	4.5%	3.0%		2.3%	100%
	总数	联系的数量	64	12	205	12	9		6	308
		百分比	20.8%	3.9%	66.6%	3.9%	2.9%		1.9%	100%

注：瑞士：克莱姆 V 为 0.199，$p=0.147$；意大利：克莱姆 V 为 0.247，$p<0.005$；土耳其：克莱姆 V 为 0.159，$p=0.166$。

这些选择是否符合我在上一节中确定的分类边界？令人惊讶的是,它们符合(请参见表 5.3)。首先,第一代和第二代瑞士人主要与意大利人和北欧移民即老牌移民群体保持关系。与上面分析的分类边界一致,第一代意大利人称呼瑞士人朋友和熟人的次数总的来说明显比称呼其他南欧人或移民更多。

其次,与其父母相比,意大利劳工移民的子女倾向于扩大他们的异族通婚关系并使之多元化,这是以牺牲与瑞士人的关系为代价的,并且不仅有利于来自其他南欧国家的移民,而且有利于来自北欧和世界其他国家的移民。这种模式大致对应于"休闲拉丁人"和心胸狭窄的瑞士人之间的边界。与其父母相比,第二代土耳其人也使其关系网络多样化,但这种情况有利于瑞士人和意大利人,即最老牌的群体。鉴于上一节中描述的他们与他们自己的族群类别的分离,这是可以预料到的。最后,土耳其血统的人的确很可能与来自南斯拉夫的移民保持关系,虽然他们保持很少的联系,约占所有关系的 4%,尽管这些移民群体规模很大(约占邻里人口的 10%)。相比之下,意大利人和瑞士人与来自南斯拉夫的移民之间几乎完全缺乏定期接触,尽管他们在空间上相接近并且有足够的互动机会。

因此,我们发现的几乎所有分类模式的特点都是排除新移民群体,这与通过日常网络划定的社会边界是对应的。除了年长的有宗教信仰的土耳其人之外,我们所有的信息提供者都与新移民几乎没有联系,并且更愿意彼此联系,而不是跨越边界建立联系。因此,不同的分类边界收敛在对新来者的排斥之上,在老牌居民之间建立了一种最小的文化妥协。这种妥协得到了相应的网络边界的支持,而这反过来又进一步增强了这种分类模式的合理性。在这一自我强化过程的最后,分类边界和社会边界相一致,以高度社会封闭为标志的明显分化的群体出现了。[12]

结论与展望

概要

在日常的群体形成的过程中,族群性有多重要? 为了回答这个问题,我们选择的研究设计不像社会科学的许多研究传统那样假定族群的存在。通过选择空间实体——而不是一个特定的"族群"——作为分析单元,我们避免了许多当代移民研究都具有的赫尔德式谬误。另一方面,网络方法使我们能够发现族群边界形成是社会现实的一个维度,这与种族化/族群化假设背后的激进建构主义形成对比,该假设否认了族群性在日常社会生活中的相关性。我们区分了用来描述移民邻里转变的分类边界和在其居民网络中出现的社会边界。

不同的个体划定了不同的分类边界,然而,所有这些边界都要确保他们自己最终处于他们所定义的社会世界的中心和道德金字塔的顶端。瑞士人、意大利人和土耳其人之中的年长的老牌居民,在那些适应这个秩序世界并且认为自己处于秩序世界中心的人(可管束的、体面的、不显眼的、适应的人)和那些不适应的人(难以管束的、不体面的人,等等)之间划定了边界。老牌的瑞士人把那些不再被归类为"外来者"的意大利和西班牙蓝领工人囊括进了这个有价值的世界,并把那些追求另类生活方式的年轻瑞士人和来自阿尔巴尼亚或南斯拉夫或土耳其的新移民归类为不受欢迎的局外人。

来自意大利和土耳其的年长移民通过区分合法劳工移民和最近移民浪潮中的非法难民,增加了另一个维度,从而收缩了归属边界,使他们以最明确的方式与被污名化的局外人保持距离。然而,一些年长的土耳其移民由于与穆斯林类别的关联而深受其害,他们赋予秩序方案一种虔诚的宗教内涵;他们把来自新近群体的虔诚穆斯林,还有他们自己以及"体面"的瑞士人和意大利人都算作老牌居民。

许多意大利移民的子女则采取一种反转策略,把自己和其他第二代南欧人——作为不那么僵化、更加率性和快乐的亚文化的"意二代"成员——与那些他们将其描绘成小资产阶级和狭隘的瑞士人分离开来。然而,他们也针对最近的移民群体划定了清晰的边界。许多第二代土耳其人通过强调普遍的道德品质,模糊了基督徒和穆斯林之间的边界,从而完全否认了族群分类和封闭模式的相关性。他们也认为新移民群体是有问题的,即使比这里研究的其他群体的问题少。作为邻里的老牌居民,这些来自不同族群背景的人之间的主要共识是,反对新来者。

跨族群联系的结构在很大程度上反映了这些分类边界:瑞士人与意大利人建立关系,年长意大利人与瑞士人建立关系。第二代意大利人的社会网络向其他南欧人开放，而他们与瑞士人保持的联系比他们的父母要少。只有土耳其移民与最近移民群体的成员建立了值得一提的关系；第二代土耳其人的朋友和熟人关系的圈子明显包括更多的瑞士人，并在族群-民族构成方面保持着最多样化的网络。

考虑到这些新移民群体的庞大规模，这些邻里所有老牌居民与最近来自南斯拉夫的移民和难民保持的联系比预期的要少。尽管老牌居民之间为承认和尊重而斗争，尽管本地人和移民（包括第一代和第二代）采取各种边界制定策略，但这些不同策略都收敛在对新来者的排斥上。这样就形成了一个清晰的社会封闭结构，在老牌居民和新来者之间划定了一个明晰的边界。

这些结果指出了赫尔德式观点的局限性：虽然在当地人看来，族群-民族群体确实是理所当然的实体，但它们本身在描述和理解我们的信息提供者的社会世界方面并没有发挥核心作用。他们主要不是根据族群背景将自己和他人分成不同群体，而是根据所感知到的与他们借以评估他人价值和尊严的规范性方案的接近程度对个人进行分类。由此产生的社会封闭结构使族群异质性的类别相互对立：体面和有秩序的世界[或对于"意二代"而言：酷且休闲（cool and casual）的世界]居住着来自不同族群背景的人，而这个边界另一边的世界也是如此，充斥着不体面和无秩序的人。

从这种分析中产生的分类和封闭系统与族群化或种族化理论所期望的也不一致。如果我们调查的当地人要表达官方的话语和政策，他们将主要根据公民身份来区分瑞士人和外国人，这是瑞士政策围绕的关键所在。或者，他们会采用市政府的多元文化主义话语（就像 20 世纪 90 年代曾经兴起的那样），根据这种话语，巴塞尔、苏黎世和伯尔尼都由"文化"马赛克组成，它们各自被要求互相尊重。我们没有发现这些官方观点的许多痕迹，也没有找到每个城市政府所制定的更具体的政策话语。例如，在苏黎世，在邻里层面促进"凝聚力"和融合的新社群主义政策已经被长期实施，并得到了大量资源的支持。然而，我们的研究所记录的为承认和社会中心性而展开的斗争与这个官方的观点相去甚远。市政府制定的政策和话语框架似乎并没有为当地居民提供足够强有力的激励，使他们相应地调整他们的边界制定策略。

这些发现表明，假设群体形成过程基本上是开放的结果并关注占据同一社会场域的不同行动者所采取的各种策略——从边界模糊(第二代土耳其人)到反转(第二代意大利人)——是多么重要。这样,一个斗争和竞争的场域出现在我们眼前:不同的个体诉诸不同的类别群体,以不同的方式定义道德价值的等级,并采取不同的与他人结交和结怨的策略。然而,在这些有关归属边界和适当判断标准的分歧之下,在这些斗争中似乎出现了一种共识:需要与没有融入这个当地世界的新来者保持一定的距离。

仇外民粹主义

然而,这些围绕归属边界的斗争并不是从一个公平的竞争场域中涌现出来的。正如前几章所指出的那样,要充分分析这些互动斗争的后果,就需要考虑到个人之间不平等的权力分配。与移民邻居相比,瑞士国民在法律、政治和象征性层面都处于优势地位,这要归功于他们与主导现代世界的政治制度即民族国家的特权关系。因此,他们的观点和分类模式有着塑造国家所采取的政策的权力,在瑞士这样的直接民主国家中更是如此,选民的关切和利益直接转化为州和联邦层面的法律和宪法规定。因而,毫不奇怪,各州如何对移民实行限制性的和(新)同化主义的融合政策,与各州民众如何就移民相关议题进行投票之间存在着紧密的联系(Manatschal 2012)。

由于政治动员(第三章中讨论的边界制定方法之一)的力量,瑞士人和老牌入籍移民所采取的边界制定策略也变得有效和重要。正如在其他欧洲国家一样(Arzheimer 2008),他们对新移民的怨恨是推动新民粹主义的瑞士人民党(Swiss People's Party, SPP)在 21 世纪初惊人崛起的动力之一,该党现在是瑞士最大的政党和欧洲最成功的右翼政党之一(有关瑞士右翼政党的历史,请参见Skenderovic 2009)。它完全迎合了我在本章中所描述的这些本地化的归属观念,将其含义政治化,并成功地假装为新移民对既有的秩序和体面观念所提出的明显挑战提供了解决方案。

该党有力地复兴了这样一种思想,即应当迫使新来者适应"瑞士人"的习惯和文化,包括当地的习俗和有关体面行为的观念。它赋予瑞士公民和"好的外来者"在道德和政治上的首要地位的主张以新的合法性——所谓"好的外来者"指那些已经走上痛苦的同化道路,并成功地跨越边界成为民族多数群体的人。它将来自世界各地的寻求庇护者视为犯法的假难民而使之非法化，迫使越来越严格的规则和条例纳入难民法，动员反对给予东欧人自由进入瑞士劳动力市场的权利，并最终设法说服选民相信，必须通过禁止建造象征性地挑战当地文化和习俗之首要地位的新宣礼塔（minarets），来表明穆斯林移民的适当地位。

工人阶级背景或小型企业主与投票支持瑞士人民党密切相关（Oesch and Rennwald 2010），并且该党的支持者中有许多第二代和第三代移民（Savoldelli 2006），这一事实与这里提供的分析是一致的。许多老牌移民社群普遍认为，当地的秩序世界受到新的、不可同化的移民浪潮的威胁，他们同样为自己在当地的被迫迁徙和最近移民的群体对自己文化标准的贬低而感到愤慨。可以肯定的是，正如移民数量少的区域的强有力支持所表明的，瑞士人民党的崛起不仅是由这一本地化的边界制定过程驱动的，而且是由对地位丧失和边缘化的更普遍的担忧推动的，对这些方面的分析将远远超出本章的重点（Wimmer 1997；Kriesi et al. 2005）。

种族化还是仇外？

尽管如此，本章所总结的研究还是谈到了与仇外政治运动和日常种族主义在欧洲的兴起有关的更广泛的问题［请参见吕德格伦（Rydgren 2007）的综述］。对这些运动的"需求侧"的定量研究表明，支持这些政党的主要动机是反移民情绪（Givens 2004；Kessler and Freeman 2005；Rydgren 2008；van der Brug et al. 2000），而不是新自由主义或反精英主义（Ivarsflaten 2008；Arzheimer 2008）、工人阶级和小资产阶级的共同经济利益（Ivarsflaten 2005），或者基督教的虔诚性（Arzheimer and Carter 2009）。此外，工人阶级选民的这种反移民情绪是由"文化保护主义"滋养的（Oesch 2008；Rydgren 2008），而不是像上一章讨论的竞争理论所主张的那样，是由对移民的经济竞争的恐惧滋养的。

本章通过定性地剖析这种文化保护主义的逻辑，为这些见解做出贡献。与吕德格伦（Rydgren 2008）基于在欧洲各地收集的大规模调查数据的发现相一致，我认为反移民情绪并没有遵循种族歧视的逻辑——如果当地人原则上明确反对和排斥非白人移民，情况才会如此。相反，反移民情绪是由文化置换（cultural displacement）的经历和社会秩序的丧失滋养的，表现在对犯罪行为不断上升

(J. Smith 2010)和社会紧张局势的恐惧。因此,反移民情绪并不是针对移民本身,而是针对那些被视为破坏了既定的社会和文化秩序的新移民群体。[13]

　　与这一分析相反,当代欧洲(包括瑞士)一些研究族群性的学者,最近采用了美国发展起来的术语和视角,来理解欧洲种族划分的持续重要性。他们研究移民如何"种族化"[14],"种族形成"如何在欧洲社会中出现[15],以及民族多数群体如何珍视和监管他们的"白人民族性"(whiteness)[16]。本章试图揭示日常群体形成过程和排斥话语的逻辑,而不强加一个仅某些类型的群体和话语才具有相关性的分析框架。从这样一个角度来看,"种族"在这些过程中起着相当次要的作用。尽管人们在我们研究的工人阶级地区的街道上听到大量的种族主义评论,尽管瑞士人民党已经多次以相当明显的种族主义竞选海报登上国际头条,但排斥的逻辑并不是由"种族"或种族主义驱动的(类似的分析,请参见 Stolcke 1995)。

　　避免了困扰着种族和种族主义研究的审判逻辑后(Wacquant 1997),我们发现,在瑞士,人们对新移民群体的普遍不满是由感知到的文化距离,而不是由种族差异驱动的。可以肯定的是,这并不意味着这些话语和相关的疏远和歧视的做法对那些因此成为目标对象的人的排斥性和危害性较小。或许恰恰相反:正是因为它们不是基于在欧洲大陆缺乏公共合法性的种族逻辑,它们才更难以用反策略来解决。因此,我不认为将任何歧视性系统定义为"种族主义",以及将任何排斥的话语定义为"种族化",具有分析上的优势——除了这种框架建构和措辞可以更好地将自己的研究与占主导地位的盎格鲁-撒克逊学术研究联系起来的优势之外。

　　那些与冲突或鲜明的权力等级相关的族群分歧,当然存在"种族化"的普遍趋势:主导群体的一些成员将开始把从属者描绘成生物学上不同、文化上遥远的"一类人",他们具有不受欢迎的、可遗传的特征。然而,这种差异的生物化和本质化是极端封闭形式的结果,而不是其原因。因此,将边界描述为"种族化的",对理解其产生的动力并没有多大帮助。种族化是高度封闭和冲突的一个指标,而不是它的理由。本书所倡导的边界制定理论试图提供一系列的理论立场、分析工具和方法原则,希望有助于避免将鱼类与海豚等同起来(回到导论中所使用的隐喻),并对剖析不同背景下产生各种结果的边界制定的共同逻辑有所促进。

【注释】

[1] 在德国社会学中，"少数族裔的社会发生学"（sociogenesis of ethnic minorities）的概念由迪特里奇和拉特克（Dittrich and Radtke 1990）提出，并由布科（Bukow 1993）进一步探索。博梅斯（Bommes 1999）从卢曼（Luhmann）的角度进行了最复杂的分析。在迈尔斯（Miles 1993）、卡特等人（Carter et al. 1996）以及其他人的一些英国研究之后，法国（Silvermann 1992）、荷兰（Schuster 1992）和澳大利亚（Castles 1988）对"种族化"移民话语和行政措施进行了研究。英国（Anthias and Yuval-Davis 1992）、荷兰（Essed 1992；Rath 1991）、瑞典（Ålund 1992）、德国（Radtke 1990）和新西兰（Wetherell and Potter 1993）的多元文化社会政策的批评者，也将自己定位于种族化/族群化的视角。

[2] 其他数据和定量分析表明，苏黎世的住宅隔离比巴塞尔更明显，巴塞尔比伯尔尼更明显（Wimmer 2000b）。这些差异符合普遍发现，隔离在大城市的情况更明显，部分是因为移民水平较高（Friedrichs 1998：171）。

[3] 在伯尔尼，我们也发现了类似的模式，尽管这里与较狭窄的居住区的联系似乎不如苏黎世那样明显（Stienen 2006）。这可能是由于伯尔尼几乎没有任何住房合作社，而且被调查区域的社会地理结构不那么同质化，更像是拼凑起来的。但基本的规范模式也可以在伯尔尼找到。

[4] 谢弗（Schaeffer 2012）通过分析调查数据中关于谁被视为扰乱德国邻里的人的开放式问题，发现酒鬼和青少年被认为甚至比最受鄙视的移民群体更有问题。

[5] 正如一些采访所表明的那样，这种新移民作为福利国家的寄生虫的形象也构成了瑞士人话语剧目的一部分（Stienen 2006）。

[6] 同样，法国的马格里布（Maghrebinian）移民使用大众伊斯兰（popular Islam）的普遍主义维度来对抗种族主义排斥，并坚持要求与法国人，更广泛地说与所有其他人平等（Lamont et al. 2002）。

[7] 所发现的其他一些细微的差异，与个人在整体权力结构中的不同地位相一致，并且符合不同的（移民）生平背景。例如，在伯尔尼，福利国家滥用的话题对一个瑞士人福利接受者和一个高度同化的土耳其人家庭（所有成员都已被雇佣）的观点发挥着不同的作用（Stienen 2006）。有趣的是，即使是那些被许多老牌居民归类为"局外人"的人，即享受福利的单身母亲或土耳其家庭，也会再生产同样的分类系统，但却认为自己属于老牌群体。特定性别的差异也出现了：不出所料，具有性侵犯性和威胁性的、信仰伊斯兰教的外国男性的形象在女性的排斥话语中扮演的角色与在男性的排斥话语中扮演的角色不同。在一些女性中，缺乏控制和不体面、不道德和双重标准通常与男性联系在一起（Stienen 2006）。

[8] 这可能导致同所有与伊斯兰教有关的事物明显分离。这种分离的结果是这样一种社会世界的观点，即在该社会世界中，族群-民族起源和宗教几乎没有任何可识别的意义，并且职业、亚文化风格等其他类别占据主导。卡勒（Karrer 2002：chap.12）独立进行的另一项研究报告说，这在生活在哈德邻里的阿尔巴尼亚和南斯拉夫移民——典型的被鄙视的局外人——中是一个相当普遍的策略。

[9] 如上所述，在许多中产阶级瑞士人中，他们与"外来文化"特别是南欧文化的关系出现了相当类似的象征性反转（symbolic reversal）。因此，它更可以被看作是一种普遍的"后唯物主义"价值观转变的一部分，就意大利移民的子女而言，这种转变已经被整合到族

群文化分类系统中。

〔10〕哈特穆特·埃塞尔对南斯拉夫人、土耳其人和德国人之间的族群间友谊的研究显示,族群同质性的比率同样很高(Esser 1990)。

〔11〕然而,处于少数群体地位的群体的嗜同性率通常较高(McPherson et al. 2001:42),这是由于需要建立强有力的支持网络的结果,而与语言困难和其他适应性问题无关。

〔12〕这些群体在邻里的日常政治中也扮演着重要的角色,老牌居民和新来者有时彼此之间明显对立,他们为公共空间的控制权,以及为城市管理部门通过其邻里振兴项目分配的资源而争斗。然而,这将是另一项研究的主题。

〔13〕事实证明,探索移民水平和反移民情绪之间关系的定量研究不会发现显著关联,除非它们专门聚焦于非西欧移民或寻求庇护者(例如,请参见 Semyonov et al. 2006)。

〔14〕关于瑞士,请参见 Gianettoni and Roux(2010);关于整个欧洲,请参见 Silverstein (2005);关于法国,请参见 Fassin(2009)。

〔15〕例如,加纳(Garner 2007)就曾将欧盟描述成一个"种族国家"。

〔16〕关于瑞士,请参见 Michel and Honegger(2010)。

第六章　网络边界 *

　　现在，我们由瑞士这个从英语世界的角度来看相当具有异国情调的背景，转向研究美国更为熟悉因而可能更加困难的种族分类和种族封闭的领域。正如许多观察家注意到的那样，奴隶制和后解放时期（post-emancipation）①种族隔离的历史已经把种族变成了日常社会分类的主方案。政府机构、医学研究人员、社会科学家和记者描述和分析美国社会时，"种族"也是一个默认的类别。人口普查对每个人的性别、年龄和"种族"之外的方面不甚关注，并且几乎所有的政府统计数据都是按"种族"分列的——通常只按"种族"来分列。制药研究人员最近开始对男性和女性以及"不同种族"的个体测试新药。社会科学家也成为了这一正在进行的对现实的集体建构的一部分，比如，在定量研究中常规地"控制种族变量"，在实验研究中将白人与非白人实验对象进行比较，或者在定性研究中探究少数群体和多数群体日常生活中的"种族的意义"。

　　族群边界制定的视角迫使我们超越对美国社会中种族划分相关性的理所当然的假设。当然，"种族很重要"，这不仅仅是因为这么多美国人认为它确实重要——除了其成员的所有思想、感受和行动的累积产物之外，社会现实还有什么其他方面吗？另一方面，美国社会的种族视角也可能导致研究人员将社会模式

---

*　本章是与凯文·刘易斯（Kevin Lewis）合著的。

①　后解放时期，又称重建时期（Reconstruction，1865—1877 年），标志着一个充满希望、不确定和为整个民族奋斗的时代。在这个时期，以前被奴役的人们立即寻求家庭团聚、建立学校、竞选政治职位、推动激进的立法，甚至起诉奴隶主要求赔偿。——译者注

错误地归因于"种族",而事实上这些模式是由其他机制和过程产生的。从边界的视角来看,我们需要询问,在一个以权力差异和制度激励结构为特征的场域中,谁在什么情境下采用了哪些边界制定策略,以及在这些不同策略的遭遇战中产生了何种类型和程度的社会封闭。边界制定分析并没有假设"种族"的普遍相关性和普遍存在性,而是询问在什么地方以及在什么情况下,它确实决定了个人的认知和生活机会,以这样的方式导致社会群体沿着种族界线形成,从而导致没有引号的种族。

　　本章探索种族何时以及在多大程度上影响个人的日常网络化策略并造成了种族边界,从而朝着这个方向迈出了第一步,进而发展了上一章所探讨的主题。读者将会发现,本章从用来揭示网络结构的数据和分析技术两个方面对网络结构进行了更复杂的分析。这表明,要有效地把种族边界制定的影响与支配社会网络结构的其他机制的影响区分开来是多么劳神费力。然而,与前一章相比,本研究只涉及网络边界,而没有涉及个人在社会景观中划定的分类边界。该分析将再次从制度激励如何影响边界制定过程之中抽象出来,由于我们研究的是一个单一的制度背景,因此没有差异可供利用。

引言

　　许多研究记录了美国人的社会网络的种族同质性。从青春期(Kao and Joyner 2004)到成年期(Marsden 1987;Marsden 1988),从友谊(Berry 2006)到婚姻(Kalmijn 1998),研究者们得出的结论是,美国人偏爱具有相同种族背景的其他人,即种族"嗜同性",这远远超出了他们基于其他任何特征的相似性偏好(McPherson et al. 2001:420—422)。这种同质性也是网络研究学者最喜欢的研究群体即高中生和大学生的网络的特征。[1]

　　研究在学校和大学中出现的友谊网络,不仅在最高法院强制废除种族隔离之后具有明显的政治意义,而且还具有将对同种族友谊的真正偏好——用本书的术语来说,即种族边界制定策略——从学校人群的种族构成所带来的机会效应之中区分出来的优势。很显然,一所黑人学校将会产生黑人网络,即使没有一个学生试图与非黑人保持距离。然而,现有的许多学术研究发现,即使是在考虑到了学校的种族构成之后,也存在很大程度的种族同质性(Hallinan and Williams 1989;Moody 2001;Quillan and Campbell 2003)。在学校网络文献和其他文献中,研究人员得出结论:"在研究人员研究过的所有特征中……种族导致了最高水平的近交嗜同性(inbreeding homophily)。"(McPherson et al. 2001:421;另请参见 Blau 1977:39)

　　本章表明,这一共识需要加以修正。通过对社会网络中产生边界的各种机制进行更精炼的分析,我们将种族边界制定策略(或嗜同性)从影响社会网络中边界形成的其他机制中分离出来。我们引入了联系生成(tie-generating)机制的类型学,阐明了社会人口结构对这些机制的直接和间接影响,并展示了这些机制如何联合产生一个特定的网络结构,包括我们在本章中聚焦的这些网络的种族构成。我们还会关注第二章中概述的族群-种族分类系统的嵌套特征。这使我们能够考虑嵌套在更广泛的种族类别中的一些族群类别,而过去的研究几乎完全集中在这些种族类别上。

　　这两个概念上的进展将对网络的种族构成进行更分门别类和更精确的分析,并有助于避免将此类网络的种族同质性错误地归因于种族嗜同性。指数随机图(exponential random graph)建模技术——它可以模拟大量网络,然后将其特征与所观察的网络的特征进行比较——可以将各种联系生成机制的影响区分开来,并识别出实际发生封闭的族群-种族分类(多重)层次。

　　有了这些概念和方法上的工具,我们分析了一个新的数据集,它包含了关于背景特征和日常社会活动的异常丰富的数据。这将使评估那些与个人的种族背景不直接相关的联系形成机制的相对重要性成为可能。这一数据集基于美国一所私立大学的 1 640 名学生的脸书主页上记录的社会联系(Lewis et al. 2008)。在本书中,我们依靠学生在个人主页上上传的朋友的照片,并且只研究 736 名发布图片的学生这一亚群体。在线图片反映了现实生活中存在的联系,因此与其他人研究的"虚拟"网络有质的不同(相关评论请参见 Wellman et al. 1996、DiMaggio 2001、Boyd and Ellison 2007 等)。我们将这些"图片联系"(picture ties)诠释为一种友谊关系,同时承认它们可能不同于其他研究所聚焦的友谊联系。这个新的数据集允许我们展示社会网络的种族同质性如何以及在多大程度上是由各种微观机制产生的,这些机制需要与种族嗜同性本身区分开来。

第一,网络的许多种族边界性实际上是对具有相同族群背景的个人的偏好的结果,即这种嗜同性是基于较低的族群层次的类别分化,而这些族群又是嵌套在更广泛的种族类别之中的。换言之,网络的种族同质性在一定程度上是由多种亚种族的、族群的嗜同性的"聚合"而产生的,而不是泛族群的种族封闭策略的结果。"亚裔"网络的种族同质性尤其如此,这在很大程度上是南亚人与其他南亚人、中国人与其他中国人、越南人与其他越南人等交朋友的结果。如果两个亚洲学生汤姆和布赖恩成为朋友,他们之所以会如此,是因为他们都是韩国父母的子女,而不是因为他们是亚裔。因此,我们证明了从经验上明确说明封闭策略实际上瞄准哪一个族群-种族分化层次的重要性。

第二,种族边界制定的影响通过平衡机制(balancing mechanisms)而"放大":回报友谊的倾向[互惠(reciprocity)]以及朋友的朋友彼此成为朋友的倾向[三元闭包(triadic closure)①]。再回到上面的例子,如果汤姆将友谊延伸至布赖恩,布赖恩可能也会开始把汤姆当作他的朋友。如果露西是汤姆的朋友,布赖恩也可能会和露西发展友谊,因为不这样做也许会激怒汤姆。正如最近的研究所表明的那样,忽略这种互惠和三元闭包机制,人们很可能会高估任何嗜同性的倾向,因为同一类别成员之间的所有互惠联系或闭合三角关系都被仅仅归因于嗜同性。如果布赖恩回报了汤姆的友谊,一个额外的"亚洲"友谊就会产生,并被归因于种族嗜同性,尽管布赖恩可能不太关心种族,而是为了不冒犯汤姆。如果布赖恩和另一个亚洲学生露西成为朋友,亚裔之间出现另一种联系,并被记录在亚裔嗜同性的账户中,这再次与布赖恩是否更喜欢亚洲朋友而不是其他人无关。

虽然许多统计模型假设网络联系或二元关系(dyads)之间是独立的——即使这些数据是从相同的环境中采样的——但指数随机图建模等较新的方法可以包含互惠和三元闭包等"内生性"网络过程。我们证明了这些对学生友谊的形成

---

① 三元闭包(triadic closure)是社会网络理论中的一个概念,最早由德国社会学家格奥尔格·齐美尔(Georg Simmel)在其1908年的著作《社会学:社交形式的调查》(Sociology:Investigations on the Forms of Sociation)中提出。三元闭包指的是由A、B、C三个节点组成的三元组的一种性质,即如果A-B和A-C之间存在强联系,则B-C之间也就存在强联系。这一性质过于极端,以至于它难以在规模较大、结构复杂的网络中被满足,然而在理解网络与网络预测等方面,它却是一种十分有用的对现实的简化。——译者注

是极其重要的，而且它们极大地促进了总体的种族同质性。

第三，如果类别成员身份存在显著重叠，沿着社会经济地位、区域背景和共同的文化品位（cultural taste）等其他界线划定边界，就可能与种族嗜同性交叉。这些其他类别需要被纳入图景中，以便将它们从种族嗜同性本身中分离出来。如果布赖恩和汤姆成为朋友，这可能是由于精英高中毕业生的相互偏好，而不是由于对亚洲学生本身的偏好——精英高中毕业生往往主要是白人和亚裔。

第四，与此相关的是，我们需要考虑种族背景对网络的种族构成的其他可能的间接影响：有特权/无特权的种族类别的成员，通过歧视或自我选择而被分类到不同的物理空间或活动类型，如学术轨道或专业，从而最终与同居在这些相互隔离的生活世界的人成为朋友——再次产生没有种族嗜同性的种族同质性。汤姆和布赖恩的韩国父母可能会鼓励他们在数学上取得优异成绩，学习"硬"科学，这就是他们最终都选择了分子生物学作为专业的原因。他们在一节关于这门学科的入门课上相遇，并成了朋友，这不是因为他们更喜欢亚洲朋友，而是因为他们碰巧坐在一起，也因为他们对破译生命的奥秘有着共同的兴趣。然而，我们的实证分析将证明，这种"交叉效应"（intersection effects）和"选择/分类"（selection/sorting）过程的后果对我们所研究的网络的种族同质性只起到很小的作用。

最后，我们超越了如何解释网络中种族边界的问题，并将种族封闭的重要性和其他联系生成机制的重要性进行了比较，从邻近性（propinquity）（汤姆和布赖恩在教室里相遇）到互惠和三元闭包（布赖恩回报汤姆的友谊并与汤姆的朋友露西成为朋友）以及其他形式的封闭，例如基于文化品位的封闭［汤姆和布赖恩都是酷玩乐队（Coldplay）粉丝］或基于社会经济背景的封闭（他们都就读于精英预科学校）。我们发现，尽管现在已经从其他的联系生成机制中恰当地分离出来，但种族嗜同性仍然很显著，尤其是对黑人学生来说。但从总体上看，它并不构成联系形成的最重要机制。例如，合住在同一间宿舍会使基于种族和所有其他属性的嗜同性效应相形见绌，这提醒我们，物理邻近性与"物以类聚，人以群分"原则一样重要。攻读同样的学术专业也会引发邻近性机制：对于网络结构的生成而言，学习经济学或微生物学与种族和族群的嗜同性一样重要。最后，其他背景类别的社会封闭，包括来自伊利诺州或曾就读于精英寄宿学校，对联系形成的影响甚至与最具嗜同性的种族类别一样强烈或者更加强烈。

本章的结构如下：在第二节中，我们提供了一个理论框架来理解不同的社会人口结构如何影响各种联系形成机制，而后者反过来又影响社会人口网络的构成。我们还讨论了过去的研究在多大程度上对这些不同的机制和过程进行了考虑并将之区分开来。在引入数据集（第三节）之后，我们在第四节中通过确定由种族边界制定策略（或嗜同性本身）产生的种族同质性的程度，通过族群的而非种族的嗜同性所产生的聚合效应（aggregation effects），通过诸如放大种族嗜同性后果的互惠和三元闭包等平衡机制，或者通过交叉性（intersectionality）和种族分类/选择过程的间接影响，来剖析网络的种族同质性。第五节评估了联系形成的各种微观机制在生成总体网络结构中的相对重要性。

联系形成的原则：一个理论框架

对社会网络文献的回顾表明，在哪些过程和结构应该被贴上"嗜同性的"标签方面存在显著分歧。我们保留了嗜同性一词专门用于联系形成机制，并使用同质性来描述网络的种族构成，即聚合中出现的种族边界。为了简化术语，从现在开始，我们将使用更短的（和更传统的）"种族嗜同性"代替"种族边界制定"，用"种族同质性"代替网络的种族"边界性"。

同样重要的是，关于哪些其他联系形成机制会影响网络的种族构成，存在相当大的不确定性。因此，我们的首要任务是建立一个理论框架，探讨不同的联系生成机制如何影响总体网络构成，以及这些机制反过来如何与一个群体的社会人口结构相关联。图6.1概述了四种基本机制，它们共同产生了网络中观察到的种族同质性水平。这四种联系形成机制反过来又受到四种社会人口结构的影响：个人在社会类别上以及机构和空间上的分布与资源和行为倾向（behavioral dispositions）在类别上的分布。请注意，该分析方案综合了第四章中介绍的两个要素，即个人的权力分配和个人的策略倾向的差异，但并未涉及制度激励结构的变化。

这四种结构通过"交叉性"的间接影响，以及通过分类和自我选择过程等影响着联系生成机制。各种类型的联系形成机制反过来又产生了可观察到的网络模式。从超出了本章目标的纵向的、过程的角度来看，这些网络模式然后会反馈到社会人口结构之中，例如，通过社会封闭机制来影响资源的分配。

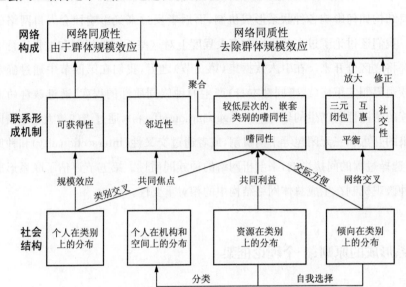

图 6.1　社会结构、联系生成机制和网络构成

可获得性

　　所有四种类型的联系生成机制都是指两个人彼此之间建立关系的可能性。这取决于潜在的友谊伙伴的集合（pool）以及在这个集合中个人在社会类别上的分布，这是彼得·布劳（Peter Blau 1977）关于社会融合的结构方面的开创性研究的主要焦点。也许说明这一点的最好方式是鲁滨逊和"星期五"——笛福（Dufour）①想象中的岛上唯一的永久居民——之间的关系。诱使他们形成"异嗜性的"种族间（interracial）关系而不沉迷于嗜同性的机制可以被恰当地称为"可获得性"（availability）。对于网络同质性问题，最重要的是群体规模的影响：群体的相对规模越小，其成员就越有可能形成外群体联系（out-group ties）（Hansell and Slavin 1981；Hallinan 1985；Joyner and Kao 2000）。[2]区分可获得性和嗜同性的影响现在已经成为主流的研究实践（Marsden 1988；Moody 2001；B. Berry 2006；另外请参见 Antonio 2001；Kao and Joyner 2004；Way and Chen 2000）。然而，如

---

①　原文中的 Dufour 应该是指 Defoe。丹尼尔·笛福（Daniel Defoe，1660 年 5 月 6 日—1731 年 4 月 24 日），17—18 世纪英国作家。《鲁滨逊漂流记》是其代表作。——译者注

上所述,第五章中使用的研究设计和数据并没有使我完全将嗜同性从群体规模效应中分离出来。

邻近性

与群体规模无关,两个人在经常参加共同活动时也更有可能发展出一种联系(Feld 1981),并因此通过邻近性机制彼此建立关系。一个典型的例子是,两个同事年复一年每天面对面地坐在没有窗户的办公室的两张桌子前,因此,他们很可能会彼此发展某种关系。这种"焦点"效应(foci effects)可通过空间上的接近(比如在邻里,有关"隔离"效应的讨论,请参见 Blau 1977 和 Mouw 2006)或共享的机构环境(例如,工作场所、家庭或志愿组织)而产生(Feld 1981；McPherson and Smith-Lovin 1987)。[3]焦点效应的确切性质和重要性取决于个人在机构和物理空间上的分布,这些机构和物理空间塑造了个人互动和形成联系的背景[创造了穆迪(Moody 2001)所谓的"混合机会"]。[4]

嗜同性(或边界制定)

第三种机制是共享社会相关类别成员身份的个人之间的相互偏好。在我们的理解中,这就是嗜同性(字面意思是"与同样的人交朋友")一词的含义。[5]嗜同性机制可以通过资源在社会类别上的分布来解释,这会诱使享有特权的社会群体的成员划定与不那么幸运的局外人之间的边界,而这些局外人反过来则可能会捐弃前嫌而携手合作并发展出团结的纽带。这个论点是第四章建立的理论框架的一个核心要素。另一种可能的机制是,不同社会类别的成员可能发展出不同的行为倾向,这简化了他们之间的沟通和相互理解,并诱使他们优先考虑内群体联系(in-group ties)(Carley 1991；Rogers and Bhowmik 1970)。正如我在第七章中要指出的那样,这两种机制也可能相互联系:共同的倾向与共同的价值观和规范(第七章的重点)可能会作为社会封闭的结果出现。

正如布劳所论证的,邻里嵌套在城市中,而城市又嵌套在区域内,一个社会类别可能由几个嵌套的分化层次所构成。[6]然而,关于种族嗜同性的绝大多数研究,都依赖于标准的种族普查类别,并且正如尼莫宁(Niemonen 1997)所主张的那样,都倾向于使这些类别物化,而不是确定它们在多大程度上与社会行动者在他们的日常实践中所划定的实际边界相对应（另请参见 Hartmann et al. 2003）。事实上，民族志研究表明，这现实生活中的边界往往是围绕着较狭窄的族群共性（commonality）圈子建立起来的。许多移民群体，至少在第一代人中，不认同统摄性的种族类别：加勒比移民坚持原籍国身份认同，以避免与污名化的"黑人"类别联系在一起（Waters 1999）；来自中国台湾的移民的后代不认同"亚裔"类别，以与日本人社群或来自中国大陆的新移民保持距离（Kibria 2002）。这就提出了这样一种可能性，即很多经常观察到的社会网络的种族同质性是由族群嗜同性产生的，而不是由种族嗜同性产生的，这在现有的研究中没有得到充分探讨。[7]

我们建议区分这种情况的三种可能的程度。首先，考虑一个假设的亚洲学生群体，其中一半是中国人，另一半是日本人。这个群体的特点是强烈的族群嗜同性，所有的友谊要么是在中国人之间，要么是在日本人之间，没有跨族群联系。通过标准人口普查类别的角度来看待这个网络的研究人员将得出结论，亚裔对同种族关系有强烈的偏好。可以肯定的是，对同族群人的偏好总体上仍然会产生高度的种族同质性，但种族相似性本身并不能解释这些友谊关系的主观吸引力，因为不同亚洲族群的成员之间实际上存在回避。换句话说，"亚裔嗜同性"是族群嗜同性的产物，并且应当因此被认为是虚假的。

其次，中国学生与日本学生的联系可能比概率本身预测的要多，但对他们的优待仍然不如中国同胞。在这种情况下，亚裔嗜同性并不完全是基于聚合效应，因此也不完全是虚假的——吸引力的程度仅仅随着族群-种族共性的程度变化而降低。[8]最后，可能的情况是根本不存在任何族群嗜同性，并且任何观察到的种族嗜同性都完全不是虚假的。在这种情况下，中国人的确可能过分优待与其他中国人之间的关系，而日本人也过分优待与其他日本人之间的关系——但这种联系并不比中国人和日本人之间的联系更频繁。换句话说，种族相似性是这些学生之间联系形成的唯一驱动力，而族群相似性本身对理解所观察到的种族同质性模式没有任何帮助。

由此可见，区分族群嗜同性和种族嗜同性不仅仅是一个测量精度的问题，而且是确定种族嗜同性究竟是否存在的必要步骤。这需要一个数据集，不仅需要基于标准种族类别的成员身份，而且需要基于更精细的、嵌套在种族类别中的族群类别层次来识别个人，从而使研究能够揭示那些对行动者本身有实际意义的社会类别,并避免将族群封闭错误地归因于种族嗜同性。

平衡和社交性

最后,机会和嗜同性机制可以与"内生性"网络化机制(networking mechanisms)区分开来,后者仅与我们的理论框架中确定的四种社会人口结构间接相关,而不是其衍生物。目前已经确定了几种内生性网络化机制。[9]第一,两个人可能会成为彼此的朋友,因为他们都是喜欢社交并能够与他人发展大量联系的个性——换句话说,联系的形成也取决于可以用个人网络的规模来衡量的社交性(sociality)程度[Goodreau et al. 2009;另外也被称为"扩展性"(expansiveness),请参见 Mouw 2006]。第二,社会网络往往表现出高度的互惠性——如果汤姆已经是布赖恩的朋友,布赖恩成为汤姆的朋友的倾向性(在定向网络中)会越来越大。此外,许多网络的特点是由三元闭包带来的高度可传递性——布赖恩倾向于与汤姆的朋友露西成为朋友,这是格奥尔格·齐美尔一个世纪前提出的"社交性形式"(forms of sociality)理论的一个关键元素(Simmel 1908:68—76)。[10]

互惠和三元闭包可以从平衡理论(balance theory)中推衍出来——平衡理论是齐美尔小群体社会学的形式延伸,它假设非互惠的联系和朋友之间的厌恶会产生社会和心理压力,因此往往对其加以规避(Heider 1946;Davis 1963)。[11]换句话说,平衡机制依赖于人类在社会关系中重视对称性的普遍倾向。虽然嗜同性机制使网络中的一些潜在联系更有可能被实现,这取决于相关个体的背景特征,但平衡机制会产生压力,使联系由扩展性转变为互惠性,并使三角关系由"开放"转变为封闭,而不受那些背景特征的影响。

平衡机制通过某种"放大效应"(amplification effect)影响所观察到的网络同质性程度:如果在给定网络中存在互惠倾向,如果第一个联系(汤姆与布赖恩)是在种族嗜同性的基础上形成的,而第二个联系(布赖恩与汤姆)是根据互惠的一般规范形成的,一个同种族的友谊可能会产生第二个同种族的友谊。类似地,如果布赖恩因为露西是汤姆的朋友而与露西成为朋友,这可能会产生一个额外的同种族的联系(例如,如果汤姆、布赖恩和露西都是亚裔),尽管只有汤姆与布赖恩以及汤姆与露西之间的关系是在种族嗜同性的基础上形成的。在这两种情况下,如果不考虑到这些平衡机制,那么由于它们是内群体联系,因此所形成的内群体联系的数量将被高估(Goodreau et al. 2009;另请参见 Goodreau 2007 和 Hunter et al. 2008)。换言之,平衡机制可能会放大同种族偏好的影响,这种同种族偏好影响了第一个联系的形成。

间接影响

虽然平衡机制和社交性机制这两种机制与四种社会人口结构没有直接联系,但它们通过网络化倾向(networking dispositions)在社会类别上的不平等分布而间接受到这些因素的影响:某个社会类别的成员可能或多或少依赖于社会网络来追求他们的目标(从而导致群体特定水平的社交性),或感到或多或少有义务回报友谊(Vaquera and Kao 2008),或通过结交朋友的朋友而形成三角关系。由于社会类别和网络化行为之间的这种相关性[此处称为"网络化交叉"(networking intersection)],网络同质性的程度在这些类别中可能有所不同:与同样具有嗜同性但倾向于避免闭合三角关系或互惠关系的群体相比,高度倾向于互惠关系和三元闭包的群体将拥有更加同质性的网络。换句话说,群体特定的网络化倾向可能会增加,也可能会降低网络同质性的水平,从而产生潜在的重要修正效应(modification effects)。到目前为止,这种洞察力完全依赖于古德劳等人(Goodreau et al. 2009)的研究工作,并且主要由于技术原因而仍然局限于社交性差异方面的考察。

最后,我们可以确定另外两种类型的间接影响,社会人口结构会通过它们影响联系的形成,从而影响总体网络的边界结构。第一,一个社会类别的成员身份可能与一个完全无关的社会类别的成员身份重叠(Blau 1977;chap. 5;McPherson et al. 2001)。通过不同属性之间的这种关联,不同类型的嗜同性可以相互加强,并在每一种类别内部产生一种累积的、更显著的内群体偏好和相应的高度社会封闭。[12]

遗憾的是,人们在许多高中和大学网络数据集中发现的学生背景信息通常局限于最基本的人口统计属性,而且这些属性的差异有限,因此很难厘清它们对网络构成的影响[有关例外情况,请参见 Marmaros(2006);Mayer and Puller(2008)]。许多数据集涉及的学校和大学,其群体在区域的、族群-种族的和社会经济的背景方面都是相当同质性的,这是美国学校系统的一个特征。甚至更多样化的数据集,包括广泛使用的全国青少年健康纵向研究(National Longitudinal

Study of Adolescent Health，Add Health)数据集，仅包含数量有限的主要是人口
统计属性的数据。这些局限性迫使许多研究人员在分析网络结构时依赖于种族
分类、性别和年龄，并排除地域出身、社会阶级或文化品位以及它们与种族类别
的交叉的可能影响。

除了这种"类别交叉"效应之外，我们还必须考虑到选择和分类的过程(Tilly
1998；最近的研究，请参见 Kornrich 2009)。与其他两种间接影响一样，分类和选
择在分析上是先于联系形成过程本身的，并可能以重要的方式对其进行构造和
约束。同一社会类别的成员可能会发现自己(无论是通过自我选择，还是通过他
人的歧视)处于相同的社会空间中：从事某些活动而不是其他活动，选择某些职
业道路而不是其他职业道路，或者生活在一个特定的邻里或区域。社会类别(包
括种族类别)的成员身份可能间接地构造社会关系的总体模式，不是因为某种类
型的个人像其他人一样积极寻求并划定与局外人之间的边界，而是因为他们被
引导到某些群体集合或特定的空间焦点或机构焦点之中。通过这种方式，选择
和分类过程通过上述"可获得性"和"共享焦点"效应(shared foci effects)，间接影
响总体的网络构成。

种族同质性的决定因素

在区分了四种社会人口结构，以及它们如何通过各种直接和间接的作用来
影响四种联系形成机制之后，我们准备具体说明我们所说的网络的种族同质性
的含义，这是本章关注的结果。将群体规模效应从所有其他影响总体网络构成
的过程中分离出来，现在已经变得如此普遍，以至于研究人员几乎完全聚焦在网
络的种族构成上，而剔除了这种群体规模效应。我们遵循这种用法并称之为网
络的种族同质性。[13]使用这本书中引入的理论语言，人们也可以谈论社会网络
的种族边界性的程度。

正如上述讨论所明确指出的，种族同质性可能是由许多可能的联系形成过
程所产生的，其中只有一种源自种族封闭策略，即基于种族类别的"真正的"内群
体偏好。简而言之，被归类为亚裔的露西和布赖恩可能会形成联系，因为(1)没
有其他种族背景的人可以获得(群体规模效应)；(2)他们都在学习分子生物学
(焦点效应)；(3)他们都是汤姆的朋友，或者布赖恩回报露西延伸出的联系(平

衡),或者他们都特别善于交际(社交性);或者(4)他们都更喜欢与韩国或亚洲背景的人成为朋友,并避免与所有其他人建立关系(嗜同性)。此外,如果作为亚裔同时增加了他们进入精英大学("类别交叉"),特别善于社交或小心谨慎地不冒犯他人的感情("网络化交叉"),或者学习分子生物学(选择/分类过程的结果)的可能性,那么这些不同机制和效应将不会是相互独立的。

数据集

我们与尼古拉斯·克里斯塔基斯(Nicholas Christakis)、马尔科·冈萨雷斯(Marco Gonzalez)和杰森·考夫曼(Jason Kaufman)一起创建了一个新的数据集,有望解决上面讨论的一些困难和障碍。[14]我们依赖于脸书个人资料页面上提供的1 640名学生的整个大学生群体信息。该数据集在附录一中进行了描述,因此我们可以将当前的讨论限于其最重要的特征。

友谊联系与网络边界

这个数据集提供了三种衡量友谊的方法。首先,脸书允许用户彼此建立正式的"朋友"关系["脸书朋友"(Facebook friends)]。其次,我们使用学生通过相册上传和分享的图片来建构另一种衡量友谊的指标["图片朋友"(picture friends)]。最后,该大学为我们提供了有关"住房群体"的数据,即要求在未来合住的一小群学生。

图片朋友是研究中最为有趣的联系,因为它们记录的面对面的关系可以与网络研究文献中分析的关系相比拟。我们如何定义"图片友谊"?注册用户可以将其他人能看到的照片上传相册。此外,用户可能(而且几乎总是)花时间"标记"(tag)①其中一些照片,即将照片上的图像链接到这些学生自己的脸书主页。

---

① 在脸书平台上,第一个"杀手级"应用就是照片,由于其标签功能,成为了一个关系链增长的超级助推剂:每当用户在照片上"标记"一个朋友的时候,这位朋友就会收到通知。"标记"通俗来说就是圈人。在脸书上,只要我圈了你,所有的信息都可以发送到对方时间轴(timeline)上,而被标记的人的所有好友也会看到这条消息。比如A在脸书上更新了一张照片,此时他在照片上标记了B,那么这张照片和文字信息就会显示在B的时间轴上,B的所有好友都可以看到这条信息。——译者注

为了(展示)布赖恩与汤姆建立了友谊,布赖恩一定是亲自与汤姆在一起并给他拍了一张照片,随后将该照片上传到他的脸书个人相册上,并花时间在照片中识别汤姆,建立连到汤姆脸书主页的链接。与脸书朋友和住房群体相比,图片朋友衡量方法的一个关键优势是,它允许我们识别友谊提名(friendship nominations)的指向性(directionality),从而确定互惠在生成所观察的社会网络中的确切作用。

用格兰诺维特(Granovetter 1973)经典的区别来说,图片朋友是强联系还是弱联系? 比较图片朋友的互惠数量和程度与基于调查的友谊列表的互惠数量和程度(见附录一),我们可以假设图片朋友包括至少具有"中等"强度的关系,在美国大致相当于常识意义上的通俗称谓"朋友"(friends):关系主要是社交性的,而不是亲密性的,建立在互访、一起外出、讨论共同的消遣活动、参与组织等基础上(Fischer 1982)。

使用图片友谊的一个实际限制源自这一事实:在我们调查的 1 640 名学生中,只有 45％的人实际在网上发布图片。[15]就本章的主要分析而言,我们采用实用的研究路径来重新定义我们的网络,使其仅包括这 736 名学生以及他们彼此发送和接收的联系。[16]

属性

我们根据这些发布图片的学生在脸书个人资料中提供的信息,测量了他们的一些个人特征(详细信息请参见附录一):性别,精英背景(即曾就读于 16 所最负盛名的预科学校之一),他们最喜欢的音乐、书籍和电影,以及他们的地理来源(州、地区和国外)。为了捕捉邻近性效应,我们对学生居住的房间、宿舍和大学区域以及他们的专业进行了编码。

学生的族群和种族背景的编码程序更为复杂。我们依赖于本书前两章中概述的理论研究路径的三个要素。第一,我们将种族和族群定义为行动者自己构想和定义的社会类别。在某些情况下,行动者强调表型特征是共性的标志(产生种族类别),有时还强调语言、宗教或其他文化符号是共性的标志(与族群类别有关)。第二,分类边界产生于互动的动力,即通过自我认同和他人分类之间的相互作用。二者重叠的程度不同:在某些情况下,自我认同与他人分类完全一致;

在另一些情况下，个体用来描述自己背景和身份的类别，不同于其他人用来描述他们背景和身份的类别。[17]因此，必须同时考虑自我认同的类别和他人归类的类别。第三，族群类别和种族类别通常被组织成一个嵌套分层的等级结构。

我们依据三个原则使用多种信息源对个人进行编码。首先，我们根据个人资料图片、在线相册中可用的照片以及姓氏来确定学生将被分派到哪个人口普查类别（以及因此其他大多数学生如何看待这个学生并对其进行分类）。[18]其次，学生们经常在他们的个人资料上表明，他们是大学里众多族群俱乐部中一个或多个俱乐部的成员，并且还有几十个额外的、显示族群性信息的脸书"群体"。其中包括一些俱乐部和群体，它们面向那些自我认同为拥有"混血"种族背景的人，这使我们能够纳入这个重要但经常被忽视的类别，这一类别最近变得更加突出，尤其是在大学生中。

这个程序产生了一个嵌套的分类方案。最广泛的类别是人口普查中使用的四个种族类别，加上一个自我认同为具有"混血"种族背景的个人（所构成的）类别。在第二个层次，我们区分那些在这些种族类别内认同一个子类别的人（称为"X族群"）和那些不认同子类别的人（称为"X主流"）。就亚裔而言，其种族类别就自我认同而言是最没有意义的，我们使用更精细的区别来区分具有印度次大陆、东亚、北非和中东或东南亚背景的学生。在第三个层次，我们区分原籍国类别，或者有时也区分个人可能通过俱乐部会员身份与之相关联的地区性群体。因此，我们将意大利人和爱尔兰人区分开来，等等。我们在这里没有区分美国本地人和外国出生的人。例如，认同自己的爱尔兰血统的第四代爱尔兰移民后裔被当作第一代爱尔兰移民一样对待，这符合上面提到的主观主义原则。[19]该程序产生了图 6.2 所描述的分类方案。

剖析种族同质性

指数随机图模型可以识别该编码方案所预测的所有族群-种族分化层次上的边界的相对强度。同时，我们也可以考虑到相对群体规模、共享焦点以及三元闭包和互惠等平衡机制的影响。针对对指数随机图模型的工作原理感兴趣的读

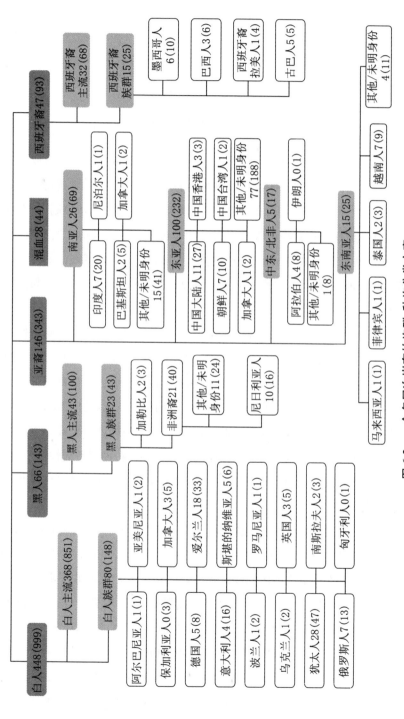

图 6.2　一个多层次嵌套的族群-种族分类方案

者,附录一提供了一个简短的非技术性的介绍。[20]指数随机图模型的主要优点是,使我们能够在一个综合统计框架内,将种族嗜同性的影响和其他产生同质性的机制——包括族群嗜同性、平衡、交叉效应以及选择和分类过程的后果——的影响区分开来。

较低层次的嗜同性、平衡机制与种族分类的间接影响

第一步,我们计算了一个模型,它只包括每个种族类别内的联系形成比率的项(terms),以及一个具体说明形成非嗜同性联系的一般比率的"边缘"(edges)项。这一"幼稚"(naïve)模式旨在作为比较的基准:如果没有其他控制,所有同种族的友谊在主流研究中都将归因于个人希望与种族相似的其他人交朋友,换句话说,归因于种族封闭策略。表 6.1 中的模型 1 展示了沿种族界线的始终很高且很显著的联系形成程度,其中黑人学生与同种族个体的交往最多,白人与同类密友之间的交往最少。

在模型 2 中,我们引入了族群嗜同性的项,并考察了网络的种族同质性在多大程度上是由聚合效应产生的。将模型 1 和模型 2 进行比较,我们注意到,当加入较低层次的族群嗜同性项时,白人、黑人和亚裔的"嗜同性"系数都降低了。具体地说,白人的系数下降 20% 以上,黑人的系数下降 7%,亚裔的系数下降 50%。混血学生的系数保持不变,因为该类别没有进一步细分;而西班牙裔学生的系数则略有上升,这是因为西班牙裔学生在控制了(西班牙裔)种族嗜同性和(古巴裔和墨西哥裔)微族群(microethnic)嗜同性后,实际上对彼此有轻微的(但微不足道的)厌恶感。[21]

对于白人、亚裔和黑人来说,这些聚合效应有多重要? 进一步分析表明,特别是"亚裔嗜同性"应该被认为是几乎完全虚假的:它很大程度上取决于中国人、越南人、南亚人和东南亚人的嗜同性以及东亚人和东南亚人之间的吸引力,而其他同一种族、不同族群性的对组的系数是正或者负,但并不显著(结果未显示)。同时,就黑人嗜同性而言,聚合效应最弱。在这里,分类方案区分了黑人"族群"——然后又分为几个非洲裔和加勒比裔移民的群体——与一个没有进一步分化的黑人"主流"类别。我们发现,其他族群的、同种族的偏好率始终很高且显著。下面我们将对种族边界和族群边界之间的这些不同关系提供一些实质性的解释。

表 6.1　分解种族同质性

模型 1—4 的项	模型 1	模型 2	模型 3	模型 4	模型 5	与种族类别高度相关的项（模型 5）
边缘	-4.82(0.02)***	-4.82(0.02)***	-5.96(0.02)***	-4.91(0.03)***	-4.85(0.02)***	
种族嗜同性						
白人	0.37(0.03)***	0.29(0.04)***	0.25(0.03)***	0.46(0.04)***	0.37(0.03)***	
黑人	2.11(0.07)***	1.97(0.10)***	1.14(0.06)***	2.41(0.09)***	2.04(0.07)***	
亚裔	1.01(0.05)***	0.50(0.09)***	0.73(0.03)***	0.96(0.06)***	0.98(0.05)***	
混血	0.85(0.27)**	0.85(0.27)**	0.16(0.64)	0.38(0.28)	0.83(0.27)**	
西班牙裔	1.50(0.12)***	1.51(0.18)***	1.07(0.09)***	1.32(0.13)***	1.48(0.12)***	
族群嗜同性						**基于地区起源的嗜同性**
白人主流		0.10(0.05)*			0.28(0.15)	国外出生的人（亚裔+）①
白人族群		0.11(0.13)			-0.06(0.14)	新英格兰人（白人+，亚裔-）
黑人主流		0.16(0.14)			0.19(0.15)	来自太平洋国家的学生（白人-，亚裔和混血+）
黑人族群		1.33(0.30)***			-0.05(0.17)	加利福尼亚利亚人（白人-，亚裔+）
南亚人		2.01(0.17)***			0.15(0.19)	来自马萨诸塞州的学生（白人+）
东亚人		0.61(0.11)***				
中东/北非人		-7.61(83.29)				**基于社会经济地位的嗜同性**
东南亚人		0.31(0.59)			0.91(0.21)***	"16 所'一流'寄宿学校的毕业生（白人+）

续表

模型 1—4 的项	模型 1	模型 2	模型 3	模型 4	模型 5	与种族类别高度相关的项（模型 5）
西班牙裔主流		0.05(0.24)				
西班牙裔族群		−0.65(0.61)				
基于共同文化品位的嗜同性						**基于共同文化品位的嗜同性**
					0.47(0.71)	电影《海盗夺金冠》的粉丝（白人＋）
					0.23(0.08)**	披头士乐队的粉丝（白人＋，亚裔－）
					0.31(0.50)	乡村音乐迷（白人＋）
					0.72(0.12)***	节奏蓝调、嘻哈和说唱的粉丝（白人－，黑人＋）
					0.06(0.46)	《圣经》的粉丝（黑人＋）
					0.43(0.71)	库尔特·冯内古特（Kurt Vonnegut）的粉丝（混血＋）
微族群嗜同性						**基于学术专业的共享焦点**
华人		1.40(0.34)***				
古巴人		1.01(1.18)				
印度人		0.70(0.44)				
爱尔兰人		−0.61(0.72)				
朝鲜人		−0.01(1.01)				
阿拉伯人		10.31(83.29)				
斯堪的纳维亚人		1.47(1.03)			0.43(0.07)***	经济学（亚裔＋）
英国人		3.72(0.88)***			0.89(0.18)***	历史学（白人＋）
犹太人		0.86(0.26)***			1.64(0.29)***	应用数学（亚裔＋）
俄罗斯人		1.42(0.74)			0.19(0.22)	英国文学（白人＋）
越南人		2.71(0.69)***			0.58(0.61)	社会学（黑人＋）
非洲裔		−1.27(0.37)***			0.03(0.71)	物理学（白人－，亚裔＋）

续表

模型 1—4 的项	模型 1	模型 2	模型 3	模型 4	模型 5	与种族类别高度相关的项（模型 5）
墨西哥人		0.59 (1.17)			0.78(0.72)	神经生物学（混血和西班牙裔＋）
加勒比人		12.43 (99.95)			1.29(0.23) ***	微生物学（亚裔＋）
尼日利亚人		0.72(0.41)				
平衡机制						
互惠			3.01(0.05) ***			
三元闭包（GWESP）			1.45(0.01) ***			
社交性②						
黑人				−0.21(0.07) **		
亚裔				0.14(0.05) **		
混血				0.55(0.07) ***		
西班牙裔				0.27(0.07) ***		
赤池信息量准则（AIC）	61 694	61 497	39 154	61 611	61 580	

注：括号中的数字是标准误差。

* p＜0.05；** p＜0.01；*** p＜0.001。

① 括号中是显著相关的种族类别（负相关为－，正相关为＋）。

② "白人"是参照类别。

153

第二步,我们引入了一个互惠项和一个三元闭包项[22],来确定观察到的同种族友谊的倾向是否被互惠友谊和闭合三角关系的平衡机制所放大,而与密友的特征无关。将模型 1 和模型 3 进行比较表明,情况确实如此。将平衡机制与嗜同性机制分离,所有种族嗜同性系数至少降低 28%(就亚裔嗜同性而言)和最高降低 81%(就"混血"学生嗜同性来说;有关不同种族类别之间差异的诠释见下文)。事实上,通过比较系数的大小,我们发现,与共同具有最封闭的种族类别成员身份的两个学生之间的友谊相比,一种二元对称关系甚至是三角关系的友谊,在统计上更有可能发生。这些平衡过程独立于种族嗜同性,同时放大了种族嗜同性的影响:如果在网络中偏好同种族的其他人,那么回报友谊和紧密三角关系的普遍倾向将会产生更多的内群体联系。

然而,另一种解释是,如果建立友谊的朋友具有相同的种族背景,那么友谊将尤其可能得到回报(Louch 2000)。换句话说,观察到的互惠和三元闭包水平可能是由同种族学生中较高层次上的互惠和三元闭包而产生的。如果是这样的话,互惠和三元闭包不会像我们上面讨论的那样简单地放大种族嗜同性,而必须纳入嗜同性机制本身,它们将是种族边界制定策略产生同质性网络的替代方式。为了检查这种可能性,我们进行了一系列额外的测试,使我们可以拒绝这种替代性解释(见附录一):同种族的互惠和封闭的比率不是高于而是低于异质种族的二元关系和三角关系的比率。

虽然带有嗜同性项的指数随机图模型会自动考虑到不同的群体规模,但它们无法控制各群体之间的平均网络化行为(即我们术语中的"网络化交叉")的差异。如上所述,网络化行为的这些差异可能会极大地影响网络中的种族同质性程度。在模型 4 中,我们为每个种族类别加入了社交性项,以白人作为参考类别。[23]除了黑人之外,所有种族群体都比白人的图片朋友网络大得多(社交性系数是正的和显著的)。正如预期的那样,控制这些差异会修正嗜同性系数,正如模型 1 和模型 4 的比较所表明的那样:具有较小网络的群体的嗜同性系数增高,而具有相对较大网络的群体的嗜同性系数降低。尤其是,我们发现,具有"混血"种族背景的学生的嗜同性系数被夸大了,因为这些学生总体上有着异常高的形成联系倾向,而不仅仅是与其他"混血"学生建立联系。因此,"混血"嗜同性也应该被认为是虚假的。这些结果表明,考虑网络化倾向在社会类别上的不平等分布可能产生的影响是多么重要,尤其是对于那些网络规模特别大或非常小的群体而言。

模型 5 探讨了种族类别与个人其他特征之间的"属性交叉"(attribute intersection)以及分类/选择过程(通过这些过程,共享焦点可能产生种族同质性网络)的可能影响。为此,我们为所有这些社会类别和共同焦点添加了与至少一个种族类别显著相关的项。这就产生了一个包含 23 个项的列表。[24]此处的目的是观察增加这些控制是否大大降低了对种族嗜同性的估计,这将证明"种族"是间接地通过类别交叉效应或通过分类/选择过程发挥作用的,而不是直接通过种族嗜同性发挥作用的。

模型 5 表明,这只是略微如此:大多数种族嗜同性的项(除了白人之间的嗜同性)的系数确实降低了,但考虑到纳入该模型中的许多附加项,降低显得比较微弱。我们得出的结论是,尽管大量的属性类别和共同焦点与种族背景相关,并且其中一些项确实具有正且显著的系数,但是它们对网络结构的影响是独立于它们与种族类别的关联的。换句话说,与种族嗜同性的直接影响相比,"种族"对网络的同质性只表现出微弱的间接影响。

综合而言,我们已经表明,网络的种族同质性是由一系列机制共同产生的,这些机制需要在分析上与种族嗜同性本身区分开来:通过对同族群人的偏好,这种偏好通过聚合效应而产生种族同质性;通过互惠和三元闭包,放大了网络的种族同质性;以及,就某些种族群体而言,通过"网络化交叉性"(networking intersectionality)效应,一些学生与所有可获得的其他学生,而不仅仅是那些有相同种族背景的人,形成了相对更多的联系。

解释族群-种族嗜同性的水平

既然我们已经将嗜同性的影响从其他同质性生成机制中分离出来,我们将对这些发现提供一些实质性的解释。为什么与其他种族和族群类别的成员相比,某些种族和族群类别的成员为局外人划定更为明晰的边界?以及为什么将其他同质性生成机制考虑在内,某些种族类别的嗜同性估计相比其他种族类别会改变更多呢?

为了回答第一个问题,我们借助第四章中概述的一些理论论点。根据这一框架,当边界将权力和资源不平等的群体分离开来,以及就边界的相关性达成全面共识时,我们预期更清晰的社会边界会被划定出来。在这种情况下,享有特权的群体和受污名化的群体都会捐弃前嫌而携手合作——捍卫与高地位类别有关的威望和资源,或者建立团结关系,以免受污名化和歧视。我们还认为,如果群体成员发展出"厚重"的身份认同,从而以某种路径依赖效应稳定了他们的边界制定策略,即使歧视已经消退或完全消失,这种群体团结也可能随着时间的推移而持续下去。

正如额外的分析(这里没有显示)所表明的那样,这一解释得到了这样一个事实的支持,即白人主流学生是唯一一个回避(剔除所有其他网络形成机制)所有其他种族和族群类别的成员的群体。白人嗜同性完全存在——尤其是考虑到由于群体规模效应已经产生的大量白人内部友谊——可能表明白人主流类别的成员采取一种针对他们认为是"少数群体"学生的社会封闭策略。这使得白人类别表现出最低水平的种族嗜同性这一事实得到了正确的解释。

歧视/封闭假说也可以解释为什么我们在黑人学生中发现最高水平的嗜同性,这与之前所有控制群体规模效应的学生网络研究相一致(Shrum et al. 1988;Hallinan and Williams 1989;Joyner and Kao 2000;Mayer and Puller 2008;Goodreau et al. 2009)。值得注意的是,非裔美国人似乎将非洲裔和加勒比裔学生融入了他们的友谊网络,也许是基于被他人归类为并被视为"黑人"的共同经历,或者是基于监管种族群体边界的倾向,或者两者兼而有之。另一方面,非裔美国学生也憎恨国外出生的黑人,后者被视为从校园层面的平权行动政策中受益。黑人"族群的"学生被大多数学生归类为和视为黑人,同时被非裔美国人所憎恨,这些学生在其网络化行为中表现出相当大的内群体偏好,但没有原籍国的(或"微族群的")嗜同性:来自非洲的学生似乎因为非洲人身份(*qua* Africans)而互相回避,特别是来自尼日利亚的学生建立友谊的可能性并不比仅凭机会预测的可能性大。但是加勒比裔、拉丁美洲裔和非洲裔黑人对彼此表现出一致的偏好。因此,"黑人族群的"嗜同性并不是低层次的族群嗜同性的产物。

犹太人的嗜同性可能很高,这是由于过去的歧视使边界制定策略稳定化并持续到现在。同样与社会封闭假说相一致的是,越南人是当代美国最具嗜同性的微族群类别,也是当代美国最边缘化和社会经济中最弱势的移民共同体之一。对于越南人、黑人和犹太人学生来说,一个共同的政治计划——或者至少是一套明确界定的当代政治议题,每个人都必须对此采取立场——可能会增加划定更明晰的群体边界的倾向。英国人的嗜同性显然不符合这种解释,但一旦考虑到族群-种族嗜同性之外的其他网络化机制,它也会从图景中消失(请参见表 6.2)。

社会封闭假说并不能解释所有观察到的模式,然而,一种替代性的解释——它将共同的文化倾向和家庭轨迹视为一种联系形成机制——可能会更好地解释亚裔和西班牙裔学生的嗜同性模式。如上所述,亚裔嗜同性主要是虚假的,并依赖于南亚人、东亚人和中国人的嗜同性。许多南亚人、东亚人和中国人都是第二代移民,比其他族群类别的成员更多。共同的文化倾向,包括共同的母语和相似的家庭经历,在友谊生成过程中似乎是比被他人归类为和视为"亚裔"的经历更为重要的吸引因素。相比之下,一个强大的泛族群友谊网络,作为种族嗜同性和缺乏族群嗜同性的结果,在西班牙裔中发展起来,也许是因为他们在宗教(天主教)和语言(西班牙语)方面比亚裔拥有更多的共同文化倾向(Rosenfeld 2001;Kao and Joyner 2006),而且平均来说,他们的移民年代比亚裔更晚。[25]总而言之,两种社会人口结构——过去和现在的歧视经历(产生共同的群体利益),以及移民遗产所带来的共同的文化倾向和家庭经历——影响了嗜同性的水平,并因此影响聚合效应产生种族嗜同性的程度。[26]

控制平衡机制(模型 3)的效果有所不同,白人、亚裔和西班牙裔的嗜同性项降低约 70%,黑人降低 54%,混血学生降低 18%。进一步的分析(结果此处未显示)表明,混血学生几乎封闭任何三角关系,并回报任何联系("网络化交叉性"效应)。这种特殊的网络化行为可能是在一个其成员与多个种族类别有关的家庭中长大的结果,这可能会产生更强的通过社会联系建立纽带的倾向。或者,它可能是源于社交倾向更强的人自我选择进入面向"混血"个人的学生俱乐部。无论其原因如何,这种"超级社交性的"(hypersocial)行为都会放大群体内(intragroup)嗜同性,以至于到了出现种族嗜同性假象的程度,并且一旦考虑到平衡机制,这种假象就会消失。在黑人学生中也可以观察到一种类似但弱得多的倾向,这也解释了为什么其平衡机制的放大效应高于亚裔、白人和西班牙裔。

社交性对混血学生嗜同性的影响是类似的(模型 4)。混血学生维持着目前为止最大的图片朋友网络。一旦考虑他们的"超级社交性"(hypersociality)这一其他方面,种族内部的嗜同性倾向就会再次消失。然而,黑人学生维持着最小的网络,甚至比白人学生还要小。同样地,一旦考虑形成相对较少的联系的基准倾向(baseline tendency),对黑人种族嗜同性的估计就会增加。我们推测,白人和黑人这两个老牌的国内群体采取不同的网络形成策略。与其他种族背景的人相比,在联谊会、大学俱乐部、体育协会等中建立的联系起着更重要的作用,以此方式降低了他们进行在线网络化活动的倾向。当然,其他的解释也是可能的。

我们通过强调它们的初步性质推断出了这些解释性说明。要充分理解为什么某些族群或种族类别的成员在他们周围划定更软或更硬的边界,以及为什么其他机制对每个种族类别的嗜同性水平的影响有所不同,则必须对学生进行直接面谈。然而,本章的目的并不是要理解这些学生的网络化行为的特殊性,而是要从理论和方法层面上说明,将各种同质性产生机制区分开来,对于正确理解和估计任何社会网络中的任何边界制定形式是多么重要。

超越种族：网络结构的综合模型

在将种族嗜同性从其他产生种族同质性网络的机制中分离出来之后,我们现在比较它们对总体联系形成过程的相对重要性。目标是找到一个最适合所观察网络一般特征的模型,然后使我们能够全面评估理论部分中所描述的各种联系形成机制的因果相关性。与和同一社会阶级背景、同一地区出身、同一学术专业的个人交往相比,或者与回报友谊的理想、与在同一宿舍合住相比,种族嗜同性有多重要？鉴于这个数据集包含数百个属性类别,目前还不清楚如何得到一个综合的模型,而且指数随机图建模传统还太不成熟,以至于准则尚未形成。我们在附录一中描述了建模策略。

大学生的社会世界

结果展示在表 6.2 中。结果表明,联系形成过程受理论部分讨论的所有不同机制的影响。鉴于我们通过类别交叉或通过分类/选择过程仅发现了微弱的间接影响,这使我们能够评估种族嗜同性相对于这些其他机制(即在分析和经验上和那些与种族分类相关的机制不同的机制)的相对因果重要性。

表 6.2　联系形成的多重原则

	模型 6
边缘	−4.59(0.03)***
种族嗜同性	
白人	0.22(0.04)***
黑人	1.02(0.05)***
亚裔	0.27(0.12)*
西班牙裔	0.79(0.21)***
族群嗜同性与微族群嗜同性	
南亚人	0.79(0.37)*
东亚人	0.36(0.14)**
犹太人	0.63(0.24)**
越南人	1.46(0.43)***
基于地域出身的嗜同性	
夏威夷人	1.29 (1.07)
伊利诺伊人	0.96(0.17)***
基于社会经济地位的嗜同性	
精英寄宿学校的毕业生	1.04(0.19)***
基于共同文化品位的嗜同性[①]	
酷玩乐队和戴夫·马修斯的粉丝	0.20(0.04)***
节奏蓝调、嘻哈和说唱的粉丝	0.32(0.11)**
基于学术专业的共享焦点	
经济学	0.30(0.06)***
一般社会科学	0.41(0.13)**
应用数学	0.52(0.41)
微生物学	0.63(0.20)**
由于共同居住的邻近性	
共享邻里	$6.6e^{-4}$(0.01)
共享居所	0.67(0.01)***
共享房间	1.90(0.07)***
社交性效应	
（不同族群—种族类别和其他类别的 20 个社交性项,这里没有显示）	
平衡机制和其他高阶项	
互惠	2.41(0.04)***
三元闭包(GWESP)	1.56(0.01)***
星形构型(GWOD)[②]	−0.85(0.12)***
开放的三角关系(GWDSP)[③]	−0.10(0.00)***
赤池信息量准则	36 335

注:括号中的数字是标准误差。

　　* $p < 0.05$；** $p < 0.01$；*** ；$p < 0.001$。

　　① 列出的品位是指特定子群体中学生的最主要喜好。

　　②③ 具体说明详见附录一。

种族嗜同性和封闭性显然并不是这些学生之间形成联系的主要原则。一些族群或微族群类别的成员之间的嗜同性,对整个网络的生成比种族更重要:东亚学生和犹太学生都比亚裔或白人表现出更大的划定边界的倾向。与两名西班牙裔学生一样,两名南亚学生可能成为朋友,越南裔学生甚至比黑人学生这一最具嗜同性的种族类别更加过分优待与其背景相同的密友。

其他类型的嗜同性也超过了学生沿着种族界线划定边界的倾向。酷玩乐队和戴夫·马修斯(Dave Matthews)的粉丝几乎与白人学生一样具有嗜同性。节奏蓝调(R&B)、嘻哈(hip hop)和说唱(rap)的粉丝比白人学生和亚裔学生都更具嗜同性,正如我们在上一节中看到的那样,这种影响在很大程度上与黑人种族类别的重叠无关。来自伊利诺伊州的学生(无论他们的种族背景如何)往往会捐弃前嫌而携手合作,这种情况多于白人、亚裔和西班牙裔学生,并且几乎和黑人学生一样多。值得注意的是,社会经济地位成为这些学生社会封闭的最重要维度之一:大学前就读精英寄宿学校的学生的嗜同性系数略微超过黑人学生的系数,是白人学生系数的 4 倍多。[27]

同样重要的是,我们发现种族嗜同性与邻近性效应相比可谓相形见绌。在被大学分配到同一间宿舍后,两名学生成为"图片朋友"的对数几率(log-odds)增加了 1.9。与共享白人或亚裔类别相比,共享同一住所对两名学生之间形成联系的对数似然性(log-likelihood)的影响要大 2 倍多。对于选择某些学术专业(经济学、一般社会科学和微生物学)并因此相互联系的学生而言,共享焦点效应虽然不那么意义重大,但仍然像白人和亚裔的嗜同性一样重要。

比邻近性更重要的是两种平衡机制。回报友谊是一种比种族嗜同性更重要的联系形成机制——总的来说,它的确是网络化的最重要原则。闭合一个或多个三角关系也是一个比种族(或族群)嗜同性更重要的结构化原则。

我们试图以图形化的方式描述这些联系形成的各种原则如何塑造我们调查的学生所生成和居住的社会景观(图 6.3),来总结本节的内容。[28]为了描述的清晰性,我们将平衡机制和共同居住从图片中剔除,而专注于嗜同性的不同原则和水平,以及共同学术焦点效应。景观由一系列山脉组成,每座山脉都代表一个学科或一个社会类别,学生们围绕它划定边界。内群体偏好的相对程度由每座山脉的高度表示(使用表 6.2 中的系数值)。一个类别的相对规模与山脉的体积相对应。最后,在二维空间上绘制不同类别之间的社会距离,是基于类别成员之间实际与预期联系的数量加以计算的(详见附录一)。显然,这种研究路径有其局限性,因为各种类别并不是相互排斥的。尽管如此,它提供了一个有趣的视觉形象,显示了社会边界的总体结构,并再次表明,同种族的偏好虽然对黑人学生来说尤其重要,但并不是塑造这一社会景观的主要地质力量。

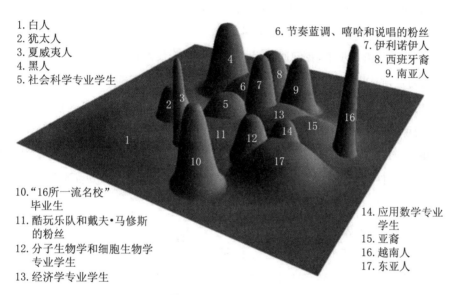

1. 白人
2. 犹太人
3. 夏威夷人
4. 黑人
5. 社会科学专业学生
6. 节奏蓝调、嘻哈和说唱的粉丝
7. 伊利诺伊人
8. 西班牙裔
9. 南亚人
10. "16所一流名校"毕业生
11. 酷玩乐队和戴夫·马修斯的粉丝
12. 分子生物学和细胞生物学专业学生
13. 经济学专业学生
14. 应用数学专业学生
15. 亚裔
16. 越南人
17. 东亚人

图6.3 社群的多态景观

结论

本章开始于社会联系形成背后的微观机制的系统类型学:可获得性、邻近性、嗜同性和平衡/社交性。我们还阐述了这些机制是如何与作为一个群体特征的总体社会人口结构的四个不同方面相关联的。根据这种研究路径,"种族"可能通过各种因果途径影响日常社会关系中的种族边界:或者直接通过个人的边界制定策略(嗜同性),或者间接通过种族类别和其他嗜同性类别之间的重叠或某种网络化倾向,以及间接通过分类/选择过程、特定种族背景的个人进入特定共享焦点,从而通过邻近性机制产生联系。这些不同的因果途径需要在理论和经验上都完全分离开来,以便理解美国社会网络最受关注和最深入研究的特征之一:它们高度的种族同质性。

我们还主张对种族分类系统本身进行更具差异化的概念化,其中应该在网络研究通常依赖的更广泛的人口普查种族类别之下包括几个分层嵌套的族群类别。已经在第二章中引入的这一对种族和族群分类的更精细的概念化,需要将聚合效应从种族嗜同性本身中分离出来。这两个同时发生的进展可以更准确地理解网络过程和族群-种族边界制定的动力。

在分析的第一步中,我们通过经验地表明它不仅源自对同种族密友的真正偏好,而且,同样重要的是,源自放大种族嗜同性效应的互惠和三元闭包,以及源自使用标准的人口普查种族类别时隐匿在视线之外的族群嗜同性,剖析了这个网络的种族同质性。在分析的第二步中,我们估计了其他微观过程如何影响总体的网络形成。从这一综合的角度来看,很明显,平衡机制和邻近性是迄今为止这群大学生最重要的关系形成原则。这一发现与网络研究学术界普遍关注嗜同性,尤其关注种族嗜同性的倾向形成对比。

显然,我们无法评估这些研究结果相对于美国其他大学的代表性,更不用说其他群体或其他类型的社会网络了。这里需要注意的是,最近三项使用涵盖130所高中的全国青少年健康纵向研究数据集的研究,也证明平衡机制削弱了种族嗜同性的实质性意义(Moody 2001;Mouw and Entwisle 2006;Goodreau et al. 2009),而另一项基于全国青少年健康纵向研究的研究发现,在学生网络中,族群嗜同性比种族嗜同性更显著(Kao and Joyner 2004)。因此,我们相信,我们在本章中提出的许多实质性主张将在对其他大学生群体的研究中得到支持。

在学校和大学之外进行推断更为困难,尤其是因为所讨论的大学(以及许多其他大学)在宿舍分配方面似乎积极推行种族混合政策(详见附录一),以这种方式增强了导致跨种族联系的邻近性机制。此外,所有在这所大学就读的学生都享有他们未来在美国社会中的精英地位,从而促使嗜同性的社交化和"网络化"跨越了种族边界。尽管如此,我们仍然相信,即使在沿种族界线而形成的空间隔离程度更高、种族和教育地位之间的重叠比我们所研究的学生群体更多的环境下,将种族嗜同性从邻近性和其他嗜同性原则中分离出来,也会产生类似的结果。更直截了当地说:适当考虑美国社会中沿种族界线而形成的明显空间隔离形式和教育机会的不平等分配,将导致研究人员将网络的种族同质性更多地归因于这些力量,而不是仅仅归因于嗜同性。

然而,我们并没有声称要证明"种族的重要性正在下降",也没有声称自由主义东北部精英大学的学生代表了即将到来的无肤色歧视(colorblindness)时代的先锋派。种族封闭仍然是这些学生之间关系形成的一个重要因素,即使将它从其他同样重要或更重要的机制中分离出来。这尤其适用于非裔美国人,他们承受着种族压迫和强迫隔离的历史负担。因此,我们的主要论点具有理论和方法论上的性质:我们表明,边界制定范式为理解网络形成过程提供了实质性的优势。它不像主流研究那样将"种族"的相关性视为理所当然,而是允许从理论和经验上将种族边界制定从其他影响网络构成的机制中分离出来。从这一角度以及通过适当分门别类的视角来看,种族嗜同性并不是美国人之间联系形成的主要原则,尽管我们发现许多关于美国社会的非专业的和社会学的描述都强调了"种族"。

【注释】

[1] 请参见 Schofield and Sagar(1977)、Patchen(1982)、Epstein(1985)、Hallinan(1985)、Shrum et al.(1988)、Hallinan and Williams(1989)、Joyner and Kao(2000)、Moody(2001)、Quillan and Campbell(2003)、Marmaros and Sacerdote(2006)、Mayer and Puller(2008)等。

[2] 然而,穆迪和古德劳及其同事根据全国青少年健康纵向研究的数据表明,学校异质性和净种族嗜同性水平之间是曲线关系(Moody 2001),并且在不同种族类别之间存在差异(Goodreau et al. 2009)。

[3] 在关于学校和大学友谊的文献中,一些作者已经表明,共享课外活动或非学术轨道的成员身份会影响友谊关系的形成,从而影响网络的种族构成(Hallinan and Williams 1989;Moody 2001;Mouw and Entwisle 2006;Mayer and Puller 2008)。其他作者已经展示了共享一个随机分配的宿舍是如何影响跨种族关系的建立的,同样与对同种族密友(same-race alters)的偏好无关(van Laar et al. 2005;Marmaros and Sacerdote 2006;Mayer and Puller 2008)。莫维和恩特威斯尔(Mouw and Entwisle 2006)是最早研究学生居住的社区的空间接近性如何影响学校内部友谊形成的人(另请参见 Vermeij et al. 2009)。

[4] 群体规模和共同焦点效应通常被归入"机遇结构"这一总称之下(如 Hallinan and Williams 1989;Mouw and Entwisle 2006;Quillan and Campbell 2003)。

[5] 等价的术语是穆迪研究(Moody 2001)中的"净友谊隔离"(net friendship segregation)、哈利南和威廉姆斯研究(Hallinan and Williams 1989)中的"相似性效应"(similarity effects)、古德劳等人研究(Goodreau et al. 2009)中的"分类混合"(assortative

mixing),以及布劳研究(Blau 1977)中的"内群体偏好"(in-group preference)。

[6] 当这种同心分化(concentric differentiation)存在时,布劳预期嗜同性的程度会随着类别区分的包容性的增加而降低(Blau 1977:128—134)。在下文中,我们将指出,这只代表了嗜同性的从属(subordinate)形式和主导(superordinate)形式之间一种可能的关系。高层次的嗜同性也可能虚假地依赖于低层次嗜同性的聚合。

[7] 相应地,现有的两个关于种族和族群的嗜同性之间关系的网络研究发现,谚语"人以群分"可能指的是族群而不是种族:高玉蘋和乔伊纳的研究(Kao and Joyner 2004,2006)表明,在全国青少年健康纵向研究数据集记录的社会网络中,"对同族群的同龄人的偏好远远超过对同种族(不同族群)的和不同种族的同龄人的偏好"(Kao and Joyner 2006:972)。

[8] 这种情况与布劳关于由邻里、城市和区域形成的"同心圆"的讨论相对应。

[9] 除了本书讨论的三种内生性机制类型之外,相关研究文献中还讨论了"流行性"(popularity)以及"桥接性"(bridging)结构整体(structural wholes)。由于它们与当前的主题不太相关,因此我们不将它们纳入分析中。[与"structural wholes"相关的是"structural holes",即结构洞。结构洞是指社会网络中的某个或某些个体与有些个体发生直接联系,但与其他个体不发生直接联系,产生关系间断的现象,从网络整体看好像网络结构中出现了"洞穴"。桥接结构洞(bridging structural holes)是一个专业术语。——译者注]

[10] 有关三元闭包发生率的经验证据,请参见穆迪研究(Moody 2001:685)中引用的文献。

[11] 有关互惠的其他理论方法,请参见哈利南研究(Hallinan 1978—1979:195)中的综述。

[12] 追随布劳的脚步,穆迪(Moody 2001)在参加全国青少年健康纵向研究调查的学校中,增加了对种族类别和班级之间"交叉"程度的控制,以确定净种族嗜同性。迈耶和普勒(Mayer and Puller 2008)、马尔毛罗斯(Marmaros 2006:20)、莫维和恩特威斯尔(Mouw and Entwisle 2006)等人引入了针对父母教育和收入差异的各种控制。这些代表了很好的例子,说明了如何考虑类别交叉的影响,并且与大多数其他研究形成对比,后者甚至忽视了诸如与社会阶层有关的那些具有潜在重要性的替代性边界制定策略(Hallinan and Smith 1985;Hallinan and Williams 1989;Joyner and Kao 2000;Kao and Joyner 2004;Kao and Joyner 2006;Berry 2006)。

[13] 这对应于麦克弗森等人(McPherson et al. 2001)所谓的"近交嗜同性"[与"基准嗜同性"(baseline homophily)相对,后者包括群体规模效应],对应于穆迪(Moody 2001)的"毛友谊隔离"(gross friendship segregation)以及纯粹对应于古德劳等人(Goodreau et al. 2009)的"嗜同性"。

[14] 有关数据集的完整说明,请参见 Lewis et al.(2008)。

[15] 在探究种族和族群的嗜同性问题时,研究人员使用全国青少年健康纵向研究数据集面临着类似的样本量减少问题:完成问卷调查的 90 000 名青少年中,只有 35 000 名认同种族或族群的类别,同时也提名了最好的同性朋友(Kao and Joyner 2004:562)。

[16] 将这些学生与未发布照片的学生进行比较后发现,女性比男性更有可能发布照片($p<0.001$),混合种族背景的学生比其他种族类别的学生多($p<0.05$),美国人比外国

人多($p<0.05$),来自南大西洋和太平洋国家的学生比来自其他地区的学生多($p<0.05$),来自新英格兰的学生比来自其他地区的学生少($p<0.05$)。除此之外,这两个群体的构成在统计上是无法区分的。然而,毫不奇怪,在网上发布照片的学生似乎比没有发布照片的学生更活跃:他们拥有更多的脸书朋友,更频繁地更新个人资料,并更经常地出现在其他学生的相册中。

〔17〕关于"西班牙裔"和"亚裔"种族类别在多大程度上被用作自我认同的类别的辩论,请参阅 Lopez and Espiritu(1990)、Oboler(1997)、Kao and Joyner(2006)、Okamoto(2006)、Espiritu(1992)和 Kibria(2002)。

〔18〕基于在线照片的种族类别编码并不是前所未有的(B. Berry 2006;Mayer and Puller 2008)。基于综合社会调查(General Social Survey,GSS)报告的研究表明,自我认同的和调查员识别的"种族"与99%的白人和97%的黑人对应,而"其他人"的对应关系则低得多(Saperstein 2006:61)。鉴于我们可以访问的个人信息量更大,我们编码的细节和可靠性得到了显著增强。因此,两个种族/族群性编码员之间在100份个人资料的试验样本上的编码间一致性(intercoder agreement)是95%——五个不一致是由于我们的编码程序的歧义所致,随后得到了纠正。

〔19〕然而,请注意,这两类人之间的差异将被我们的原籍地(region of origin)变量捕获,它区分了出生在美国的学生和出生在外国"家乡"的学生。

〔20〕为了获得对指数随机图模型的全面和易于理解的介绍,我们请读者阅读由加里·罗宾斯(Garry Robins)和玛蒂娜·莫里斯(Martina Morris)编辑的《社会网络》(Social Networks)2007年特刊。更多的技术总结可以在沃瑟曼和罗宾斯(Wasserman and Robins 2005)、罗宾斯和帕蒂森(Robins and Pattison 2005)以及斯奈德斯等人(Snijders et al. 2006)的研究中找到。

〔21〕在大多数情况下,较低层次的族群和微族群的嗜同性并不依赖于外国出生者之间的团结。在11名中国学生中,只有一名是国外出生的,在28名犹太人中,只有一名是国外出生的。七名俄罗斯学生中有两名出生在国外,七名越南学生中没有在国外出生的。只有英国学生中,三个人都出生在国外。包括专门针对国外出生的族群类别(外国出生的南亚人、外国出生的东亚人,等等)嗜同性项并不影响测试结果。

〔22〕我们使用新开发的"高阶项"(higher order terms),它不仅涉及一个联系闭合一个三角关系的可能性,而且还涉及闭合一系列三角关系的可能性。详见附录一。

〔23〕与巴克拉和高玉蘋(Vaquera and Kao 2008)一致,我们发现亚洲学生的回报更多,黑人学生比白人学生少。然而,我们也发现,西班牙裔学生之间的回报关系的倾向越来越强。正如预期的那样,将这些项引入到对嗜同性本身的估计,其影响随着特定种族的互惠项的大小而变化(结果没有显示)。

〔24〕为了确定与种族类别显著相关的那些特征——但不考虑太多以至于偶然产生显著结果的项——我们仅仅测试了至少十个成员的82个属性类别,并且只保留了那些与至少一个种族类别显著相关的项。在这23个项中,有三个必须从模型中删除,因为不存在群内联系,所以无法估计有限系数。

〔25〕关于泛族群性随着一个群体社会年龄(social age)的增长而发展的趋势,请参见高玉蘋和乔伊纳(Kao and Joyner 2006)所引用的文献。

[26] 在高玉蘋和乔伊纳(Kao and Joyner 2006：988)的研究中，最具嗜同性的族群的等级顺序(在控制移民年代、群体规模和父母教育等变量的情况下)是日本人、韩国人、菲律宾人、中国人、越南人、波多黎各人、印度人、墨西哥人、古巴人、中美洲人。除了我们研究中的越南人比东亚人更具嗜同性之外，这与我们的发现大体一致。

[27] 迈耶和普勒(Mayer and Puller 2008)曾获得得克萨斯农工大学关于父母收入和教育的数据，他们发现在父母年收入低于 60 000 美元的学生之间、父母年收入高于 60 000 美元的学生之间以及父母拥有大学学位的学生之间，存在中等水平的嗜同性。但是，一旦将"普通朋友数"项引入回归模型，这些影响就会消失。马尔毛罗斯和萨塞尔多特(Marmaros and Sacerdote 2006：20)发现，达特茅斯精英预科学校的学生不会经常用电子邮件交流，但那些上纽约特殊高中的学生则会。两名其父母获得经济资助的学生不太可能用电子邮件交流。连同我们自己的发现，这表明，社会经济分化最顶端的"精英"阶层的社会封闭，而不是更普遍的社会经济状况，是大学生之间联系形成的主要力量。

[28] 要评估该模型与实际观测网络的匹配程度，请参见 Wimmer and Lewis(2010)。

第七章　文化与封闭[*]

在上一章中,我们发现,如果网络以权力差异或既往的歧视为特征,那么网络就会沿族群界线聚集。否则,族群性和种族对日常社会生活的影响要小得多,也很少产生有明显界限的社会群体。本章通过表明政治排斥和社会封闭反过来又导致了沿族群界线而形成的文化分化,扩展了边界制定理论的这一关键方面。另一方面,与排斥和封闭无关的族群边界不会分离出可区分的文化世界,而是产生一个持续文化变迁的"巴斯式"的世界。回顾之前的例子:边界制定理论预期,只有来自南斯拉夫的移民会居住在瑞士这三个城市的一个明显可区分的文化世界中,而工人阶级的瑞士人、意大利人和其他"可接受的"移民将共享类似的文化环境。在上一章所研究的精英大学环境中,非裔美国人和越南人可能是少数具有独特文化剧目的族群和种族群体之一。

将文化差异与社会封闭联系起来再次与赫尔德式研究路径相反,后者认为文化本质上是一个族群差异的问题,独立于与族群划分相联系的权力结构。从多元文化主义哲学到公共物品供给经济学等社会科学和人文学科的广泛研究路径,都有这一假设。族群文化被认为是塑造个人价值观的主要力量,位于诸如阶级、职业、地域或城乡划分等其他社会划分之上并超越了它们。在瑞士的这三座城市中,意大利人、西班牙人、葡萄牙人、瑞士人、泰米尔人和其他人都应该有自己的文化体系,而美国精英大学的文化景观应该被划分为不同的山谷,每个山谷

---

[*]　本章是与托马斯・索尔(Thomas Soehl)合著的。

都居住着一个独特的族群-种族群体。

本章从经验上在这两种相互竞争的观点之间以及一系列其他族群性和文化研究路径之间做出裁决。与赫尔德式观点相对立的激进建构主义已经兴起，它认为族群性与文化价值观之间不存在系统性的关系。根据第五章中已经讨论过的各种"文化种族主义"或"族群化"理论，族群表现出不同的文化和不同的价值取向的观念是排斥话语的一部分，这种排斥话语旨在使占主导地位的多数群体的地位及其所控制的国家机构合法化。事实上，激进建构主义者认为，社会阶级和其他与族群差异无关的分裂构造了文化景观，并产生了不同的规范世界，每一个世界都居住着不同族群起源的个人。根据这一观点，第五章中研究的瑞士工人阶级邻里应该代表一个同质的文化世界，而上一章中研究的美国大学可以区分出著名预科学校的毕业生所具有的精英文化、大多数学生的中上层阶级文化和受益于大学"需求回避"录取政策（"need-blind"admissions policy）①的工人阶级文化。

第四种研究路径提出，文化价值观与族群差异之间的关系是有条件的：只有当两个族群共同体的文化起源彼此远离时，族群差异才与实质性的价值观差异有关。更具体地说，彼此的语言或宗教相距越远，两个群体的价值取向就越不同。特别是就移民少数群体而言，这种文化距离应该通过几代人的文化适应过程逐渐被克服。如果我们从这个视角观察我们的瑞士邻里，我们会预期来自斯里兰卡的讲泰米尔语的印度教难民和来自土耳其的讲土耳其语的穆斯林移民，在文化上会比来自德国的讲德语的基督教移民或来自南斯拉夫的天主教克罗地亚人，与瑞士本土居民的距离更远。

这四个相互竞争的论点从未以系统的方式进行过经验评估。为了做到这一点，我们使用来自欧洲社会调查的数据，并通过识别与每个族群类别相关的特定语言标记、宗教标记和其他标记，来对个人的族群背景——这不是欧洲社会调查

---

① 采用需求回避录取政策的美国大学，在招生审核阶段不会考虑学生个人及其家庭的经济状况，而是更加注重学生的学术表现。换句话说，学生在申请这类大学时，申请奖学金与否对录取结果没有任何影响。更重要的是，一旦大学认为申请人符合录取标准，还会根据其家庭情况，提供申请人在就读期间数目不等的资金支持（申请人能够承担的学费部分除外）。美国教育网站Prep-Scholar公布的2021年采用需求回避录取政策的美国大学有107所。——译者注

中一系列标准问题的一部分——进行编码。这产生了一个包含 24 个国家(从芬兰到葡萄牙,从爱尔兰到土耳其,以及从俄罗斯到法国)的 10 万多人和 380 个族群的数据集。我们依赖于欧洲社会调查中一系列经过充分测试的问题,这些问题询问个人关于他们所珍视的一般价值观,例如,他们是否珍视共同体和对他人的无私奉献,或者他们是否以个人成就和物质成功为导向。我们利用这些问题的答案来构建一个因变量,使用统计技术来解释哪些人持有这些价值观中的哪些价值观,以及他们与其国家的"主流"有多大不同。换句话说,我们试图理解使个人在他们所珍视的价值观方面或多或少保持正统的那些力量。

简而言之,我们的研究结果表明,个人所持有的价值观的总体差异中只有很小一部分与他们的族群背景有关,这引起人们对价值取向主要是一个族群文化差异的问题这一观念的严重怀疑,正如赫尔德式研究路径所假设的那样。另一方面,一个少数族裔群体的成员身份对价值观正统性的影响程度与一些核心的人口统计和社会阶级变量的影响程度相同。这些发现与激进建构主义论点不一致,根据这些观点,族群性很大程度上与理解规范的正统性和异端性无关。然而,我们确实发现了强有力的证据,表明沿族群界线所形成的社会封闭塑造了价值观一致性。另一方面,语言距离遥远的群体并不比那些成员使用与多数群体相似的语言的群体更加异端;拥有不同宗教的群体(以及尤其是穆斯林)也没有偏离主流。这一发现对那些认为穆斯林移民内化的伊斯兰价值观与"西方"文化的价值观截然对立的人,提出了一个严肃的问题。

最后,对第一代和第二代移民进行更动态的分析,使我们能够更详细地探索边界制定假设,并把导致被排斥群体持有不同价值观的机制分离开来。我们表明,属于被歧视群体的第二代移民甚至比第一代移民更偏离主流价值观。这是否由于同化机制受阻,即被排斥的第二代移民保留了父母的价值观模式而不是融入主流,或者他们是否发展了一种反对他们所认为的主流的主导价值观的对立文化(oppositional culture),还有待确定。

总的来说,通过表明价值观异质性并不是族群差异本身(如赫尔德的继承者所假设的)或文化起源相距遥远的结果,而是源自社会封闭的过程,本章进一步阐述并以经验证实第四章中引入的社会边界制定理论。相应地,只有当边界以排斥为标志时,族群性才与文化差异有关。下一节将更详细地概述这一论点以及关于族群性和文化的相互竞争的理论。

族群性与价值观的四种研究路径

赫尔德式研究路径

正如第二章所讨论的，赫尔德的追随者假设，各族群共同体的价值取向有系统性不同，并且这些族群差异代表了文化差异的主要维度。因此，一个族群共同体的成员应该共享一套截然不同和独一无二的世界观、道德价值观和其他跨情境稳定的偏好。这种一般性假设在不同学科和研究领域中以各种形式反复出现。在下文中，我们将讨论这些不同文献中最重要的部分，并回顾我们在第二章中已经谈到的一些作者。

金里卡(Kymlicka 1995)的多元文化主义哲学是近年来政治哲学中被广泛引用和最具影响力的作品之一。金里卡认为，价值观是一个族群文化差异的问题，而不是沿着阶级、性别、地域、职业等界线而形成的差异的问题，这是理所当然的。他认为，自由、民主的国家需要积极承认这种族群文化差异，以便赋予每个人根据其共同体关于善好生活的观念做出自主决定的可能性(ibid.:76, 83)——这是一个自由主义国家应该加以保证的"自由"的基本涵义。[1]多元文化主义的哲学(和政治)因其文化"本质主义"而受到自由主义的个人主义者与自由主义的(和不那么自由主义的)民族主义者的强烈批评，因为它过分强调少数族裔的集体权利以及随之而来的公共领域的"巴尔干化"(balkanization)。然而，它的经验假设，即每个族群都以不同的"善好生活的愿景"为特征[2]，从未被检验过。

这些假设在族群研究系中也被广泛采用。例如，我们引用了最近为教授"多样性"课程的教育工作者编写的指南。它将族群定义为"共享相似价值观、规范和具有象征意义的物质对象的一群人，这些人形成一种独特的生活方式，这种生活方式通过语言、宗教、节日、食物、衣服、音乐、体育、家庭和婚姻模式、艺术和工艺等表现出来"(Rector et al. 2010:11)。族群差异的论点也是管理研究和组织社会学某些方面思想的基础，其中认为"多样性"——最重要的是沿族群和种族界线而形成的多样性——增加了组织的创造潜力，因为它不仅将具有不同生活经历的个人,而且也将具有不同规范取向的个人聚集在一起(Page 2008)。

族群差异的观点也是经济研究的重要方面。根据阿莱斯纳(Alesina)及其合著者的两项著名研究,族群多样性与较低的公共物品供给(Alesina et al. 1999)以及低经济增长(Alesina and La Ferrara 2005)相关,要么是因为不同的族群有不同的偏好(即标准社会学术语中的价值观),要么是因为他们可能都倾向于不与其他族群分享权力和公共物品。在这里,我们关注偏好异质性的论点。阿莱斯纳及其合著者认为,这种异质性极大地增加了集体行动和协调的问题,导致较低的总体公共物品供给水平,以及次优的经济政策,从而导致低增长。

一些作者提出了导致族群性和偏好之间的联系产生的各种原因和机制,其中包括族群成员身份与寻租和庇护主义、与居住隔离以及由此产生的对公共基础设施的偏好冲突,或者与不同的语言以及因此对特定课程和教学语言的偏好等相关联的可能性(Alesina et al. 1999:1251;Easterly and Levine 1997:1214—1216)。但他们的研究策略并没有试图直接测试这些机制,例如通过衡量不同程度的居住隔离或腐败。相反,他们依赖于族群细分化指数(fractionalization index),该指数表示两个随机选择的个体具有相同族群背景的概率。因此,他们实际上假设,偏好的异质性主要是一个族群差异的问题,无论导致这种关联的机制是什么。[3]

最后,赫尔德式观点也在移民社会学中卷土重来。在美国,自从 20 世纪 60 年代中期莫伊尼汉报告(Moynihan report)主张非裔美国人的文化取向至少在一定程度上要对他们持续的社会经济边缘化负有责任以来,指出族群文化的作用一直是一种令人不齿的想法,这种观点后来因"谴责受害者"而受到批评。坚持认为来自遥远文化的移民不能融入民族主流的欧洲新右翼运动的兴起,对大西洋的另一边产生了类似的影响。从 20 世纪 70 年代到千禧年末,只有少数作者公开认为,移民从其母国带来的族群文化决定了他们的融合前景(Hoffmann-Nowotny 1992)。他们因其"文化主义"而受到彻底的批评(Castles 1994)。

然而,千禧年恢复了对族群文化的争论。范·特兰(Van Tran)试图表明,这种族群文化调节了邻里对第二代移民融合轨迹的影响,例如,中国文化价值观帮助移民儿童将他们与"坏"邻居隔离开来,而牙买加人的价值取向并不会产生类似的良性影响(Tran 2011)。即使在法国,族群文化的争论也在社会科学家中再次出现。例如,拉格朗日(Lagrange 2010)根据警方采访和其他数据来源表明,年轻的非洲移民最终与执法机构之间产生了更多的问题,因为他们是在那些文化取向远离法国主流的家庭中长大的。

这些不同方面的研究汇集在一个核心假设上:个体价值取向的很大一部分差异应该与族群的成员身份有关。首先,少数群体个人的价值观应该与多数群体成员的价值观有系统性的不同[4]——否则族群文化就不需要得到国家的承认,族群多样性就不会与创造力、经济增长缓慢或缺乏公共物品相关联,移民也不会根据其文化背景被引导到不同的同化轨道上去。其次,少数群体成员身份对个人价值取向的影响,至少要与阶级、性别或职业等其他社会分裂的影响一样多或者更多。否则,国家将不必承认族群的差异,而是承认其他类型的差异;组织不会主要专注于促进族群(或种族)多样性;研究经济增长和公共物品供给的学者不会衡量族群多样性,而是衡量其他维度的异质性;移民研究者将分析同化轨迹是如何由木匠或大学教授、难民或雇佣劳工等的文化形成的,而不是由族群的文化塑造而成的。

激进建构主义

如上所述,从1970年起,指出文化差异和不同的价值取向在社会科学家中普遍不受欢迎。在大西洋两岸,对这种"文化主义"观点的系统性批判是从激进建构主义的观点发展而来的。这些批判中更系统性的观点认为,族群在文化观和价值取向上的差异一定程度上是排斥策略的结果,这种策略不仅为那些用更可接受的文化论点来掩饰其种族主义的右翼运动所采用,而且还为国家或地方当局施行的善意的"多元文化主义"计划所采用。[5]有人认为,无论是否出于善意,将少数族裔和移民少数群体描绘成文化上的他者(cultural others)都突出了与主导群体之间的边界,并为他们持续地作为"少数群体"被政治边缘化和作为廉价工人被经济剥削提供了理由。

我们已经在第五章中谈到了这些激进的建构主义研究路径。关于族群性和文化之间的经验关系,他们认为,在实际上没有文化差异的地方,多元文化主义和新的后生物种族主义(post-biological racism)从话语上创造了文化差异。价值取向是由其他社会力量构造的,最重要的是那些与社会阶级、性别或城乡划分相关的力量。这些社会力量跨越了族群类别,产生了一种与族群差异不一致的"巴斯式"的价值取向景观。

从这一理论取向推断,我们得出了与族群文化视角相反的假设:首先,价值观的大部分差异应当归因于个人层次的因素,例如教育或年龄,而不是族群的成员身份。其次,少数族裔应当没有明显偏离主流价值观。至少,少数群体地位在解释价值观异端性方面应该不如教育、收入、性别等其他社会分裂那么重要。

文化距离

两种研究路径认为族群性和文化价值观之间的关系是有条件的:价值观异质性不像赫尔德的继承者所认为的那样本质上是一个族群差异的问题,而只是一个特定形式的族群分化的问题。第一个版本认为,族群性是否与价值观异端性相关,取决于少数群体的文化起源与占主导地位的多数群体相距多远。这一论点代表了约翰·贝里(John Berry)提出的富有影响力的文化适应社会心理学中的一个关键因素,我在前几章中并没有给予太多关注。他的复杂模型预测了一系列位于不同分析层次上的因素,这些因素导致不同的少数群体走上不同的文化适应道路,最终导致完全同化和融合,或者导致文化和社会边缘化,以及其他可能的结果(请参见 J. Berry 1980;J. Berry 1997)。对于目前的讨论而言,最重要的是,一个少数群体在各种路径中走哪一条,关键取决于它是保持其原初的文化取向和身份认同,还是相反,进行文化适应并融入东道国的文化和身份认同。

如果多数群体和少数群体之间的"文化距离"较小,这种文化适应更有可能发生(ibid.:23)。贝里引用了关于土著和移民少数族裔的实证研究,将文化距离定义为两种语言或两种宗教传统之间的历史联系相距遥远的结果。中国人和法国人比法国人和意大利人关系更远,佛教和新教比佛教和印度教关系更远。[6]我们可以从这个视角得出的直接假设是,两个族群共同体的语言或宗教起源越遥远,他们的成员就越是倾向于有不同的价值取向。

对于移民少数群体来说,这种文化距离应该会通过文化适应过程在几代人中逐渐消失。从这一观点所得出的且为许多移民同化的社会学研究路径(Alba and Nee 2003)所共享的标准假设是,第一代移民应该比他们的子孙更偏离主流文化取向和价值观,因为后者与主流的距离越来越小。[7]

宗教距离的观念在其他探讨跨国的而不是国内的价值观差异的论点中反复出现:英格尔哈特(Inglehart)在他的后唯物主义论点的修订版中表明,保持社会经济现代化水平不变,个人价值取向的显著差异仍然存在,这主要是由宗教传统——新教、东正教和伊斯兰教——所决定的(Inglehart and Baker 2000)。类似地,历史学家们认为,西方文化和伊斯兰文化以不同的基本价值观为取向,尽管在过去几个世纪发生了深刻的社会变化,但这些价值观依然存在(Pagden 2009)。他们将这些论点与移民国家内部的价值观异质性问题联系起来,从而支持贝里的观点,即原籍国和目的地国之间的宗教距离决定了沿族群界线而形成的价值观差异。

文化距离的论点在学术界之外以及恰恰在那些激进建构主义者斥为"文化种族主义"例证的公共话语中扮演着重要的角色。在美国,亨廷顿(Huntington 2004)在一本畅销书中警告说,拉丁美洲人的天主教文化和地中海文化与美国主流的新教文化核心相距"太遥远",使他们无法长期成功地适应美国主流文化(关于实证批判,请参见 Citrin et al. 2007)。"9·11"事件与马德里和伦敦爆炸案的后果在欧洲引发了激烈的争论:与伊斯兰教相联系的不同价值观是否构成了穆斯林移民融合和同化的障碍(有关这一论点在德国的一个煽动性和种族主义的版本,请参见 Sarazzin 2010)。因此,这场辩论的许多参与者尽管视角不同,但都得出了类似的假设,正如上面所讨论的社会心理学中的文化适应研究那样。虽然与本章调查的内容相比,这场辩论大多聚焦于更具体的价值观,如性别角色或政治态度,但这些价值观仍然被认为是与伊斯兰教本质相关的更广泛、根深蒂固的文化差异的一部分。[8]这一版本的宗教距离论点因此导致了这样一个假设,即穆斯林应当比信奉基督教的信徒更偏离主流价值观。

社会封闭

本书中所提倡的边界制定理论也假设了族群性和价值观之间的条件关系。并非所有的族群差异都会导致价值观异端性,只有那些与高度的社会封闭相关的族群差异才会。在对第四章中已略微论及的这一主题进行扩展的基础上,以下段落介绍了封闭导致价值观分化的微观动力学(microdynamics)假设。

个人与那些他们认为在象征、政治或物质利益上具有共性的人交往。在这种由相关联的个人组成的网络中，人们可能会形成一种对社会世界的共同观点，并协商出一套共同的价值取向。这些群体的边界可能会变得稳定和制度化，特别是如果可以垄断资源的获取并且与局外人保持一定距离的话。由于这种垄断性的封闭，跨越边界的社会联系变得更加稀少，跨越边界的互动受到限制或在仪式上受到控制（请参见 Barth 1969b）。这种社会边界性进一步增强了与共同价值观的一致性，因为密集的互动网络增强了围绕共同规范的相互协调以及对共同规范的监管；相反，缺乏这种网络和互动会阻碍价值观同步（请参见 Coleman 1990；chap. 11；一种不同的理论视角的分析，请参见 Deutsch 1953）。共同价值观反过来又进一步加强了合作，从而增加了社会边界内的网络密度[正如麦克尔里思等人（McElreath et al. 2003）的演化博弈模型所表明的那样]。边界另一边的人通过相同的微观机制发展出不同的价值取向，从而导致了一个对称的价值观分化过程。简而言之，社会边界减少了跨边界的互动，进而减少了跨边界的价值观同步，导致了具有不同文化取向和个人价值观的群体。相应地，只有那些偏离主流价值观的族群才会被占主导地位的多数群体系统性回避。

这里还应该讨论另外两个关于移民少数群体的具体论点。一些作者认为，如果第二代移民受到多数群体的系统性歧视，那么移民代代相传的文化同化过程可能会"受阻"（Alba and Nee 2003）。由于缺乏跨边界的接触，第二代移民保持着他们父母的文化和价值取向，因而继续偏离主流价值观。作为一种替代性的封闭机制，被排斥的群体可能会发展既不同于东道国主流也不同于其父母原籍国主流的价值取向。如果他们发展出一种新的对立文化，有意而明确地否定主导群体和他们的移民父母所持有的核心价值观，情况可能就会如此。这种对立价值观的有意识发展可以被认为是规范反转策略的一部分。[9]将这两种机制彼此分离开来是未来研究工作必须解决的一项任务。

社会不平等和其他因素

社会封闭还沿着族群性以外的社会分化维度进行，这些维度需要被纳入图景之中，以便将它们从族群形成过程中分离出来。这也将使我们能够评估赫尔德学派和激进建构主义学派的相互竞争的主张。根据后者，社会阶级应该比前者所专门关注的族群起源更系统性地构造了价值观差异。遵循布迪厄对几种社会不平等维度的区分,我们确定了阶级不平等可能塑造个人价值取向的三种不同方式。

首先,教育通过社会化和分类机制来影响价值取向。旨在将主流中产阶级价值观注入社会人口之中的国家学校系统,奖励相应的行为和规范倾向,并为更高层次的教育轨迹选择更加顺从的个人(Bourdieu and Passeron 1990)。因此,与那些受教育年限较短的人相比,受过多年教育的人应该更加顺从、更加坚持主流价值观。

其次,继承的文化资本应该对个人价值取向产生相反的影响。在学术家庭中长大的个人(其父母已经获得了研究生学位),是在一个强调个性而不是顺从性、强调创造力和娱乐性而不是精通文化正统观念的环境中长大的(Bourdieu 1984)。换句话说,异端性成为一种区别的标志,旨在将文化资源丰富的家庭与受教育程度较低的家庭区分开来——甚至成为经济地位相似的一种标志。我们预期那些父母受过高等教育的人持有的价值观偏离了大多数人的主流价值观。[10]

再次遵循布迪厄的观点,不平等的第三个维度与经济组织的场域有关。更准确地说,人们可能会认为,在工作组织中获得权力职位的个人(换句话说,管理阶层的成员)会精通主流的正统文化,从而被委托去执行纪律和监督他人——一种分类选择效应。我们预期在工作中扮演监管角色的人比其他人更接近主流的价值观。[11]

可以肯定的是,其他已知的因素会影响个体的价值取向,这些需要在价值观差异的实证研究中加以控制。众所周知,性别通常与价值取向有关。大多数研究发现,女性重视利他主义、同情心、社交和自我导向(self-direction)(Hitlin and Piliavin 2004:369—370)。年龄会影响个人是否持有主流价值观,(而且)通常很难将群体效应(例如,经历过第二次世界大战)与衰老效应区分开来。家庭状况也可以与价值取向相关联。那些从未有过孩子并因此偏离了标准家庭形成模式的人,很可能会不太符合主流价值观,无论是通过选择机制还是通过适应机制。

最后,过去的研究表明,宗教信仰与价值观差异有关。阿尔温(Alwin)对美国天主教徒和新教徒的研究发现,宗派差异(denominational differences)在解释价值观方面不如宗教信仰重要(Alwin 1986)。在以色列、德国、西班牙、荷兰和希腊的调查研究也得出了类似的结果(Schwartz and Huismans 1995)。

数据、测量和建模

为了检验上文提出的各种论点,我们使用了欧洲社会调查,这是一个在 24 个欧洲国家进行的标准化的和有代表性的调查。[12]可惜的是,它没有询问个人的族群背景,很可能是因为法国否决了允许研究人员将人口划分为族群的数据。

为了克服这一困难,我们依靠族群成员身份的共同标志,例如在家里说的特定语言、对少数群体宗教的信仰,或者就移民而言,受访者(第一代移民)或受访者(第二代移民)父母的特定原籍国。对于每个国家,我们将最大的族群定义为参照群体(即"主流")。通常,它就是借以识别这个国家的占主导地位的多数群体:在土耳其即说土耳其语的穆斯林,在法国即父母都出生在法国的说法语的天主教徒,在德国即没有移民背景的说德语的基督徒,等等。[13]上面讨论的资料既包括在国家领土上存在了几个世纪的国内族群(例如,说法语的瑞士人或西班牙的巴斯克人),也包括具有新近定居历史的移民少数群体(例如,德国的土耳其人)。因此,我们将这两种类型的少数族群包括在编码方案中(详见附录二)。这一程序产生了覆盖 24 个国家的 107 000 人的样本,涉及 382 个族群,其中有 24 个多数群体,51 个国内少数群体和 306 个移民少数群体。

因变量

欧洲社会调查包含了 21 个关于价值观的问题,这是由沙洛姆·施瓦茨(Shalom Schwartz)提出的,他可以说是最著名的价值观方面的社会学家(详见附录二)。这 21 个问题与十个特定的价值观有关,这些价值观反过来又聚集为四个主要的价值观,被称为保守性(conservatism)、开放性(openness)、自我提升(self-enhancement)和自我超越(self-transcendence)。如施瓦茨和合作者所述,这四个价值观沿两个维度相互对应:

自我提升与自我超越的维度反映了强调自我利益的权力和成就价值观与需要关心他人福利和利益的普遍主义和慈善价值观之间的对立。对变化的开放性与保守性的维度反映的是强调独立的行动、思想和感情以及乐意进行新体验的自我导向和激励价值观与强调自我约束、秩序和抵制变化的安全、顺从和传统价值观之间的对立。(Davidov et al. 2008:424f.)

对于这项研究,我们感兴趣的不是谁持有哪些价值观,而是与民族主流的一致性程度。毕竟,这是上述各种理论所共有的被解释项:解释一个个人是否——在任何方向上——偏离了占主导地位的多数群体所持有的价值观,并评估族群背景本身(正如赫尔德的继承者们所坚持认为的)、文化距离或社会封闭程度对理解这种价值观分化是否更为重要。换句话说,我们感兴趣的是个人价值取向的正统性或异端性的程度,而不是她有多么保守、开放、自我提升或自我超越。

因此,因变量被计算为个人价值取向与民族"主流"平均值的绝对距离。这意味着一个比主流更加保守的人与一个比主流更不保守的人可能有着相同的距离值——偏离的方向不被考虑在内。为了得到对异端性程度的单一测量,我们将所有四个主要价值观的距离相加。我们也以单个价值观作为因变量来运行所有模型,并在脚注中注明偏离结果。为了便于解释,因变量的平均值为0,标准差为100。[14]标准差表示2/3的实际观测值所在的可能值的范围。它通常被用来评估统计关联的相对强度,因为它使我们能够说明,如果另一个变量的值增加或减少,一个变量会变化多少。

但究竟为什么要研究这些抽象的、帕森斯式价值观呢?它们与人们在日常生活中的行为方式相关吗?大量学术研究已经表明,这些价值观与真正的行为实践有关。换句话说,它们不仅与个人如何思考生活中需要实现的相关目标有关,而且也与他们在世界上的行为方式有关。施瓦茨的价值观量表(value scales)与意大利投票给保守派或中左翼政党(Cottrell et al. 2006),与土耳其对伊斯兰改革型政党或凯末尔党的偏好(Baslevent and Kirmanoglu N.D.),与父母如何与青少年子女交流或如何控制他们(Cottrell et al. 2007),与青少年自身的越轨行为(Knafo et al. 2008),以及与个人是否在实验游戏中合作(Sagiv et al. 2011)等都有关。

施瓦茨所确定的这些价值观是否适合测试上面总结的各种论点? 契合度显

然各不相同。金里卡的多元文化主义哲学恰恰涉及施瓦茨想要捕捉到的普遍价值取向,它与贝里的文化适应理论以及社会封闭论点的关联也相当紧密。所有这些论点都是关于在一个人的生活中哪些目标值得实现的普遍观念。

当然,与经济学文献的契合度并不那么理想。阿莱斯纳及其合著者涉及的是公共政策偏好,而不是关于生活中什么是重要的普遍观念。然而,有证据表明,这些偏好——例如,反对或支持福利国家安排——确实与普遍主义的利他主义或自力更生等普遍价值取向有关(Blekesaune and Quadagno 2003;Jacoby 2006)。类似地,移民研究中的"新"文化论点以及欧洲关于伊斯兰教的争论大多涉及的是比施瓦茨的工具所捕捉到的更具体的价值观和规范(性别关系、家庭价值观等)。然而,例如普遍价值观与教育风格有关(Cottrell et al. 2007),这可能会影响来自不同移民群体的父母如何引导他们的孩子进入不同的同化轨迹。因此,我们的研究结果以一种不太直接但仍然很重要的方式与这两场辩论相关联。

文化距离与社会封闭

个体层次变量的编码——从年龄到教育,从一个人的宗教信仰到她的社会阶级背景——非常简单。我们只是使用了欧洲社会调查中的相应问题(详见附录二)。族群层次变量的编码更为复杂,并涉及相当多的新研究。为了测试文化距离论点,我们对与占主导地位的民族多数群体的语言距离和宗教距离进行编码。语言距离是指在语言系统进化树(phylogenetic language tree)中将少数群体语言与多数群体语言分离开的节点的数量[按照费伦(Fearon 2003)的观点]。[15]我们将语言距离分为四组,从说同一语言的族群对组到说非常不同的语言(例如,中文和法语)的族群对组。按照类似的"分叉"逻辑,西方基督教内部分裂(天主教徒与新教徒)的宗教距离被编码为1,西方基督教和东正教之间的宗教距离被编码为2,不同世界宗教(基督教、伊斯兰教、犹太教)之间的差异被编码为3。[16]

欧洲社会调查提供了对不同国家的人口所持有的价值观差异进行直接编码的可能性,这种差异被认为会增加两个族群共同体各自文化起源之间的距离。许多移民来自欧洲社会调查所覆盖的24个国家之一,因此,我们可以计算出原籍国和目的地国的"主流"价值取向之间的差异。这显然只适用于移民少数群体,也只适用于那些来自欧洲社会调查所调查的国家的人;它不适合国内少数群体和来自发展中国家的大量移民群体。[17] 使用这种"价值观距离"衡量标准可以更精确地测试文化距离和社会封闭的论点。

我们如何确定族群边界与这种封闭的关联程度？对于可追溯性问题，我们主要聚焦于针对少数群体的政治和法律上的封闭形式。国内少数群体和移民少数群体发现自己处于不同的境地，因为获得公民身份对国内少数群体来说不是问题。因此，我们为移民群体和国内群体制定了略有不同的编码方案，这在附录二中再次进行了描述。在这里只需指出，受到政治歧视的国内少数群体是指那些系统地和积极地被阻止在中央政府层次拥有代表权的人。例如，爱沙尼亚的俄罗斯人、东欧各地的罗姆人，或者希腊色雷斯（Thracian）地区的穆斯林少数群体。对于受歧视的移民少数群体来说，我们将其界定为那些在劳动力市场和获得公民身份方面，面临系统性法律障碍和不平等待遇的人。例如，全欧洲的土耳其人、中欧的非洲人、西欧的俄罗斯人［德国的俄罗斯裔犹太人（Russian Jews）除外］，等等。不受歧视的移民包括居住在其他欧洲国家的欧盟国家成员、德国的来自苏联的德国人族群、西班牙的阿根廷人、乌克兰的俄罗斯人、土耳其的波马克人（Pomaks），等等。

建模方法

我们使用多层次统计模型来分析这些数据集（详见附录二）。这意味着我们不仅将个体视为个体，而且视为族群的成员，进而受到文化距离等群体层次变量的影响，而这些变量反过来又嵌套在国家中。多层次模型可以在同一个方程式中估计个体层次、族群层次和国家层次变量的影响。对于本项目而言，我们对国家层次的差异不感兴趣——我们不想知道希腊居民在价值取向上是否以及为什么与冰岛居民不同。因此，我们不在统计模型中引入国家层次变量，而只是考虑到价值观异端性的总体水平因国家而异。族群层次变量作为"交互作用效应"（interaction effects）与少数群体"虚拟"变量一起被引入。用非技术性的话来说，我们正在有效地测试少数群体的特定特征（例如，其成员是否受到政治歧视）是否可以解释，该少数群体在其成员的价值取向方面是否偏离了占主导地位的多数群体。

结果

我们分五个步骤展示结果。第一步分析大部分差异是在哪个层次上发生的。正如赫尔德式观点所暗示的那样,价值观本质上确实是族群成员身份的问题吗?第二步,我们询问少数族裔地位是否与异端性有关,以及这种影响与社会不平等和其他与个人族群背景无关的变量的影响相比如何。这将使我们看到赫尔德式论点或它的宿敌——激进建构主义——在多大程度上得到了经验数据的支持。第三步和第四步探讨了文化距离和社会封闭的论点。

价值观主要是一个族群文化的问题吗?

表 7.1 显示,在 10 万欧洲人所持有的价值观中,只有 2%—3% 的方差位于族群层次。[18] 大约 3 倍于此的方差,即 7%—16% 之间,发生在分析中所包括的 24 个国家的层次。然而,大部分即 80%—90% 之间的方差都是在个体层次上发生的。换句话说,族群成员身份仅影响个人所持有的边缘性价值观,而民族国家的同质化效应表现出相对大得多的影响[与英格尔哈特和贝克尔(Inglehart and Baker 2000)的发现一致;Green et al. 2005]。

表 7.1　基于四个价值观维度的方差分解

	保守性		开放性		自我提升		自我超越	
族　　群	0.03	3.6%	0.02	2.2%	0.03	3.9%	0.02	2.1%
国　　家	0.08	9.9%	0.05	6.1%	0.04	5.6%	0.04	5.4%
残余方差	0.69	86.4%	0.74	91.7%	0.70	90.5%	0.71	92.5%
总方差	0.80		0.81		0.77		0.77	

这引起了人们对赫尔德式观点的有用性的严重怀疑,该观点认为,价值观异质性主要是族群背景的问题。如果方差的压倒性部分是基于个体之间的差异,而不是由他们在族群共同体中的成员身份来解释,那么人们会怀疑使用族群细分化指数来捕捉偏好异质性是否有意义,就像上面讨论的经济学文献那样。这

种测量可能只捕捉到一个国家人口的价值观异质性的一小部分,而个体层次的变量——以及它们在国家之间分布的差异程度——对价值观异质性的影响要大得多,这种价值观异质性被认为会使公共物品供给或经济增长更加困难。类似地,多元文化主义哲学可能会假设关于善好生活的观念主要在族群之间存在系统性的差异,从而错过图景的关键部分。那些支持族群和种族"多样性"以提高组织绩效的文献,可能不得不依赖于其他论点,而不是工作团队中规范异质性的积极影响。移民社会学中最近重新活跃的关于文化的论点也需要面对这样一个事实,即如果文化价值观对融合轨迹很重要,那么这些价值观可能不会很好地与族群划分保持一致。

族群差异还是社会不平等?

如果族群差异对于理解价值观正统性和异端性没有那么重要,这是否意味着激进的建构主义者是对的?下这一结论还为时过早,因为少数族裔成员身份可能仍比其他社会分裂更为重要。[19]我们通过将少数族裔成员身份对价值观异端性的影响与一系列同社会阶级、性别和其他背景特征相关的个体层次变量的影响相比较,来探讨这种可能性。表 7.2 中的模型 1 列出了这些结果。

模型 1 包含一个简单的群体层次变量,表示该群体是否为少数群体。少数群体确实偏离了民族主流 1/10 个标准差(与多数群体相比)。这种影响也非常显著。这意味着我们应该拒绝激进建构主义论点,根据该论点,族群性对于理解当代欧洲社会的价值观分化并不重要。与其他变量,特别是与那些和社会不平等相关的变量相比,这种少数群体效应(minority effect)如何?激进建构主义的第二个假设是否仍然有效,根据这个假设,社会阶级的影响压倒了少数族裔成员身份的影响?

比较系数的大小,使我们能够回答这个问题。与激进建构主义者的预期一致,一些社会不平等变量在解释价值观正统性方面确实比少数群体地位更有效:像少数族裔成员一样异端,只需要少两年的学校教育。没有孩子的个体的异端性是少数族裔成员的两倍。另一方面,少数群体地位比其他一些个体层次的变量更加重要:需要整整 30 岁的年龄差异才能达到少数群体效应的大小。而且作为一个少数族裔,其影响是性别影响的两倍,是城乡划分影响的五倍。从上述比

表 7.2　价值观异端性的多层次模型（全样本）

	模型 1			模型 2			模型 3			模型 4		
	估计值	标准差	T 值	估计值	标准差	T 值	估计值	标准差	T 值	估计值	标准差	T 值
个人层次变量												
年龄	0.33	0.02	15.86**	0.33	0.02	15.95**	0.33	0.02	15.91**	0.33	0.02	16.05**
男性	−5.42	0.63	−8.62**	−5.44	0.63	−8.65**	−5.42	0.63	−8.64**	−5.45	0.63	−8.67**
受教育年限	−3.91	0.31	−12.77**	−3.90	0.31	−12.75**	−3.91	0.31	−12.76**	−3.91	0.31	−12.76**
家庭育有子女	−17.24	0.73	−23.76**	−17.26	0.73	−23.78**	−17.25	0.73	−23.77**	−17.27	0.73	−23.80**
大城市居民	1.77	0.82	2.17**	1.73	0.82	2.12**	1.73	0.82	2.12**	1.70	0.82	2.08**
宗教虔诚性	−0.06	0.13	−0.47	−0.07	0.13	−0.52	−0.06	0.13	−0.50	−0.08	0.13	−0.59
宗教：												
东正教①	1.46	2.07	0.70	1.00	2.08	0.48	1.38	2.07	0.67	0.91	2.07	0.44
伊斯兰教	−1.61	3.65	−0.44	−6.27	4.59	−1.37	−4.11	3.82	−1.07	−7.01	4.59	−1.53
新教	−0.22	1.18	−0.19	−0.25	1.18	−0.21	−0.23	1.18	−0.20	−0.28	1.17	−0.23
无信仰	5.17	0.97	5.30**	5.08	0.97	5.21**	5.15	0.97	5.29**	5.04	0.97	5.17**
其他	6.82	2.65	2.57**	6.41	2.66	2.41**	6.79	2.65	2.56**	6.37	2.66	2.40**
父亲的教育程度：												
中等教育②	−2.31	0.84	−2.76**	−2.27	0.84	−2.71**	−2.29	0.84	−2.73**	−2.25	0.84	−2.69**
高等教育	3.63	1.08	3.37**	3.65	1.08	3.39**	3.67	1.08	3.41**	3.64	1.08	3.39**
工作中的监管角色	−2.08	0.72	−2.88**	−2.07	0.72	−2.86**	−2.09	0.72	−2.88**	−2.05	0.72	−2.84**
群体层次变量												
少数群体	9.94	1.44	6.89**	7.50	1.66	4.53**	12.41	3.51	3.53**	6.30	3.74	1.69
少数群体×宗教距离 1				5.25	5.22	1.01				5.20	5.13	1.01
少数群体×宗教距离 2				12.33	4.58	2.70**				3.75	4.93	0.76
少数群体×宗教距离 3				8.05	4.41	1.83				−0.39	4.81	−0.08
少数群体×语言距离 1							−8.81	4.29	−2.05**	−5.29	4.27	−1.24
少数群体×语言距离 2							−1.21	4.18	−0.29	0.15	4.14	0.04
少数群体×语言距离 3							1.68	4.37	0.38	0.84	4.38	0.19
少数群体×政治排斥							11.10	3.17	3.50**	11.10	3.17	3.50**

注：N＝105 771。省略类别：①天主教，②初等教育或更低。T 值是指双尾检验（two-tailed test）；** 对应于 0.05 的显著性水平。

较中,我们得出结论:激进建构主义者的反族群性(antiethnicity)论点被夸大了。族群性显然是构造价值取向景观的一个因素,并且考虑到这一点,不应该被视为一种恶毒的"文化主义"。

文化距离还是文化封闭?

但是,族群差异为什么以及如何重要呢?这是文化距离的问题,还是与族群分裂有关的政治排斥和歧视的问题?模型 1 还允许我们评估文化距离论点的第一个版本,即认为虔诚的穆斯林应该系统性地偏离民族主流。然而,那些将伊斯兰教作为其宗教信仰的个人并不比天主教徒(统计上与所有其他宗教信仰进行比较的"省略类别")更加偏离各自国家的主流价值观。相反,那些自称不信奉任何宗教的世俗人士却与主流社会有很大的差异。如果说有什么差异的话,那就是当代欧洲的世俗人士和宗教人士之间,而不是基督徒和穆斯林之间,存在着文化鸿沟。如果我们不查看与主流的总体偏离情况,如表 7.2 所示那样,而是分别观察四个价值观中的每一个,或者如果我们将绝对价值观(absolute values)而不是与主流的偏离定义为因变量,情况也是如此。[20]

这些结果清楚地表明,伊斯兰教的宗教教义与西欧许多政治权威人士(以及他们所反映和塑造的公众舆论)所维护的一套不同的基本人类价值观无关。如果我们观察更具体的规范取向(例如关于性别角色的规范取向),这并不妨碍我们发现这种差异,遗憾的是,这些取向并不是欧洲社会调查中任何问题的焦点。[21]但它表明,如果伊斯兰教世界观和基督教世界观之间有任何差异,那就一定是关于这些特定的价值观,而不是我们在这里试图理解的更广泛的文化取向。我们将在结论部分中对这些发现进行更详细的阐释。

指出穆斯林例外论只代表了文化距离论点的一个非常具体的版本。我们现在可以通过测试在语言或宗教方面差异更大的少数群体是否也是那些在价值取向上差异更大的群体,来探索其更普遍的版本。模型 2 为宗教距离论点提供了一些支持:具有宗教距离 1 的少数群体(即在新教徒占主导地位的国家中的天主教徒,或者反过来)与那些和多数群体具有相同宗教背景的少数群体[以"少数群体"变量中的"主效应"(main effect)来表示]没有区别。但是那些具有距离 2(西方基督教对东正教)以及距离 3(基督教对伊斯兰教/犹太教)的人与主流价值观的差异确实更大,尽管距离 3 的系数仅略微显著。[22]

模型 3 表明对语言距离论点的支持要少得多:唯一显著的影响是与多数群体的语言距离很小的少数群体(距离 1),然而,与那些和多数群体说相同语言的少数群体相比,他们的价值观更加符合而不是更不符合主流价值观(同样以"少数群体"变量的"主效应"来表示)。[23]

模型 4 将这两种距离度量结合到一个模型中,并为受歧视的少数群体添加了一个变量,最终允许评估社会封闭的论点。政治排斥与价值观正统性显著相关,而没有哪一个距离变量在统计上具有显著性。价值观差异不是族群文化之间距离过大的结果,而是沿族群界线所形成的社会封闭的结果。正是后者,随着时间的推移,导致了占主导地位的多数群体和被排斥的少数群体所持有的价值观的分化。排斥的影响是巨大的:与多数群体成员相比,被排除在外的群体的成员与民族主流的偏离几乎是 1/5 个标准差。[24]还需要注意的是,"少数群体"变量的"主效应"——表明未受歧视的少数群体与多数群体的偏离程度——仍然很显著,但远低于模型 1 中的水平。换句话说,与社会封闭论点一致,未受歧视的少数群体可能不会持有与主流价值观有系统性差异的价值观。[25]

封闭还是文化距离?走向动态分析

上述分析是基于代表动态过程的静态快照的数据,因此,无法完全捕捉价值观分化的过程。然而,社会封闭和文化距离的论点都隐含着时间方面的论点。前者假设社会封闭先于(并导致)价值观差异,而后者预测价值观差异不仅随着文化的接近而减少,而且随着世代的推移而减少。分析第一代和第二代移民的子样本可以瞥见这种时间动力,并更准确地评估相互竞争的论点。我们将样本限制在来自其他欧洲社会调查国家的移民身上,以计算原籍国和目的地国之间的价值观差异。

表 7.3 中的模型 1 将移民和第二代移民与主流("省略类别")进行了比较。正如系数的大小所显示的,二者偏离主流的程度都差不多,而且第一代并没有比第二代明显更异端。这一发现明显而直接地驳斥了文化距离和文化适应模式。[26]

表 7.3　来自欧洲社会调查国家和多数群体的第一代和
第二代移民少数群体的价值观差异端性

	模型 1 第一代和第二代			模型 2 第一代			模型 3 第二代		
	估计值	标准差	T 值	估计值	标准差	T 值	估计值	标准差	T 值
个人层次变量		未显示			未显示			未显示	
群体层次变量									
第一代移民群体	9.0	1.8	5.00**	−10.4	5.9	−1.77			
第二代移民群体	10.5	2.0	5.25**				12.9	6.0	2.14**
第一代/第二代×原籍国与 目的地国之间的价值距离				16.0	6.3	2.54**	−3.8	6.7	−0.57
第一代/第二代×政治排斥				0.6	8.6	0.07	31.2	11.1	2.82**
群体数量	331			166			153		
国家数量	24			24			24		
个人数量	98 024			91 868			91 757		

注：本地多数群体是被省略的参照组。对模型 1 中移民和第二代之间差异的沃尔德检验（Wald test）并不显著（t = 0.66）。T 值是指双尾检验；** 表示 0.05 或更高的显著性水平。

第一代移民和第二代移民是否由于不同的理由——移民是由于从母国"输入"的文化距离,而他们的子女是由于排斥——而与主流不同? 模型 2 和模型 3 分析了子样本来回答这个问题。模型 2 只涉及第一代移民群体,再次将他们与各自的民族多数群体进行比较。事实上,与文化距离论点一致,原籍国和目的地国之间的价值观距离对第一代移民群体与主流的偏离程度有显著影响。毫不奇怪,移民因此"随身携带"了他们在原籍国已经社会化的价值取向。然而,政治排斥对第一代移民的价值取向并没有影响。

第二代移民的情况正好相反(模型 3):与他们父母所在国家的价值观距离无助于理解第二代移民自身的价值取向偏离民族主流有多远。但政治排斥确实如此:被政治排斥的移民子女的异端性是未被政治排斥的群体中的同龄人的三倍。第二代移民受歧视的影响超过了我们的分析迄今为止所揭示的所有其他统计关联的量级(magnitude);与成为主流多数群体的成员相比,第二代移民所受的歧视与价值观异端性的标准差几乎有一半相关。这种影响也大约是父母一代的价值观距离的影响的七倍,这为本章致力于倡导的封闭观点提供了强有力的总体支持。

上述分析使我们离理解价值观分化背后的时间动力又近了一步。但我们仍然受到以下事实的限制,即欧洲社会调查数据不允许追踪价值观如何随着时间的推移而变化,以反映个人融入社会结构的方式的变化。这就提出了反向因果关系的潜在问题:来自不同价值观国家的个人是否比价值观更相似的个人更容易受到歧视,从而在第二代移民中产生更多的价值观异端性? 换句话说,歧视是价值观差异的结果,而不是反过来? 我们使用以移民少数群体为观察单元的统计模型,对这种可能性进行了初步和尝试性的测试。它表明,只要我们也控制了国家之间的其他差异,例如决定移民是否在法律上处于不利地位的经济发展水平、识字率或民主化水平,那么原籍国和定居国之间的巨大价值观差异并不会增加被排斥的机会。[27] 这表明,不同的价值观是政治排斥的结果,而不是导致政治排斥的原因。

结论

在第二章中,我简要地提到了牙买加和圭亚那的中国契约工人的例子[受帕特森(Patterson 1975)的研究的启发]。根据上述分析,如果第一代移民继续持有可能与他们的克里奥尔人同事和熟人截然不同的价值观,我们也不会感到惊讶。毕竟,我们从社会心理学中知道,人类并不是可以立即适应任何新环境并融入新文化的完全可塑的生物,就好像换件衣服那样简单。用布迪厄式的语言来说,相对稳定的习惯性倾向,包括某些规范取向,存在一种"滞后"效应(hysteresis effect)。

然而,这些中国前劳工和商人的子女,会根据其克里奥尔人同学和邻居是否刻意回避他们、国家是否剥夺了他们的完全公民身份权、学校是否允许他们接受高等教育、他们是否在他们父亲的贸易网络之外找到工作,进而发展出不同的价值取向。换句话说,这取决于克里奥尔人多数群体所采取的边界制定策略和方法。高壁垒将意味着与克里奥尔人儿童的互动和友谊很少,这反过来将导致第二代移民价值取向的分层化。然后,中国商人的子女们可能会积极强调他们的中国血统,皈依天主教以标记针对新教克里奥尔人的边界,并发展出一种独特的文化,这种文化明确地拒绝他们认为在克里奥尔人中普遍存在的颓废的善好生活观念。最终,他们会持有与他们的同龄人和父母不同的价值取向,与其说是因为中国文化起源相距遥远,不如说是因为将他们与社会其他人分开的社会边界不允许他们参与边界另一边所进行的关于共享意义和规范取向的谈判。没有这样的边界,正如圭亚那华人所说明的那样(ibid.),价值观在几代人的过程中是同步演化的,文化适应成功的学生可以观察到的独特的中国文化已经所剩无几。

这些发现为社会科学和人文学科的一系列辩论提供了有趣的启示。它们表明,将族群多样性与文化差异等同起来是有问题的,即使它诉诸赫尔德式的常识。例如,美国受过教育的公众将"文化多样性"当作族群和种族差异的同义词(关于大学生,请参见 Morning 2009)。然而,在经验现实中,族群多样性只抓住导致个人持有不同价值取向的原因的一小部分。因此,经济学家、哲学家和社会学家可能需要重新思考他们如何看待族群性与文化价值观之间的关系。我们的研究结果表明,族群多样性与公共物品供给或经济增长之间的统计关联要么是虚假的(请参见 Min et al. 2000),要么是基于价值观异质性之外的机制。如果多元文化主义的哲学(和政策)仍然寻求倡导少数群体的集体权利,它也可能不得不重构其论点:赋予这些权利与其说是为了容纳不同的文化世界,不如说是为了避免政治不平等。政治包容无助于保护文化差异；相反，随着时间的推移，前者会侵蚀后者。同样，那些因为价值观异质性促进创造力而倡导组织"多样性"的人，可能需要更加聚焦于对受歧视少数群体的包容。仅凭这些就能够使一个工作团队的规范世界多元化。

在对移民少数群体的研究领域中，我们的研究支持了文化适应取决于政治和法律平等的观点。如果移民少数群体被排除在主流社会的全面参与之外，他们将保持或变得在文化上与众不同，即保持或发展非正统的价值取向。这与波特斯（Portes）及其同事提出的"分层同化"的概念大体相一致（Portes 1995；最近的研究请参见 Haller et al. 2011）。在这些模式中，接纳的背景，包括歧视程度和给予移民的法律地位，在塑造社会同化过程和文化同化过程中发挥了重要作用，并决定了一个移民群体是否会融入（在美国的）非裔美国人的对立文化或者进入"主流"。

然而，我们的研究结果让人们对最近在移民研究中复活的"文化很重要"论点产生了怀疑。文化上独特的价值取向被认为是决定不同移民族群的融合轨迹的重要"自变量"（Tran 2011）。我们的研究并没有直接探讨下述论点，它们指向特定的规范，如家庭取向或教育的威望，而不是一般的价值取向。这些具体规范是否确实按照这些理论假设的方式映射到族群景观上，仍有待确定：例如，这些理论假设家庭价值观是某些族群的特性，而不是整个分层系统中的特定位置或不同移民渠道所产生的选择效应的后果。如果系统的经验评估——沿着本章所追求的路线——也能揭示出这些关于文化和族群性的更具体假设是有问题的，我们不会感到惊讶。

我们的发现更直接地谈到了社会心理学中的文化适应研究。与贝里的文化适应模式相反，原籍国和定居国之间的语言或文化距离与更加偏离主流价值观无关。虽然来自不同价值观国家的移民确实更加异端，但第二代移民已经不再是这样了，他们符合或偏离主流的价值取向取决于政治排斥程度，而不是与其父母原籍国的价值观的距离。总的来说，政治排斥对第二代价值观分化的影响是，使得价值观方面的文化适应并没有像主流的文化适应模式所坚持认为的那样，在几代人中取得进展。

我们的研究也对欧洲关于穆斯林移民价值观兼容性的辩论有影响。我们的模型都没有表明，穆斯林个人在总体价值观空间中比天主教徒更偏离主流；如果我们分别关注四种价值观中的每一种，它们与主流的区别也不大，正如另外的分析所表明的那样。我们也没有发现，在族群层次上，基督教国家的穆斯林移民表现出任何统计上显著的异端倾向。如果我们关注这些人的绝对价值观取向，而不是这些人偏离主流有多远，我们会发现东正教徒、天主教徒与世俗个人之间的文化裂缝（cultural rift），而不是穆斯林和基督徒之间的文化裂缝（请参见注释[20]）。

关于"伊斯兰"与"西方"文化和价值观之间兼容性的争论，似乎遵循了话语边界制定的逻辑，即寻找并聚焦确实存在差异的特定文化习俗，例如戴面纱或头巾。但这些话语并不纯粹反映和整齐映射到文化相似性和差异性的整体景观之上。用马克斯·韦伯的话来说：

> 对外部的垄断性封闭的……倾向甚至可以与最肤浅的元素联系在一起……族群排斥抓住了有关"体面"观念的所有可能差异，并将其转变为"族群习俗"……而且事实上……特别是那些本来可能看起来不那么具有社会重要性的东西……典型的着装、典型的住房和食物模式、通常的性别之间或自由和不自由之间劳动分工等方面的差异。（Weber 1985：238f.；作者的翻译）

然而，对穆斯林的系统性歧视和排斥的后果很可能是，随着时间的推移，穆斯林移民的子孙发展出一种反对占主导地位的多数群体所珍视的核心价值观的反文化，因为这个多数群体拒绝让他们充分参与社会。虽然现在判断情况是否确实如此还为时尚早，但根据本章所提供的实证结果，我们可以肯定地说，穆斯林文化差异的话语很可能有助于在未来产生它今天已经描绘为经验事实的东西。

在更理论化的层面上，本章的研究发现支持摆脱赫尔德式的、关于族群性和文化差异的理所当然的假设，同时帮助我们防范激进建构主义的陷阱。在重新思考文化价值观与族群性之间的关系时，本章为对族群现象采取一种批判性的、概念上更复杂的且以经验为基础的研究路径提供了进一步的动力。这种研究路径并不像激进建构主义方法那样否认文化差异本身的相关性，而是用更精细的边界制定过程分析来取代文化和族群性之间的公理性联系（axiomatic association），正是这种边界制定过程导致了我们所居住的文化世界的分化。

【注释】

[1] 当然,金里卡的论点非常复杂,而且整个论述过程也不完全一致。在讨论对其整体论点至关重要的魁北克案例时,他坚持认为,因为魁北克人不再以不同的文化为特征,因此没有从通往善好生活的不同文化选项中进行选择。然而,由于他们保持着强大的族群认同,他们的共同体需要得到国家的承认(Kymlicka 1995:88f.),但原因仍不明了。关于在捍卫族群权利的思想的同时避免文化本质主义的最近尝试,请参见 Patten(2011)。

[2] 金里卡将"价值观"一词与"善好生活的概念""生活方式""善好生活的愿景""目标、抱负和目的""基本偏好""信仰和愿望""文化标准和规范"或者纯粹的"文化"互换使用(Kymlicka 1989)。

[3] 很少有研究试图通过经验来评估公共政策偏好是否会映射到族群差异上。哈比亚利马纳等人(Habyarimana et al. 2007)没有发现这种对应关系,而利伯曼和麦克伦登(Lieberman and McClendon 2013)则表明,只有当族群性政治化和(或)与相当大的收入不平等相关时,这种偏好差异才存在。

[4] 有关价值观差异与族群性相关联的经验证据,请参阅库恩和克梅尔迈尔(Coon and Kemmelmeier 2001)、盖恩斯等人(Gaines et al. 1997)、奥瑟曼等人(Oyserman et al. 2002)、辛格里斯等人(Singelis et al. 1995),以及浅川希洋志和契克森米哈赖(Asakawa and Csikszentmihalyi 2000)的美国研究。然而,这些分析(Asakawa and Csikszentmihalyi 2000 在一定程度上例外)都没有考虑到其他可能导致个人持有某些价值观的因素(见下文的讨论)。

[5] 请参见 Dittrich and Radtke (1990)、Bukow (1993)、Bommes (1999)、Carter et al. (1996)、Silvermann (1992)、Schuster (1992)、Castles (1988)、Anthias (1992)、Essed (1992)、Rath (1993)、Ålund (1992)、Radtke (1990),以及 Wetherell and Potter (1993)。

[6] 与文化距离的论点相一致,最近一项关于移民和当地人通婚的瑞典研究得出的结论是,来自价值取向差异较大的国家的移民不太可能找到瑞典配偶(Dribe and Lundh 2011)。

[7] 这一假设已经在美国(Phinney et al. 2000)、以色列(Knafo and Schartz 2001)和澳大利亚(Feather 1979)关于移民和多数群体价值取向的社会心理学研究中得到证实,这些研究采用了不同的尺度和测量方法。

[8] 正如德国国家银行前行长扎拉青(Sarazzin)所言,问题是"对于德国和欧洲来说,融合伊斯兰教这样的一种宗教意味着什么,其信仰原则和实际生活规则与世俗现代性的许多方面相对立"[《法兰克福汇报》(*Frankfurter Allgemeine Zeitung*)2011 年 2 月 19 日第 42 期,第 31 页]。

[9] 对立文化的论点在教育社会学(Fordham and Ogbu 1986)中得到了突出的讨论,其中有人认为,非裔美国青少年将学校的成功与占主导地位的白人文化["表现得像白人"(acting white)]联系起来,并发展出一种以同伴认可和男性荣誉等对立的价值观为取向的反文化。无论这一论点是否特别适用于非裔美国青少年,还是更广泛地适用于美国的市中心贫民区(inner-city)文化[请参见斯莫尔和纽曼(Small and Newman 2001)的批评],类似的机制都可能在第二代移民中发挥作用。

[10] 有关将父母教育转化为不那么顺从的儿童心理倾向的教育实践的社会心理研

究,请参见 Hitlin and Piliavin (2004:372—373)。

[11] 请注意,这一假设与科恩(Kohn)的开创性研究之后的一系列研究相一致,该研究表明,不同的职业条件——通过监管功能、任务的复杂性和工作的常规化程度来发挥作用——与价值观差异相关(请参见 Hitlin and Piliavin 2004:370—371 中的综述)。在这一研究传统中,价值观系统被设想为一个从自我导向取向到顺从取向的连续体,后者由那些在工作中受到密切监管并执行简单、日常任务的个人所持有。我们的假设涉及的是与主流价值观的差异,而不是个人持有的绝对价值观。因此,如果"自我导向"比"顺从性"(conformism)更接近主流价值观,那么管理阶级就可以更加正统(我们的假设),同时重视"自我导向"(科恩的论点)。这就是基于我们数据的额外分析(此处未显示)所揭示的:那些监管他人的人比其他人更开放、更关注个人成就(但也更关注集体利益)。

[12] 这包括乌克兰、土耳其、斯洛伐克、斯洛文尼亚、瑞典、俄罗斯、葡萄牙、挪威、荷兰、卢森堡、爱尔兰、匈牙利、英国、法国、芬兰、西班牙、爱沙尼亚、丹麦、德国、捷克共和国、瑞士、保加利亚、比利时、奥地利和以色列,我们将以色列排除在这里的考虑之外。我们汇集了四波欧洲社会调查(2000 年至 2006 年之间),以增加具有少数群体背景的个人的数量——这是充分测试族群性如何与价值取向相关的关键先决条件。

[13] 对于瑞士和比利时等多民族国家(multinational states)来说,国内最大的族群被定义为"主流"(说德语的瑞士人和说佛兰德语的比利时人)。

[14] 有关技术细节,包括讨论我们如何以及为什么使用因变量的因子分数(factor scores),以及我们如何处理标量不变性(scalar invariance)和测量不变性(measurement invariance)的问题,请参见附录二。

[15] 因此,语言距离计算了语言创新(导致语言树中的一个新分支)的数量,这种创新是为了说同一种语言而必须加以改变的。对于移民少数群体,我们参照原籍国使用的多数群体语言对距离进行编码,除非我们有迹象(从调查中)表明大多数移民来自一个特定的语言少数群体(例如,从中亚国家返回到俄罗斯的俄罗斯人)。虽然语言距离测量原则上是连续的,但图形分析表明,该分布有三种不同的模式。因此,我们将语言距离分为四类。

[16] 由于这是一个群体层次的变量,我们忽略了许多单独的群体成员被彻底世俗化(特别是在东欧)的事实。然而,个体层次的宗教编码却充分地抓住了这种变化。在族群具有混合宗教背景的情况下,我们根据群体成员中最常见的宗教来对距离进行编码。

[17] 这一程序也不能考虑到可能的选择性影响,例如,西欧的土耳其移民可能不是来自土耳其境内与该国平均水平相对应的地区和社会环境。

[18] 当使用与国家特定均值的偏差作为因变量时,无法计算国家层次的方差。因此,我们在这里指的是关于个人所持有的绝对价值观的方差,而不是像在其余分析中那样是与民族主流的偏差。

[19] 换句话说,上面发现的很大一部分剩余的、个体层次的方差可能是由于任何社会科学论点都无法理解的个人特质(personal idiosyncrasies)——它们可能只是现代社会赋予个人的自由来决定他们认为有价值的价值观的结果。或者,残差可以用在个体层次上运作的心理学理论来解释。

[20] 穆斯林比天主教徒更保守,但他们对于其他四种价值观中的任何一个都没有偏

离。然而,世俗个人和东正教徒在所有四个价值观方面都与天主教徒有显著不同。因此,在欧洲社会中,最重要的宗教分裂发生在天主教徒、东正教徒和世俗个人之间。

[21] 最近对德国的研究(Diehl et al. 2009)发现,在性别意识形态和家庭分工方面,当地人不如土耳其移民保守,即使在控制了宗教信仰的情况下也是如此(此外,笃信宗教的德国人不如笃信宗教的土耳其人保守)。然而,他们并没有控制诸如农村出身等背景特征。根据康纳(Connor 2010)的说法,在当地居民持有更明显的反移民观点的欧洲地区,穆斯林往往更加笃信宗教。人们可以想象在性别态度方面也会产生类似的反应效应。

[22] 当不控制个人层次的特定宗教信仰时,这些结果仍然相似。子样本分析表明,宗教距离 2 仅对移民少数群体显著,而对国内少数群体并不显著。

[23] 子样本分析表明,这只适用于国内少数群体,而不适用于移民少数群体。

[24] 正如稳健性测试(robustness tests)所显示的那样,这些结果不是由少数有影响力的族群或国家所驱动的,也不是由四个价值观中的一个或两个差异造成的,也不是当地少数群体或移民少数群体特有的。我们分析绝对价值观取向,而不是偏离主流,发现被歧视的少数群体更保守,更倾向于社群价值观(用施瓦茨的话来说是"自我超越")。与封闭理论一致的解释认为,保守主义是对缺乏社会流动机会的反应,而社群取向往往源于人们经常在被污名化的少数群体中发现的对团结和相互支持的期望。

[25] 仅对国内少数群体或移民少数群体进行的子样本分析得出了大致相同的结果(偏差已在之前的脚注中注明)。然而,在国内少数群体模型中,当所有距离变量都包含在模型中时,排斥未能达到标准的显著性水平,尽管它本身就非常显著,而距离变量则不显著。

[26] 如果我们把所有移民群体都包括在样本中,这种影响实质上是相同的。

[27] 这种分析显然相当粗糙,因为我们对排斥变量的编码在很大程度上反映了欧盟对新成员国的接纳程度。只有更大量的国家样本和数十年的纵向数据,才能使我们以更令人满意的方式解决这个变量内生性问题。

第八章　结　论

　　族群性和种族的边界制定研究路径,试图超越将族群性等同于紧密联系的共同体(closely knit communities)、明确的文化(clear-cut cultures)和共享的身份认同类别(commonly shared categories of identity)的常识观念。这三个 C 代表了我们对族群现象的理解中所谓的赫尔德遗产:原始浪漫主义观念,即认为世界是由不同的族群[或种族、国族(nation)、民族(peoples),取决于术语和语境]组成的,每一个都由独特的文化世界观、共同的身份认同和团结的纽带凝聚在一起。与最近在同一方向上的其他进展一致,边界制定研究路径进行了更加动态和差异化的分析:它询问文化差异是如何以及在什么条件下产生的,紧密联系的共同体如何以及在什么条件下出现,以及个人如何以及在什么条件下认同哪些族群类别。

　　另一方面,本书也试图摆脱族群性是建构的(constructed)、随情境变化的(contextually variable)、有争议的(contested)、偶然事件的(contingently eventful)等常规断言,这是目前大多数研究族群性的学者所共有的建构主义的"四 C 信条"。唉,并非一切皆有可能,并非所有的族群边界都是流动的和动态的,并非所有的族群边界都是认知和情感上不稳定的、随情境变化的和不断遭受争议的。正是边界隐喻有助于想象这样的社会景观,在其中,族群划分具有文化意义,对资源配置和生活机会分配至关重要,并且具有历史连续性;这始终允许观察者描述和想象它们如何跨越一种景观,变得易于渗透和无关紧要,被其他更有意义的边界纵横交错,甚至可能完全消失。

第八章 结 论

根源

边界研究路径最近开始流行起来,并被有效地运用于描述科学主张的提出(Gieryn 1983)、日常的道德推理形式(Lamont 2000)和移民吸纳的过程(Bauböck 1998;Zolberg and Woon 1999;Alba 2005)。本书以这些文献为基础,将其假设和命题系统化,并试图将这些置于一个连贯的理论框架中。它通过回顾三种经典的学术传统做到了这一点。

第一,我依赖马克斯·韦伯将族群形成视为社会封闭过程——试图或多或少成功地垄断经济机会、政治权力或群体荣誉——的分析。这种韦伯式传统于20世纪90年代在布鲁贝克(Brubaker 1992a)、华康德(Wacquant 1997)、洛夫曼(Loveman 1997)和我自己(Wimmer 1996b)的作品中重新出现。从这个传统来看,族群性不仅仅是一个"想象的共同体"、一种认知分类或一种身份认同话语。族群边界制定是由权力和威望的等级所驱动的,并且旨在稳定这些等级并使之制度化(请参见 Tilly 1998;Mackert 2004)。

第二,我大量借鉴了皮埃尔·布迪厄对分类斗争(classification struggles)的分析。这种关于谁是什么以及谁应该得到什么的斗争,构成了现代社会政治场域和象征场域的核心,而且布迪厄有效地提醒我们注意,国家机构对个人进行分类并使这些分类具有重要影响且因此具有主观意义的权力。更一般地说,在前面几章中发展起来的边界制定理论有两个关键的见解归功于布迪厄。首先,族群分类——定义谁是什么——是争夺权力和威望的斗争的一个内在组成部分,这种斗争处于社会封闭过程的核心。其次,作为组织和社会运动的成员,无论是在邻里和工作场所的日常接触中,还是在政治话语的公共领域中,个人和集体行动者在这些斗争中的行为是策略性的,不一定是狭义上理性的行为。

第三,这里所阐述的理论框架建立在弗雷德里克·巴斯的开创性研究之上,采用了他引入社会科学的边界隐喻。巴斯的两个更具实质性的见解也被纳入了论证之中。首先,边界可能不会将客观上具有不同文化的群体区分开来,但仍然以行动者自己认为有意义和重要的文化符号为标记。其次,即使个体从一边转移到另一边,一个边界也可以是稳定的和连续的。这种"易于渗透的"边界仍然可能会以重要的方式塑造总体的社会关系网络。

为了整合这三个理论传统,我依靠的是大约 20 年前自己提出的文化谈判和妥协理论(Wimmer 1996a)。它解决了在这三个传统中仍然悬而未决的一个关键问题,即我们如何理解哪一种分类方案成为主导的、一致同意的,并与日常的社会封闭形式相关。我通过关注采取不同边界制定策略的行动者之间的显性和隐性谈判过程来解决这个问题。在哪些条件下,这些持续进行的斗争将会收敛在一种特定的分类模式上? 我认为,如果行动者之间有足够大的重叠(并且通常是互补的)利益领域,就会产生这种共识。在最近的合著论文中(Kroneberg and Wimmer 2012),我们详细展示了这个谈判过程是如何由资源分配的不平等所塑造的,以及如何以严格缜密的方式对其进行形式化建模。

方法论原则、分析立场

建立在该理论基础上,本书介绍了一系列认识论立场和分析立场、方法论原则和理论策略,以进一步推进族群性的边界制定研究路径。第一,本书结合人类学(Glick Schiller et al. 2006)和社会学(Brubaker 2004)方面的其他最近研究成果,建议用非族群的术语来定义观察和分析的单元。这有助于避免将族群共同体的存在、相关性和持续性硬接到观察装置中——正如在许多关于"种族关系"的文献、"群体间"接触的社会心理学以及研究特定"共同体"的历史、文化和未来命运的左翼赫尔德(left-Herderian)传统中那样。三个实证研究章节证明了替代性的分析视角对我们理解族群形成过程是多么有价值。

关于瑞士移民邻里的一章通过将社会场域作为分析和观察的单元避免了赫尔德式视角,这使得观察从邻里居民的分类实践和网络策略中产生的各种边界——包括似乎对群体形成过程影响最大的局内人与局外人之间的区分——成为可能。关于大学生社会网络的一章以个体为观察单元,采取定量研究的标准研究路径。由于脸书数据集包含了除种族背景和族群归属之外的大量重要的个人特征,我们可以证明,与通常所假设的相比,社会边界更多地沿着其他非种族的分裂而聚合。最后一章关于欧洲价值观异端性,使用了一种更复杂的多层次研究设计,其中包括族群层次的分析。这使我们能够观察到这些不同层次上的各种文化分化模式,并确定族群成员身份如何以及在多大程度上解释了欧洲民众所珍视的价值观。

第二,边界制定框架假设群体形成过程的主要结果是开放的,而不是专门寻找族群和种族形式的社交性、文化模式和类别认同。换句话说,这些形式涌现出来的程度需要被视为一个经验上开放的问题,有多种可能的答案。关于瑞士的一章表明,非族群的分类和联系模式主导着这些特殊的场域,即使局内人-局外人区分的运作方式(modus operandi)将族群的类别和嗜同性视为理所当然。关于大学网络的一章表明,种族确实是一种塑造美国年轻人友谊的强大力量。但其他此类力量,包括共同的精英背景或地域出身的影响,正在以更重要的方式构造整个网络。关于欧洲人所持有的价值观的最后一章表明,这些价值观受到个人族群背景的影响——特别是如果他们属于政治上被排斥的群体——但这些也不是塑造这些价值观的主要力量。更具体地说,与教育系统如何塑造那些个人认为值得在他们的生活中追求的目标相比,族群性就相形见绌了。

第三,我在整本书中都强调了族群边界属性的变化以及产生它们的过程。关于族群边界制定模式和方法的章节迫使读者进行民族志和历史的世界之旅。虽然它的范围仅限于族群性和种族本身,并且也没有考虑群体形成的其他形式,但它揭示了广泛的边界制定过程。它包括去族群化(de-ethnicization)策略,例如强调世界宗教的成员身份或多族群邻里的共同居住地,以及边界跨越策略,例如通过同化或者族群类别的聚变和裂变,以规避一个人被指定的地位所带来的经济、政治、象征和道德上的后果。

第五章随后概述了由各种此类策略的相互作用而产生的边界特征变化的多维空间。边界可能具有政治显著性,也可能与政治联盟的形成无关。它们可能与系统性歧视和社会封闭有关,或者在很大程度上与这类实践无关,并因而对个人的生活机遇影响较小。它们可能将具有不同文化取向和日常习俗的群体分开,或者可能主要是象征性的,被绘制在绵延不断的文化差异景观之中。它们可能持续超过数千年,或者可能在一代人的一生中消失。假设群体形成过程的主要结果是开放的,这意味着我们需要关注社会形态的这种可变性,即使在族群和种族形式的边界制定的广泛类别中也是如此。族群性和种族是什么——稳定程度如何、重要性如何、政治相关性如何,等等——不能像原生主义或建构主义理论那样,通过定义法(definitional fiat)来解决,而只能通过仔细的比较分析来解决。

第四,我在整本书中都强调,将族群的过程和机制从其他非族群的进程和机制中分离出来是何等重要。选择允许这种分离的研究设计和分析策略,将有助于我们避免将其他社会力量在现实中产生的影响归因于族群性或种族。这是大学生社会网络这一章所提供的关键信息。它说明了恰当地区分族群和种族的嗜同性(即在交朋友时,更偏爱同族群人或同种族背景的人)的影响与其他联系形成机制(比如,与朋友的朋友交朋友,社交环境中纯粹的物理可获得性,等等)的影响是多么劳神费力。在这个运用中出现了一个完全不同的网络边界视角。例如,我们表明混合种族背景的学生乍一看似乎形成了一个独特的群体。然而,当恰当地区分族群嗜同性和其他网络形成机制时,我们意识到这种感知是一种错觉,实际上它是由这些学生表现出的高度的社交性和互惠性而产生的。第二章也提出了类似的论点,我呼吁更加谨慎地关注那些导致劳动力市场中族群或种族不平等的机制和过程,而不是像许多左翼赫尔德式"种族化"研究路径那样,自动将这种不平等归因于族群或种族歧视。

对策建议

前几章还探讨了来自第四章中介绍的边界制定模型的一些更具体的假设。简而言之,该模型假设个人所采取的边界制定策略将取决于制度激励,他们在经济、政治和象征的权力等级中的地位,以及他们现有的社会网络。如果这些不同的策略收敛在同一类型的社会类别和边界上,即使从个人的角度来看是出于不同的原因,也可能出现一种或多或少包容性的共识。然后,我提出了一系列假设,说明权力和威望的等级与共识的程度如何共同决定族群边界的属性——它们的政治显著性、社会封闭性、文化相关性和历史稳定性的程度。

接下来的三章对其中一些假设进行了实证探索,当然是以一种或多或少严谨的方式。这些将在此处简要回顾(概览请参见图 8.1)。第一,我认为,对个人进行分类(关于谁是什么)的适当方式所达成的高度共识,是族群划分政治化(为谁应该得到什么而展开的公开和有组织的斗争)的先决条件。我们在关于瑞士移民邻里的一章中看到,在其居民中出现了这样的共识:他们的世界观中最重要的类别划分是将老牌居民(既有瑞士人也有移民)与最近移民群体的新来者区分开来。我已经论证过,这一共识为这种关于社会合法划分的愿景的政治化提供了基础。由于这种分类共识,仇外的瑞士人民党能够掀起一波民众的支持浪潮,将移民问题彻底地政治化和蛊惑人心地丑闻化。

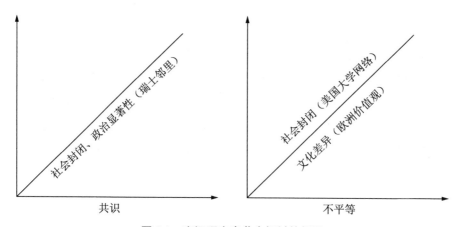

图 8.1 实证研究章节中探讨的假设

第二,该章表明,高度的共识也与社会封闭有关。事实上,三个邻里的老牌居民之间的分类共识反映在他们编织的社会关系网络中:他们已经几乎完全与来自土耳其、南斯拉夫和发展中国家的新移民相隔绝,这在个人认知地图中绘制的归属边界方面以及在他们编织的社会网络方面,导致了社会关系景观的巨大鸿沟和清晰可辨的局外人群体。

第三,我认为,高度的不平等也会导致社会封闭的过程。为了捍卫他们资源获取的特权,占主导地位的行动者将针对局外人划定清晰的边界,而被排斥的人将依赖彼此的团结,从而将其支持的网络局限于群体成员。在关于大学网络的这一章中,我尝试运用这个假设来理解我们在不同族群和种族类别中发现的非常不同的内群体偏好程度。我认为,在非裔美国人、犹太人和越南学生中发现的高度封闭,可能是过去或现在的歧视的结果和路径依赖的遗产。

第四,与此相关的是,在第四章中介绍的理论提出,不平等(以及相关的封闭形式)将随着时间的推移导致文化分化,因为特权者将增加文化区分的标记,以将自己与从属行动者区分开来,并使边界跨越变得更加困难。在上一章中,我简要讨论了另外两种机制:被排斥的群体由于缺乏跨越社会鸿沟的互动而无法融入主流文化(反之亦然),或者他们甚至可能直接发展一种有意识的"对立文化",用第三章中使用的语言来说,他们旨在对他们所认为的主流文化加以直接否定或反转。只有在政治上处于不利地位和受到歧视的少数群体,才会在文化上与占主导地位的多数群体区分开来,我们为这个一般性的论点找到了一些经验支持。

没有一个章节涉及比较理论应该阐明的最后一个边界特征:随着时间推移的历史稳定性程度。为了经验性评估封闭、文化分化和低政治显著性的结合是否会使边界在几代人中更加稳定,人们需要长时段的、覆盖不同群体的适当数据。这些数据很难获得,特别容易出现"因变量选择"的问题:大多数记录和数据只涉及那些确实幸存至今的类别和群体,而所有那些在此期间不复存在的类别和群体往往会被遗忘。

研究展望

要想对边界制定过程系统地进行比较的、长期的、动态的分析,就需要超越人们可以在文献中找到的对特定案例的丰富的历史分析(例如,Alba 1985;Williamson 1995;Peel 1989)。第一步可能是利用这些文献,考察所有可用的有关族群生成和族群流亡(ethnoexodus)的历史编纂学,用导论中使用的隐喻来说,就是将尽可能多的鱼拖进我们的分析网。然后,我们可以系统地考察总捕获量,并确定造成这些不同的历史轨迹和随时间推移的不同程度的持久性的条件。封闭、文化分化和低政治显著性确实会产生可以绵延数代的、更加根深蒂固和更具黏合力的边界吗?

可以肯定的是,从罗杰斯·布鲁贝克(Brubaker 1992a)对法国和德国的开创性比较,到马克斯(Marx 1999)对巴西、南非和美国的著名研究,再到我自己对瑞士、墨西哥和伊拉克的研究工作(Wimmer 2002),关于族群边界的长期历史发展已经存在许多对照比较(controlled comparisons)。其中许多研究,包括我自己的研究,都存在拉金和海因所谓的"截断比较"(truncated comparisons)的问题,在这种比较中,其他条件的范围缩小到可以表明是不变的范围(Ragin and Hein 1993)。扩大案例数量并利用一些更先进的比较历史研究方法(Ragin 2000)将使研究人员通过更系统的方式指定充分和必要条件来克服其中一些问题。如果我们暂时搁置对比较研究路径的有效性的更根本的怀疑(Goldthorpe 2000;Lieberson 1992),超越两三个国家之间的比较,将有望大大提高我们理解族群形成长期动态的能力。

人们还可以想象,用一种完全定量的研究路径来解决稳定性和变化的问题。也许我们可以从 19 世纪初存在于一群国家、一个大陆或者(可能是过于雄心勃勃的)整个世界的相关或可能相关的社会分裂的完整清单开始。然后,人们还会试图长时段地追踪这些不同的类别,看看它们是否被纳入其他更广泛的类别之中,或者分裂成一系列更具相关性的子类别,被其他类型的社会划分完全取代并被完全遗忘,或者继续构造个人绘制的心理地图及其所产生的社会景观。对不同类别的"存活率"的研究可能会对族群边界制定的历史动力产生比以往更系统的见解。毋庸置疑,这将是一项重大任务,并且有一些需要认真考虑的数据和概念问题亟待解决。[1]

进一步探讨稳定性和变化问题的另一种方法策略是多地点实地调查研究(multisite field research),该研究已成功用于移民研究(其中的一些研究,请参见 Kearney 1996;R. Smith 2005;Levitt 2001),以便了解原籍国和目的地之间的联系。为了当前的目的,最好回到人类学家在20世纪50年代所设想的"对照比较"(Eggan 1954;另请参见 Steward 1955)上来。我们将研究一个同形的(isomorphous)族群边界如何在相邻的地方社区中被转变,这取决于这些社区内不同社会群体之间的资源分配如何随着时间的推移而变化,新的制度安排如何和是否出现,以及他们的政治联盟网络如何演变。这将有助于准确确定族群边界相关性的共识之所以形成和瓦解的内在机制。

反过来,我们可以研究不同的族群边界(例如那些在移民原籍国很显著的边界)是如何在一个共享的社会场域——例如在一个美国大都市的邻里——中被转变的(请参见 Roth 2012)。同样,这将有助于理解行动者如何发展和不断调整边界制定策略,如何与其他行动者协商达成部分或更广泛的共识,以及他们使其对世界的表征被普遍接受的尝试如何受到制度化的合法性模式、他们可支配的资源和他们现有的联盟网络的限制。

　　未来研究的第二个领域将是,更系统地考察如何以及为什么一些族群封闭策略比其他策略更有效。虽然我已经概述和实证调查了这种封闭的后果,但前几章并没有对使它更有可能发生的条件进行明确的分析。对这一现象的全面阐述,必须考虑到资源分配和封闭策略之间的复杂反馈过程。它必须将这些资源分配"内生化"(endogenize),而不是像第四章概述的理论那样,将它们作为社会封闭的必要条件。很明显,过去的封闭会影响不同族群类别成员之间当前的资源分配。这就需要一种完全动态的研究路径来解决这个问题。

　　也许前进的最好方式是运用演化博弈论(evolutionary game theory)或基于主体模型(agent-based models)。虽然已经朝着这个方向迈出了第一步(关于演化博弈论,请参见 McElreath et al. 2003;关于基于主体模型,请参见 Lustick 2000;Cederman 1996),但还有很多研究工作要做。最重要的是,这两种建模传统至今都仅仅产生了思想实验:它们类似于计算机游戏,在由行动者[或"能动者"(agents)]所组成的人工世界中运作,这些行动者(或"能动者")是基于一系列简化的和或多或少理论上合理的假设进行编程的。到目前为止,这些模型中很少有人成功地使这些世界更接近经验现实,例如通过基于经验观察的单元来设计它们,或者通过赋予行动者以现实生活中个人实际遵循的偏好和决策规则。因此,设计更具现实性的模型的挑战是巨大的。然而,将要获得的奖赏可能很值得我们付出努力:它将使我们更好地理解经济、政治和象征性资源的分配如何影响个人的边界制定策略,这些人如何聚合成具有不同程度的边界性或封闭性的联盟,以及反过来,这又如何在随后的几轮竞争和谈判中影响行动者的资源分配。

　　未来理论发展和实证研究的第三个领域在于拓宽分析视野,将所有形式的社会分类和封闭都包括在内,以超越本书所重点关注的族群性、种族和民族性。在某种程度上,这种分析上的进展已经是构成边界制定范式基础的理论议程的一部分。如上所述,它需要非族群的观察和分析单元,并系统地关注非族群的分类和封闭形式,以及除族群偏好和歧视之外的其他群体形成机制。这难道不意味着我们也许不应该再把族群性、种族和民族主义定义为一个单独的研究领域吗?事实上,这里引入的社会边界制定和废除的理论模型也可以很容易地应用于其他社会分裂,包括阶级、性别、职业、亚文化、年龄组(age groups)等。在其概念架构中,没有什么能专门捕捉到族群形式的边界制定——即使第四章提供了一些暗示,说明为什么这些边界在政治上往往比许多其他边界更具相关性。

如何准确地理解多种形式的边界制定过程的后果以及它们之间的相互关系,在某种程度上仍然超出了社会科学目前发展阶段的能力范围(关于这个问题的简明陈述,请参见 Nielsen 1985)。可以肯定的是,最近流行的"交叉性"研究路径代表了朝着正确方向迈出的一步,它将各种社会分裂如何相互影响带入我们的视野——即使这一视野在某种程度上被主观武断地限制在种族、阶级、性别和性取向这一准神圣的四位一体(quadrinity)之上(有关概述,请参见 Hancock 2007),无论是出于政治考虑,还是仅仅出于惯例。

到目前为止,本书并没有因太冒进而不承认这样一个有点明显的事实,即社会现实的这四个维度之间存在着交互作用效应。一个贫穷的同性恋黑人男性的生活不仅与一个富有的异性恋白人女性不同,而且与一个贫穷的异性恋黑人男性或一个富有的同性恋黑人男性不同。很少有研究证明这种四位一体是合理的,并表明它不应该扩大到五位一体(pentinity)或十位一体(dectinity)。而且,人们想知道什么会阻止我们沿着这条道路继续前进,最终走向无限,并且也许有些令人惊讶的是,进而走向进步女性主义者和批判种族(critical race)学者最初就开始反对的自由主义的个人主义(liberal individualism)的哲学信条:每个人都是不同的。因此,交叉性可能产生难以在分析和经验上加以处理的过度复杂性(请参见 McCall 2009)。

边界制定研究路径通过引入一套关于是什么驱动了边界制定过程的明确假设来帮助避免这种过度复杂性。根据第四章介绍的理论,构造社会场域的制度安排决定了哪些类型的边界将变得显著——这是本书无法实证探索的假设。制度通过确定谁被认为是该场域的合法参与者,并因而确定谁实际上(身体上以及社交上)在场以及运用第三章所概述的何种资源和边界制定方法来产生分类效应。除了建构合法的行动者和资源之外,制度环境还提供了强调某种社会类别而不是其他社会类别的激励因素。回顾之前介绍的一个例子，在急诊室里，危及生命和非危及生命的状况之间的区别以及女性和男性身体之间的区别，是至关重要的，而种族、阶级或性取向（坚持四位一体）就不那么具有相关性。相比之下，政治场域提供了许多激励因素来诉诸共同的民族意识（peoplehood）的观念——以唤起人们对自己族群、种族或民族的共同体如何与过去和现在的不公正作斗争的共同记忆。最明显的挑战是确定，在一个场域作为一个非族群的女性身体，以及在另一个场域作为一个族群共同体的非性别化（nongendered）成员，如何结合起来共同影响个人的总体生活机会。

　　正如这个简短的讨论所说明的，边界制定研究路径可以产生可验证的假设，这些假设超越了承认多重分裂共存并相互影响的范围：一系列命题确定在什么条件下，族群或种族、性别、社会阶级、职业、地域出身、性取向、美、种姓、外表、道德、地方性、智力或情感本真性，成为个人划定边界、确定谁属于和谁不属于，以及有选择地与那些他们归类为"他们自己的"人交往和相互回馈的标准。

【注释】

　　[1] 目前唯一的族群边界定量研究工作（Chai 2005）以相当明显的方式说明了这一挑战。作者依赖于现有的族群数据集[主要是处于风险中的少数群体（Minorities at Risk）数据集，但也依赖于一些来自美国中央情报局《世界概况》（fact books）中的族群人口统计信息]，这些数据显然只包含与政治相关的族群类别。有了这种内置的选择偏差，很明显，哪些类别变得相关和稳定以及哪些类别没有变得相关和稳定，就不能以令人满意的方式回答。

附录一　第六章的技术细节

　　本附录首先讨论了在第六章中分析的脸书数据集的一般属性，以及我们在这里关注的图片联系（picture ties）。然后，它更详细地描述了个人属性数据，特别关注我们如何使用俱乐部成员身份来定义个人的族群-种族背景。下面简要介绍指数随机图建模技术和我们的具体分析策略，并提供一些其他分析。

项目历史

　　脸书于 2004 年 2 月推出，允许用户创建详细的个人资料，默认情况下，给定网络中的任何人都可以查看这些个人资料。个人可以输入关于他们的背景（例如高中、家乡）、人口统计数据（例如生日、性别）、"兴趣"、与线上和线下俱乐部和协会的隶属关系，以及文化品位（例如最喜欢的书籍、电影和音乐）的信息。这一丰富的信息来源吸引了许多研究不同实证主题的研究人员（例如 Ellison et al. 2007；Gross and Acquisti 2005；Golder et al. 2007）。然而，到目前为止，据我们所知，只有另一份出版物利用了脸书提供的网络数据，即对得克萨斯农工大学的学生之间的友谊形成进行建模（Mayer and Puller 2008）。

　　在脸书和相关大学的许可下，我们下载了一群大学生提供的个人资料和网络数据。这个群体在脸书上的参与率非常高：在 1 640 名新生中，97.4％的人在下载时维护了脸书个人资料（相比之下，得克萨斯农工大学只有 45％），并且超过一半的人最近一次更新他们的个人资料是在五天内。[1]这所大学还同意提供关于这些学生的额外数据，这样我们就可以将每个脸书个人资料与官方的学生居住记录联系起来。[2]

与所有网络研究一样，我们不得不强加了某种边界，超出这个边界的关系将不再被考虑在内。一个大学群体提供了一个具有社会意义的边界，这在理论上和经验上都是合理的。从理论上讲，通过排除大学以外的关系，我们将注意力限制在与日常生活行为直接相关的关系上。从经验上看，大学里普通学生"脸书朋友"中的大多数（74％）和84％的"图片朋友"（见正文）实际上是他们自己群体的成员。因此，我们在网络边界划分的"唯实论"（realist）和"唯名论"（nominalist）研究路径之间取得了平衡（Laumann et al. 1983）。

最后，值得一提的是，该大学长期以来享有不歧视和致力于吸引多元化学生群体的声誉。虽然一直到1960年前后，实际上学生仍然主要是白人和新教徒，但在内战结束后，它开始招收少数黑人学生。由于民权运动后进行的制度改革，今天的学生团体在种族和族群背景方面相当多样化（参见正文中的图6.2）。该大学现在还遵守了一项"需求回避"招生政策，并对历史上代表性不足的少数群体给予特别考虑。虽然它并不是关于种族排斥的历史斗争的场所或对象，但美国种族政治中的许多当代潮流在学生群体和教职工中得到了很好的体现。

图片友谊的强度

正如在正文中提到的，我们使用学生在其脸书主页上上传的照片来确定谁与谁保持着真实的（real-life）关系。用格兰诺维特（Granovetter 1973）的经典区分来说，这些照片中反映的关系是代表了强联系还是弱联系？正如马斯登和坎贝尔（Marsden and Campbell 1984）所表明的那样，情感上的亲密性是联系强度的最佳指标，而接触的内容、频率和持续时间作为测量工具的效果则要低得多。遗憾的是，我们没有关于对图片朋友的情感感受方面的信息。然而，可以合理地假设，导致图片友谊的一系列行为需要更多的承诺，并且可能需要对密友比对一个纯粹的熟人（acquaintance）产生更高程度的积极影响。另一方面，当然不是所有的图片朋友都有资格成为"亲密朋友",即个人会对他们非常忠诚,与他们分享他们生活的亲密细节并讨论重要的问题。因此,我们假设图片朋友包括至少具有"中等"强度的联系,大致对应于常识中的美国人俗称的"朋友":主要是社交关系,而不是亲密关系,基于相互拜访、一起外出、讨论共同的消遣、参与一个组织等(Fischer 1982)。与日常生活中的"友谊"概念相似,我们还可以假设,就通过上传和标记图片在脸书主页上记录的特定关系类型而言,个人之间存在相当大的差异。

这种将图片联系解释为中等强度的"友谊"的解释得到了两个事实的支持:首先,图片朋友之间存在较高程度的互惠(39%的联系是相互的)[3],这可以作为定向网络(directed networks)中关系强度的指标(Friedkin 1990)。其次,每个学生的"图片朋友"的平均数量(15个独特的密友)大约是青少年称之为"亲密朋友"的密友数量的三倍(Cotterell 1996;Dunphy 1963)[4],仅略微超过北加利福尼亚州的一项调查中个人称之为"朋友"的11个密友数量(Fischer 1982)。与此同时,这些学生是"脸书朋友",平均大约有120个密友,其中显然包括与个人联系非常弱的熟人。因此,互惠程度和平均网络规模支持了我们的解释,即图片朋友对应于中等强度的联系,相当于俗称的"友谊"概念。因此,我们相信,脸书上的图片代表并记录了总体上具有社会意义的"现实生活"关系。

然而,承认下述两个局限性是很重要的。首先,以这种方式记录的所有现实生活中友谊的份额存在相当大的不确定性,我们不能排除系统性的选择偏差,这会使图片朋友成为真实生活中友谊的糟糕指标。其次,个人在图片发布方式上的差异程度也是未知的。目前还不清楚,这种差异是否超过了从个人如何回答有关他们的"朋友"(Fischer 1982)或有关"讨论重要问题"(Bailey and Marsden 1999)的调查问题中所得知的差异。

为了测试这些可能的选择偏差和测量问题是否会使我们的结果无效,我们还使用"脸书朋友"的数据运行了我们的所有模型,由于使用了不同的测量工具(在线互动的痕迹)和指标(对"友谊"的相互承认),因此适用于不同的选择偏差和测量问题。我们的大多数主要论点也适用于脸书朋友(参见 Wimmer and Lewis 2010)。这表明,我们的分析可以将联系强度的范围由中等强度联系类推到熟人之间的弱联系。

个人属性

本节将更详细地描述个体层次的主要属性。性别是根据学生在脸书主页或照片上公布的内容以及根据他们的名字来编码的。总共有 59% 的图片发布者是女性，41% 是男性。社会阶级更难编码，因为学生们不会在他们的个人资料中公布任何近似于社会经济数据的内容。但我们没有忽略这个重要的变量，而是用自我公布的高中来对他或她是否就读于库克森（Cookson）和霍奇斯·佩塞尔（Hodges Percell）一书中所确定的 16 所"社会最负盛名的美国寄宿学校"之一（Cookson and Percell 1985:43）进行编码。这些学校"起着……区分美国上层阶级与其他群体的功能"（Baltzell 1958:293）。总共有 4% 的图片发布者上过这样的学校，85% 没有上过（11% 的人没有提供高中信息）。[5]

原籍地（region of origin）是根据学生个人资料中公布的"家乡"确定的，通常以"城市、州或邮政编码"的形式列出。与种族和族群类别（以及居住地）一起，我们利用这些信息构建了三层嵌套编码方案：第一，外国人与美国人的简单二分法；第二，"美国人"是根据其人口普查出身地域划分的；第三，地域进一步按州细分。这使我们能够确定地域嗜同性发生的确切层次——如果地域事实上是学生划定社会边界的一个维度。在这方面，发布图片的学生群体非常多样化：14% 来自新英格兰，19% 来自中大西洋各州，12% 来自中北部各州，12% 来自南大西洋各州，6% 来自中南部各州，2% 来自山区各州，16% 来自太平洋地区，8% 是国际学生。总共有 12% 的学生无法确定他们的地域出身（regional origin）。

性别、社会阶级和地域出身在这里被认为是友谊的外源性预测因素，因为一个人的性别、社会经济背景和地域出身不受她在大学里形成的联系的影响。我们还对涉及邻近性的属性，从而有机会满足其他与这些背景特征无关的学生进行了编码。我们再次使用了一个三层嵌套编码方案。大一期间，学生们住在宿舍里，由大学管理部门分配室友。共享房间和宿舍大大增加了在教室外的非正式环境中结识另一个人的可能性，因此它代表了大学生网络形成机遇结构的一个关键方面（Festinger et al. 1963；Sacerdote 2001；Marmaros and Sacerdote

2006；Mayer and Puller 2008）。

虽然室友的分配不是随机的,但管理者声称注意根据相容性(compatibility)
(即至少有一项课外兴趣方面的相似性)和学习的机会(即多样性)来匹配学生。
我们发现种族相似性和室友分配之间没有显著的相关性;事实上,对于白人学
生、黑人学生和亚裔学生来说,拥有相同种族背景会降低被分配到同一房间的可
能性($p<0.01$)。因此,种族背景方面的"多样性"似乎是这所大学室友分配过程
的目标之一。另一方面,宿舍的分配似乎是完全随机的。大学管理部门为我们
提供了所有发布图片的学生的室友和宿舍信息。我们还根据物理距离将宿舍划
分为四个非正式的"邻里",使我们能够厘清共享房间、共享宿舍和共享邻里对联
系形成的确切影响。

学生的学术专业也由大学提供。这个属性可以是嗜同性和焦点机制的基
础:两个学生可能会成为朋友,因为他们喜欢像他们一样对数学有兴趣的人(并
且也许不喜欢"思维模糊"的学生),或者因为他们在数学入门课程中恰好坐在一
起,并被要求一起解决问题。我们总共对 46 个学术专业进行了编码,其中 42 个
出现在图片发布者中。所有发布图片的学生都有学术专业的数据,其中最受欢
迎的五种是:经济学(15%)、政治学(10%)、心理学(8%)、一般社会科学(6%)和
英国文学(6%)。所有其他专业都只占图片发布人数的 5% 或更少。

最后,埃米尔拜尔和古德温(Emirbayer and Goodwin 1994)提请人们注意,在
网络研究中,文化变量经常被排除。与此同时,学者们开始对作为群体边界之中
介(Erickson 1996),甚至作为网络结构之因果决定因素(Lizardo 2006；Steglich
et al. 2006)的品位感兴趣。脸书个人资料允许学生输入无限数量的他们最喜欢
的音乐、电影和书籍。我们是如何处理如此庞大的信息的? 我们根据每对学生
的共同爱好比例,在电影、音乐和书籍三个维度上分配了一个相似性分值(simi-
larity scores)。然后我们对三组相似性分值分别运行聚类算法(clustering algo-
rithm)(Borgatti et al. 2002),选择一个停止级别(stopping level),在该级别上每
种爱好会出现几个相对稳定的大集群($N>100$)学生和一些较小集群学生。通
过在我们的指数随机图模型中包含这些集群的嗜同性项,我们能够确定具有相
对相似爱好的学生(即同一集群的学生)是否也表现出更大的成为朋友的倾
向。[6] 在发布图片的学生中,三个最受欢迎的作家是 J. K. 罗琳(J. K. Rowling)

(23％)、斯科特·菲茨杰拉德（F. Scott Fitzgerald）（13％）和简·奥斯汀（Jane Austin）（12％）；三部最受欢迎的电影是《指环王》（*The Lord of the Rings*）（11％）、《超级名模》（*Zoolander*）（10％）、《情归新泽西》（*Garden State*）（10％）；三个最常上榜的乐队是酷玩乐队（19％）、披头士乐队（The Beatles）（18％）和杀手乐队（The Killers）（12％）。

族群性和种族：将俱乐部成员身份作为成员身份指标

种族和族群性的编码方案在正文中有详细描述。在这里，我们提供一些关于如何使用俱乐部成员身份来识别学生背景的额外细节。在没有正式问卷的情况下，我们认为，公开表明加入一个族群俱乐部或脸书群组的行为是学生所认同的族群类别的准确代表（proxy）。此类协会的数量相当可观（我们总共对 113 个俱乐部和群体进行了编码）以及几乎可以立即和免费地创建或加入一个新的脸书群组这一事实，这使我们相信我们可以捕捉到大部分学生公开承认并因此具有社会相关性的身份认同。

我们只包括那些对某一特定族群类别表示认同的俱乐部和群体，而不包括那些对某一地域或特定文化习俗表示支持或感兴趣的俱乐部和群体。例如，我们排除了那些关注非洲冲突和欠发达状况的群体，但我们包括了"（大学里的）尼日利亚人"群体。我们排除了练习巴厘岛舞蹈的群体，但也包括了面向巴厘岛学生的舞蹈俱乐部。我们确信，与具有固定数量的种族身份框（racial identity boxes）来打勾的调查相比，测量误差更低。

我们意识到我们对族群进行编码的方式可能存在的内生性问题：一个人可能参加一个族群俱乐部（从而进入我们编码方案中的族群类别），因为她已经与一个同族群人建立了关系，后者然后说服她加入。虽然在"对一个类别的主观认同"和"与该类别其他成员的友谊"之间肯定存在相互加强的关系，但我们预计，认同完全取代友谊的情况是罕见的。

另一种研究路径是计算嗜同性比率，扣除两人在俱乐部的共同成员身份，比如穆迪对课外活动如何影响高中种族间友谊的可能性的分析（Moody 2001：

696）。这种策略在这里不适用，因为俱乐部成员身份通常是将个人分类为属性类别的唯一基础。这也是为什么我们无法采取迈耶和普勒（Mayer and Puller 2008：343—346）的策略，该策略将当密友是同一俱乐部成员时与当密友是类似俱乐部成员时自我成为俱乐部成员的可能性进行比较。

关于正文中提出的嵌套分类方案，有三点需要澄清。首先，并非分类树中的所有类别对所有行动者都有主观意义，但所有类别对某些行动者都是有意义的。例如，一个"白人主流"学生可能不知道或不关心中国台湾人和中国大陆人之间的区别，而这两种背景的学生可能认为这一区别相当重要（Kibria 2002）。其次，分类法并不是基于一个逻辑上一致的程序，而是从学生自己认为有意义的类别中归纳得出的。因此，我们在最低（"微族群"）分化层次上包括原籍国类别（"意大利人"）、国家群体（"西班牙裔拉丁美洲人"）、省份（"香港人"）、宗教信仰（"犹太人"）和语言性族群群体（"阿拉伯人"）。最后，分类法的完全嵌套特征有一个例外："加拿大人"是一些南亚和东亚背景的学生通过（通常是多个）俱乐部成员身份显示的微族群身份认同。我们假设"亚裔加拿大人"这个类别与这些学生自己的认同模式是一致的。

对指数随机图模型的简介

我们的网络数据是为一个完整的、封闭的群体进行测量的，而不是像上一章中那些无关联的"自我中心"网络的样本。这允许我们使用考虑到平衡机制的指数随机图建模技术。在指数随机图建模中，网络中行动者之间可能存在的联系被视为随机变量，而模型的一般形式是由关于这些变量之间的依赖关系（dependencies）的假设来决定的。这种研究路径承认联系形成过程涉及一定的规律性，也涉及一定的随机性。换句话说，它在一个概率框架内运行。指数随机图建模根据一种基本的最大似然法（basic maximum likelihood approach）进行，在该方法中，我们考虑与模型的各种设定（specifications）相关的可能的网络分布，然后选择使生成实际观察到的社会网络的概率最大化的设定。

其次，指数随机图模型可以确定联系之间的关系是否遵循某种模式，从而超越了联系相互独立形成的假设,就像在一种简单的逻辑回归法中一样。这种依赖假设意味着单个联系形成特定的本地模式或构型(configurations),如相互之间的二元关系(由互惠产生)、三角关系(三元闭包)或"星形关系"(扩展性/流行性)。然后,每个网络统计信息与一个参数相关联,该参数指示整个网络中特定结构的频率。

指数随机图模型的历史在很大程度上可以被理解为关于这些构型的性质的越来越现实的假设的发展。最近,马尔可夫链蒙特卡罗最大似然估计(Markov chain Monte Carlo maximum likelihood estimation,MCMCMLE)程序克服了基于简单最大似然估计的早期研究方法的一些已知不足(Geyer and Thompson 1992;Snijders 2002;Handcock 2003a;另请参见 Mouw and Entwisle 2006 附录 A)。蒙特卡罗估计基于拟似然(pseudo-likelihood)生成的一组起始参数值集来模拟随机图的分布,然后通过将随机图的模拟分布与观测到的数据进行比较来不断改进这些参数值。

尽管有这些改进,通过这一程序获得的参数估计往往产生经验上不可信的网络,例如,一个完全没有联系的随机图或所有节点都连接到所有其他节点的随机图。这是一个被称为退化(degeneracy)的问题,当模型指定不当时就会发生(Handcock 2003a;Handcock 2003b)。它在具有高度集中的三角关系的网络中特别常见,其中旨在捕捉三元闭包过程的马尔可夫设定经常被证明是站不住脚的(请参见 Robins et al. 2007)。

在第六章中,我们采用了由斯尼德斯等人(Snijders et al. 2006)提出的并由亨特和汉考特(Hunter and Handcock 2006)以及亨特(Hunter 2007)重新制定的一系列新的网络设定。包含这些设定的模型减少了退化的问题,也显示了比以前的模型更好的拟合(Robins et al. 2007;Goodreau 2007;Hunter et al. 2008)。基本三角关系的术语被"几何加权沿边共享伙伴"(geometrically weighted edgewise shared partner,GWESP)统计的更复杂估计所取代,该统计可以适应经常观察到的两个节点共享多个伙伴的趋势,从而在网络中产生密集聚集的区域。几何加权表示了高阶三角关系(其中两个节点共享多个伙伴)比低阶三角关系(其中节点共享较少的伙伴)的可能性更小,从而将这些不同的构型整合到一个单一的、经验上更合理的项中。类似地,已经开发出的新的星形构型的统计数据["几何加权度"(geometrically weighted degree)参数],将观测所有可能阶(orders)的星形关系的概率整合为两个离散术语:一个表示"内星形构型"(in-stars)几何加权度(GWID),另一个表示"外星形构型"(out-stars)几何加权度(GWOD)。最后,"几何加权二元共享伙伴"(geometrically weighted dyad-wise shared partner, GWDSP)统计模型模拟了行动者的共享伙伴的分布,这些行动者本身并不联系,即无基的三角关系的累积。这可以被认为是结构失衡的一种衡量标准,代表了 A 和 B 不是朋友,尽管他们都是 C 的朋友。

到目前为止,马尔可夫链蒙特卡罗最大似然估计的估计技术和这些"高阶"(higher-order)项已主要用于说明性目的,即演示这些新方法解决与其之前的估计技术相关的一些问题的能力。我们的研究是最早使用这些建模技术进行实质性论证的研究之一(有关其他实质性应用,请参见 Goodreau et al. 2009;Espelage et al. 2008;McCranie et al. 2008)。它也代表了首次尝试使用这些方法来建模一个大型和定向网络[罗宾斯等人(Robins et al. 2009)曾运用两个小于 40 个节点的小网络]——这是一次相当复杂的努力。

开发这种复杂的随机指数图模型没有普遍接受的策略。与强烈反对归纳方法的回归分析不同,现实的网络模型的构建通常涉及一个迭代添加、仿真和细化的扩展试错过程(例如,请参见 Goodreau 2007)。我们为我们的最终模型的设定开发了一个透明的、可复制的程序。简单地说,我们首先为每个联系形成机制(例如,族群-种族嗜同性、学术专业和共享居所等共享焦点、平衡机制等)运行单独的模型,并且将最显著的项组合成一个模型。然后,我们通过多次迭代修正该模型,以进一步消除不稳定系数。

我们认为在任何模型中具有 $p < 0.001$ 的统计显著性的任何项都是网络总体结构的潜在重要决定因素。鉴于我们测试了大量的项(335 个),这一严格的要求确保了我们的结果不仅仅是偶然的产物。马尔可夫链蒙特卡罗估计在结果中引入了一些可变性。为了将这种可变性最小化,我们实现了极长的马尔可夫链,选择了 1 000 万个切换的超负荷测试(burn-in),而一般情况下马尔可夫链蒙特卡罗样本大小为 1 000,以及连续样本之间 10 000 个切换的间隔。步长设置为0.25,以进一步提高稳定性。这个过程被重复了 50 次迭代,使用上一个周期的结束值作为下一个周期的起点,以获得模型的最终参数估计。

补充分析:互惠关系是由嗜同性驱动的吗?

为了探索互惠率是否因二元关系的种族构成而不同,我们首先运行一个与表 6.1 中的模型 3 相同的模型,只是我们用两个不同的项替换了总体互惠的单一项:一个同种族二元组之间的互惠和一个跨种族二元组之间的互惠。前者的参数估计低于后者,这表明我们的网络中的一般互惠率并不是种族内互惠的简单聚合。

其次,我们通过将不同的交互作用效应纳入每个种族类别,进一步探讨了嗜同性依赖的互惠(homophily-dependent reciprocity)的可能性。我们还控制了每个类别的成员一开始就倾向于对更多或更少的联系进行回报的可能性,正如巴克拉和高玉蘋(Vaquera and Kao 2008)所假设的那样,与白人相比,他们发现亚洲人有更高的回报关系,而黑人青少年则更低。在该模型中,所有嗜同性依赖的互惠项的系数都是负的。这再次支持了我们的结论,即总体互惠率并不依赖于高水平的同种族互惠,后者实际上发生的比率低于跨种族互惠。[7]

由于技术原因,我们不能复制上述关于三元闭包的程序。尽管如此,使用拟似然估计和特定种族(race-specific)三角关系项的额外分析再次支持了我们的解释,即三元闭包的一般比率并不依赖于特定种族三元闭包的趋势。劳奇(Louch 2000:60)的一项基于综合社会调查(General Social Survey,GSS)的研究也得出了同样的结论。根据该研究,如果样本仅限于非亲属关系,那么种族嗜同性和三元闭包之间没有交互作用。

图 6.3 中类别成员之间的距离

我们如何计算图 6.3 中各种社会类别(在景观中表示为山丘)之间的距离?对于图中表示的每一对类别 X 和 Y,我们首先计算类别 X 的任一学生与类别 Y 的任一学生之间的联系总数(即 $X \rightarrow Y$ 或 $Y \rightarrow X$ 的联系形式)。在属性重叠或嵌套的情况下,同时属于这两个类别(XY)的学生也被包括在内(例如,$XY \rightarrow X$、$Y \rightarrow XY$、$XY \rightarrow XY$ 的联系形式)。接下来,我们将这些量除以群体间联系的"预期"数量,这个预期数量是通过将总体网络密度乘以给定的 X 和 Y 组合中可能的联系数量来计算的。这种实际/预期比率是"社会接近性"(social proximity)的原始衡量指标。由于距离必须是对称的,因此我们无法控制联系的方向性或社交性的群体差异。然后,我们将得到的接近性分数矩阵(matrix of proximity scores)输入到一个多维尺度算法(multidimensional scaling algorithm)中,以在二维空间中生成每座山脉的最终坐标。

【注释】

[1] 虽然用户可以选择将他们的个人资料设为"私有",因此只有列表朋友才能看到,但我们调查的这一群体中大多数(88.2%)的学生在下载时保持个人资料"公开"。其余的学生要么没有在脸书注册(2.6%),要么是在脸书注册,但保持了个人资料"私有"(9.3%)。有关该网络中隐私行为的分析,请参见 Lewis et al. (2008)。有关社交网站的一般概述,请参见 Boyd and Ellison (2007)。

[2] 通过将所有姓名转换为数字标识符,并及时删除或加密所有可以追溯到学生个人的其他信息,确保了学生的隐私。

[3] 相比之下,在全国青少年健康纵向研究数据集中,64%被提名为"最好的朋友"的密友也将自我列为他们朋友的五个朋友之一(Vaquera and Kao 2008:64)。鉴于二元关系中的一种联系被定义为强联系("最好的朋友"),其互惠程度预计要高于图片朋友之间的互惠程度。

[4] 根据费舍尔(Fischer 1982)的观点,北加利福尼亚州的调查受访者觉得与七个人关系非常"亲密",而在全国青少年健康纵向研究数据集中,75%的学生选择提名的"最好的朋友"少于十个。

[5] 这个数据集中的学生也根据 2000 年他们家乡邮政编码列表区域(ZIP Code Tabulation Area)的家庭收入中位数进行编码。然而,我们发现,社会经济状况中的"16 所一流寄宿学校"(select 16)的衡量标准更有效地解释了网络行为。

[6] 学术专业和文化品位是这样的属性,即如果没有纵向研究设计(longitudinal design),就无法清楚地将选择效应和同伴影响效应分离开:两个学生可能因为他们都喜欢鲍勃·迪伦(Bob Dylan)或古典社会学理论,或者他们可能因为其他原因成为朋友,随后彼此旨趣相投(Kandel 1978)。尽管存在模糊性,但我们仍然能够分析跨越这些属性的总体关联模式,以及它们在该网络中相对于种族嗜同性的相对重要性。此外,我们应该注意到,即使控制脸书友谊、图片友谊、宿舍室友(roommates)、宿舍楼室友(dormmates)和人口统计相似性,我们的数据集中,是住房伙伴(housing groupmates)的学生对电影和音乐的共同爱好也显著高于我们仅凭概率的预期。换句话说,考虑到两个学生未来可能选择

生活在一起（包括现在的友谊）的其他原因，学生对文化相似的密友表现出显著的偏好——这表明文化品位的"选择"确实在我们网络的另一种联系的形成中起着重要作用。

[7] 有关基于欧洲研究的类似结果，请参见 Baerveldt et al.(2004:69)。巴克拉和高玉蘋(Vaquera and Kao 2008)使用全国青少年健康纵向研究数据，得出了一个不同的结论，但没有考虑基准嗜同性趋势。

附录二 第七章的技术细节

族群成员身份的编码

对于 24 个国家中的每一个国家,我们都必须为每个族群找到具体的标准,因为成员身份可以用不同的元素来标记,包括语言、宗教或移民起源(请参见第一章对族群性的广泛定义)。例如,在瑞士,我们运用在家中使用的语言来识别法裔瑞士人(Swiss French)、德裔瑞士人(Swiss German)、罗曼人(Romance)和主要的国内族群——提契诺人(Ticinesi),并且运用个人或其父母的出生地来识别移民少数群体。在土耳其,国内少数群体的相关标志是语言(识别库尔德人和阿拉伯人)和宗教[识别阿拉维人(Alevi)]的结合。对于移民少数群体(大部分是从巴尔干半岛"返回"的移民),我们选择了他们的出生国和宗教[例如,"波马克人"(Pomaks)是从保加利亚返回的穆斯林]。为了识别移民少数群体,我们有时也运用在家中使用的语言和(或)宗教来排除从前殖民地返回的占主导地位的多数群体成员,比如来自阿尔及利亚的法国黑脚(*pieds noirs*)①,需要将他们与阿尔及利亚穆斯林移民群体区分开来。

不同国家的群体数量差别很大,从保加利亚的 4 个到瑞典的 38 个不等。为

---

① pieds noirs 的字面意思为"黑色脚丫"。原本在北非殖民地阿尔及利亚生活过的法国人,回国后被称为"黑脚"(pieds-noirs)。——译者注

了说明我们并非只涉及其他欧洲国家的欧洲移民，我们列出了我们为瑞士编码的群体。如正文所述，国内少数群体是讲法语、意大利语和罗曼语的瑞士人；移民包括来自邻国（德国、法国、奥地利、意大利）、来自其他欧洲国家（阿尔巴尼亚、比利时、波斯尼亚、英国、克罗地亚、捷克、丹麦、匈牙利、荷兰、波兰、葡萄牙、俄罗斯、塞尔维亚、斯洛文尼亚和西班牙）以及非欧洲血统（巴西、加拿大、中国、拉丁美洲、阿拉伯穆斯林、斯里兰卡、撒哈拉以南非洲、土耳其和美国）的移民。

请注意，这种编码族群背景变量的方式产生了支持族群差异和文化距离假设的选择偏差（selection bias）：具有模糊认同的（如混血出身的子女）少数群体个人或者在语言或宗教上融入多数群体的少数群体个人，没有被算为少数群体个人，因为他们没有显示相应的宗教或语言标记。换句话说，只包括每个族群的"核心"成员，从而增加了价值观差异随着族群分化而定形化（crystallize）的可能性。

为了估计这种可能的选择效应的大小，除了欧洲社会调查之外，我们还确定了其他调查，其中包括直接关于主观族群认同的问题（在欧洲社会调查中无法获得的）以及我们用来识别同一族群"核心"成员的各种"客观"标记。遗憾的是，罗马尼亚是欧洲社会调查中唯一一个样本量足够大的国家。我们发现，在我们将其归入特定族群背景的人当中，很大一部分也认同相应的群体（匈牙利人为97%，罗姆人为97%，德国人为96%）。另一方面，并不是所有认同这些类别的人都显示相应的标记：尽管98%自我认同为匈牙利人族群的人说匈牙利语，89%自我认同为德国人的人将德语列为他们的母语，但是只有41%自我认同为罗姆人的人将罗姆语列为母语，而其余的大多数人说罗马尼亚语。这说明了我们的编码方案产生的样本选择效应是如何支持文化距离论点的：人们可以预期，说罗马尼亚语的罗姆人（因此不包括在"罗姆人"群体中）将比说罗姆语的罗姆人更少地偏离主流价值观。

因变量

欧洲社会调查使用李克特6点量表（a 6-point Likert-type scale）询问受访者

在多大程度上认同一个持有特定价值观的虚构人物。[1]这些问题的答案构成了建构因变量的基础。以下是一些问题的例子及其所表达的价值观。关于对于改变的开放性："想出新想法和发挥创造力对他来说很重要，他喜欢用自己独创的方式做事。"关于保守性："对他来说，行为得体很重要。他想避免做任何人们认为是错误的事情。"关于自我提升："富有对他来说很重要。他想要拥有很多钱和昂贵的东西。"关于自我超越："对他来说，忠于他的朋友很重要。他想献身于生活在他身边的人。"

正如在正文中提到的，21个问题加载在四个不同的价值观上，从而代表了我们模型中的潜在因变量。理想情况下，我们将同时使用结构方程建模（Structural Equation Modeling，SEM）来估计该因变量的测量模型和回归模型。然而，由于因变量是几个潜在变量的非线性组合，并且我们打算同时在个人、族群和国家层次上对其进行建模，因此目前的结构方程建模方法无法处理这项任务。因此，我们通过计算每种价值观的因子分数，并将它们视为观察变量来继续这项任务。我们使用在 M-Plus 软件中实现的分类数据稳健的最大似然例程（maximum likelihood routines）来获得运行验证性因子分析的因子分数（Muthén and Muthén 2007）。[2]

在使用跨国调查数据时，需要考虑这些潜在变量在不同国家的测量是否一致（例如，请参见 Davidov 2008）。然而，除了方差分析之外[3]，第七章中提出的所有分析都集中在国家内部的差异上，因为我们正在衡量的是少数群体相对于每一个民族主流的距离。由于在每个国家，问题都是用民族语言提出的，因此没有理由怀疑少数族裔成员提供的答案与男性和女性、木匠和大学教授、农村村民和城市居民等有系统性的不同，除非我们先验地假设族群性本质上与回答相同价值取向问题的不同方式有内在联系，当然，这会预先阻止对第七章中提出的问题进行任何实证分析。

然而，我们使用多组验证性因子分析（multiple group confirmatory factor analysis）来评估测量不变性（measurement invariance），即以相同方式理解问题的程度和以相似方式关联潜在变量的程度。[4]对每个少数群体测试不变性是不可能的，因为每个单独的群体的样本量通常很小。相反，我们测试了每个国家和四个价值观维度中的每一个，以便发现多数群体和所有少数群体之间是否存在不变性。[5]在 100 个这样的测试中，只有五个显示存在潜在的问题。然而，即使在这些国家[6]，偏差通常局限于四个价值观之一，因此我们仍然发现我们在分析中使用的价值观异端性的综合测量的部分测量不变性，这足以比较均值（Steenkamp and Baumgartner 1998）。

建模方法

多层次模型（请参见下面的公式）将个体（i）嵌套在族群（j）中，而族群又嵌套在国家（k）中。在初始步骤中，我们使用一个简单的三层等级模型，只有一个截距项来估计价值取向在每个层次上的方差有多大。在随后的步骤中，我们使用线性混合效应模型（linear mixed effects model）来探究哪些变量会影响个人与国家主流价值取向的接近性或距离。

更准确地说，因变量 y 的平均值，即族群 j 和国家 k 中个体 i 的价值观距离的度量，由个体层次预测变量 x 的向量、因国家而异的截距 α，以及一个表示个体是否属于该某个少数群体的虚拟变量（dummy variable）m 的影响来表示（第一行）。假设模型为正态分布，我们使用一个群体层次自变量 z 的向量（第二行）来建模这个虚拟变量 δ 的效应。由于我们对价值观正统性或异端性程度的国家层次差异不感兴趣，我们不使用额外的变量向量来建模特定国家的截距（第三行）。该模型是使用 R 语言混合效应模型（lme4）软件包进行估算的（Bates and Maechler 2010）。

$$Y_{ijk} \sim N(\alpha_k + \beta x_i + \delta_j m, \ \sigma_y^2)$$

$$\delta_j \sim N(\gamma_0 + \gamma z_j, \ \sigma_\delta^2)$$

$$\alpha_k \sim N(\alpha_0, \ \sigma_a^2)$$

个体层次变量

大多数个体层次的变量都是以一种直接的方式进行编码的。一个人的年龄是按年数计算。性别被编码为一个虚拟变量(女性是被省略的类别)。家庭状况也用一个虚拟变量表示,如果一个人与孩子在同一家庭中生活或过去曾生活过,则编码为1,否则为0。宗教信仰虔诚度是基于10分制的自我评估。城乡划分也用一个虚拟变量编码,该变量表示一个人是否居住在大城市(遗憾的是,这是基于对"大城市"含义的自我评估)。

与社会不平等相关的个体层次变量包括个人接受教育的年数。另外两个社会不平等的论点是用一个虚拟变量(如果个人在工作场所监管其他人,则这个虚拟变量被编码为1)以及一系列关于父亲教育程度(小学、中学和高等教育)的虚拟变量来探讨的。移民世代是在个体层次上编码的。一个人的宗教信仰也在个体层次进行编码,并允许测试信仰伊斯兰教是否确实和"与主流价值观的显著偏差"有关。

政治排斥编码

正如正文中所述,我们对国内少数群体和移民少数群体使用了不同的编码规则。对于国内少数群体,我们依赖于族群权力关系(Ethnic Power Relations,EPR)数据集,其中包含世界上所有具有政治相关性的族群获得中央层次国家权力的信息(Wimmer et al. 2009)。族群权力关系数据集使用从一个族群的代表所拥有的垄断权力到对它的系统性政治歧视的一系列排序类别,来确定每一个具有政治相关性的族群的代表拥有多少政府权力。[7]为了这个项目的目的,我们专门关注后一类政治歧视,并编码了一个二分法的虚拟变量(是否受歧视)。我们补充增加了那些以分裂主义政党或分裂主义暴力冲突的名义出现的群体,因为冲突既源于又导致高度的社会政治封闭。因此,我们预计价值观分化也与分离主义的少数群体有关。由此产生的类别因而包括受歧视的和(或)卷入分裂主义冲突的族群。

对于移民少数群体而言,歧视和封闭采取了不同的形式。它们与正式获得公民身份、进入劳动力市场和享有社会权利等方面的权利有关,这些权利对于欧洲的国内少数群体来说不再是问题。我们将所有没有特权获得公民身份或完全劳动力市场和社会权利的原籍国群体编码为"受歧视"(discriminated)。这与其他三组被编码为"非歧视"(nondiscriminated)的移民群体形成对比:欧盟国家公民(享有当地投票权、社会权利和就业方面的完全平等,等等)、立即获得完全公民身份的返回移民(德国的来自苏联的德国人、土耳其的保加利亚土耳其人、返回俄罗斯的俄罗斯人,等等),以及某些有特权获得公民身份的前殖民地移民(例如,西班牙的西班牙裔拉丁美洲人)。对于这些前殖民地移民,我们增加了一项额外标准,将所有可以被认定为不同种族的人编码为"受歧视",即使他们享有获得公民身份的特权。因此,西班牙的阿根廷人没有被编码为"受歧视",而西班牙的玻利维亚人则被编码为"受歧视"。

【注释】

[1] 有关所有问题和价值观维度的详细描述,包括对量表发展的总结,请参见 Davidov et al.(2008)。

[2] 使用因子分数会产生两个问题。首先,它忽略了潜在变量中固有的测量不确定性,从而低估了总方差,并导致标准差过小。其次,我们忽略了背景变量对潜在变量的调节作用,从而导致回归系数向下偏置。在米什列维(Mislevy 1991)的研究工作基础上,我们使用了一种基于随机的策略来评估我们的结果可能因这两个问题而产生偏差的程度。对于我们的数据的一个子集,其中包括所有的少数群体受访者,但只包括多数群体受访者的随机样本,我们使用马尔可夫链蒙特卡罗方法为其中一个价值观创建了一组可能的值。微小幅度的标准差低估和回归系数偏差使我们得出结论,我们的实质性结果不太可能受到这两个问题的影响。

[3] 在这部分的分析中,我们测试了 24 个国家四种价值观中每一个的标量不变性,发现虽然完全不变性不成立,但释放在许多国家的选择阈值参数提供了很好的拟合($cfi \geqslant 0.9$,$rmsea < 0.1$,$tli \geqslant 0.95$)。因此,我们认为部分标量不变性成立,我们的方差分析结果实质上反映了各国潜在变量的真实方差。在"保守性"价值观维度的情况下,法国和葡萄牙甚至无法建立部分不变性。然而,将这些国家从方差分析中剔除并不会产生不同的结果。对下文提出的方差分析的另一个可能的反对意见是,由于某些群体的样本量很小,族群层次的方差分量(variance component)被低估了。为了评估这个潜在的问题,我们创建了一个具有相同结构(样本大小、组数等)的模拟数据集。然后,我们在族群层次上改变了方差的数量,发现我们在这里发现的该量级的方差分量被检测到没有偏差。因此,如果由于族群层次造成的方差分量更高,我们相信我们的分析将会揭示这一点。

[4] 测量不变性存在不同的层次。为了有意义地比较均值和均值变化,必须满足标量不变性:应答模式的差异必定与潜在变量的均值差异有关,而不仅仅是由于对问题的不同理解。在统计实践中,这意味着将潜在变量映射到每个问题中的有序应答类别上的阈值在各个组中必须是一致的(Steenkamp and Baumgartner 1998;Millsap and Yun-Tein 2004)。

〔5〕具体地说,我们在 M-Plus 中使用有序分类数据分析的多组验证性因子分析(Millsap and Yun-Tein 2004)。在一些国家中,其中一个组缺少响应类别,因此我们不能使用分类数据分析,我们选择了标准的多组因子分析。

〔6〕我们发现了比利时在保守性、开放性和自我超越方面以及瑞士和爱沙尼亚在保守性方面的潜在问题。在这些国家,欧洲社会调查工具使用不同的民族语言(瑞士和比利时),或者国内大量少数群体不能完全流利地使用民族语言(爱沙尼亚的俄罗斯人)。这与测量文献是一致的,依据不同的观察条件(用不同的语言进行调查)而不是依据不同类型的受调查者,是可能的测量方差的根源。我们将比利时排除在下面报告的所有分析之外,且发现这并没有影响任何实质性的结果。

〔7〕由于我们在欧洲社会调查中确定的所有族群并不是都出现在族群权力关系数据集中,因此,我们依赖于族群权力关系编码规则为这些群体添加编码。

参考文献

Abbott, Andrew. 1998. "Transcending general linear reality." *Sociological Theory* 6:169–186.

Acemoglu, Daron, Simon Johnson, and James Robinson. 2004. "Institutions as the fundamental cause of long-run growth." Working Paper 10481. National Bureau of Economic Research, Cambridge, MA.

Aguirre, Adalberto, and Jonathan H. Turner. 2007. *American ethnicity: The dynamics and consequences of discrimination.* New York: McGraw-Hill.

Aguirre Beltrán, Gonzalo. 1967. *Regiones de refugio.* Mexico City: Instituto National Indigenista.

Alba, Richard D. 1985. "The twilight of ethnicity among Americans of European ancestry: The case of Italians." *Ethnic and Racial Studies* 8:134–158.

Alba, Richard D. 2005. "Bright vs. blurred boundaries: Second generation assimilation and exclusion in France, Germany, and the United States." *Ethnic and Racial Studies* 28 (1):20–49.

Alba, Richard D., and John R. Logan. 1993. "Minority proximity to whites in suburbs: An individual-level analysis of segregation." *American Journal of Sociology* 98 (6): 1388–1427.

Alba, Richard D., and Victor Nee. 1997. "Rethinking assimilation theory for a new era of immigration." *International Migration Review* 31 (4): 826–874.

Alba, Richard D., and Victor Nee. 2003. *Remaking the American mainstream: Assimilation and contemporary immigration.* Cambridge, MA: Harvard Univ. Press.

Alba, Richard, and Reid M. Golden. 1986. "Patterns of ethnic marriage in the United States." *Social Forces* 65 (1): 202–223.

Alba, Richard, and John R. Logan. 1992. "Assimilation and stratification in home-ownership patterns of racial and ethnic groups." *International Migration Review* 26 (4): 1314–1341.

Alesina, Alberto, Reza Baqir, and William Easterley. 1999. "Public goods and ethnic divisions." *Quarterly Journal of Economics* 114:1243–1284.

Alesina, Alberto, and Eliana La Ferrara. 2005. "Ethnic diversity and economic performance." *Journal of Economic Literature* 63:762–800.

Ali, Syed. 2002. "Collective and elective ethnicity: Caste among urban Muslims in India." *Sociological Forum* 17 (4): 593–620.

Almaguer, Tomás, and Moon-Kie Jung. 1999. "The enduring ambiguitites of race in the United States." In *Sociology for the twenty-first century.* Edited by Lila Abu-Lughod, 213–239. Chicago: Univ. of Chicago Press.

Alonso, William, and Paul Starr. 1987. *The politics of numbers.* New York: Russell Sage Foundation.

Alter, Peter T. 1996. "The creation of multi-ethnic peoplehood: The Wolkeson, Washington experience." *Journal of American Ethnic History* 15 (3): 3–21.

Ålund, Aleksandra. 1992. "Immigrantenkultur als Barriere der Kooperation." *Rassismus und Migration in Europa.* Edited by Institut für Migrations- und Rassismusforschung, 174–189. Hamburg: Argument-Verlag.

Alwin, D. F. 1986. "Religion and parental child-rearing orientations: Evidence of a Catholic-Protestant convergence." *American Journal of Sociology* 92:412–440.

Anderson, Benedict. 1991. *Imagined communities: Reflections on the origin and spread of nationalism.* London: Verso.

Anderson, Perry. 1976. "The antinomies of Antonio Gramsci." *New Left Review* I/100:5–65.

Anonymous. 1989. "Ethnicity and pseudo-ethnicity in the Ciskei." In *The Creation of Tribalism in Southern Africa.* Edited by Leroy Vail, 395–412. London: James Currey.

Anthias, Floya. 1992. "Connecting "race" and ethnic phenomena." *Sociology* 26:421–438.

Anthias, Floya. 2006. "Belonging in a globalising and unequal world: Rethinking translocation." In *Situated politics of belonging.* Edited by Nira Yuval-Davis, 17–31. London: SAGE.

Anthias, Floya, and Nira Yuval-Davis. 1992. *Racialized boundaries: Race, nation, gender, colour and class and the antiracist struggle.* London: Routledge & Kegan Paul.

Antonio, Anthony Lising. 2001. "Diversity and the influence of friendship groups in college." *Review of Higher Education* 25 (1): 63–89.

Antweiler, Christoph. 2001. "Interkulturalität und Kosmopolitanismus in Indonesien? Ethnische Grenzen und ethnienübergreifende Identität in Makassar." *Anthropos* 96 (2): 433–474.

Appadurai, Arjun. 1996. *Modernity at large: Cultural dimensions of globalization.* Minneapolis: Univ. of Minnesota Press.

Appadurai, Arjun. 1998. "Dead certainty: Ethnic violence in an era of globalization." *Public Culture* 10 (2): 225–247.

Arel, Dominique. 2002. *Census and identity: The politics of race, ethnicity, and language in national censuses.* Cambridge, UK: Cambridge Univ. Press.

Arendt, Hannah. 1951. *The origins of totalitarianism.* New York: Harcourt Brace.

Arzheimer, Kai. 2008. "Protest, neo-liberalism or anti-immigrant sentiment: What motivates the voters of the extreme right in western Europe?" *Zeitschrift für Vergleichende Politikwissenschaft* 2:173–197.

Arzheimer, Kai, and Elizabeth Carter. 2009. "Christian religiosity and voting for west European radical right parties." *West European Politics* 32 (5): 985–1011.

Asakawa, K., and M. Csikszentmihalyi. 2000. "Feelings of connectedness and internalization of values in Asian American adolescents." *Journal of Youth and Adolescence* 29:121–145.

Astuti, Rita. 1995. ""The Vezo are not a kind of people': Identity, difference and "ethnicity" among a fishing people of western Madagascar." *American Ethnologist* 22 (3): 464–482.

Back, Les. 1996. *New ethnicities and urban culture: Racism and multiculture in young lives.* London: Routledge.

Baerveldt, Chris, Marijtje A. J. van Duijn, Lotte Vermeij, and Dianne A. van Hemert. 2004. "Ethnic boundaries and personal choice: Assessing the influence of individual inclinations to choose intra-ethnic relationships on pupil's networks." *Social Networks* 26:55–77.

Bagchi, Ann D. 2001. "Migrant networks and the immigrant professional: An analysis of the role of weak ties." *Population Research and Policy Review* 20:9–31.

Bahm, Karl F. 1999. "The inconvenience of nationality: German Bohemians, the disintegration of the Habsburg monarchy, and the attempt to create a 'Sudeten German' identity." *Nationalities Papers* 27 (3): 375–405.

Bail, Christopher. 2008. "The configuration of symbolic boundaries against immigrants in Europe." *American Sociological Review* 73 (1): 37–59.

Bailey, Benjamin. 2000. "Language and negotiation of ethnic/racial identity among Dominican Americans." *Language in Society* 29:555–582.

Bailey, Fredrik G. 1969. *Strategems and spoils: A social anthropology of politics.* London: Basil Blackwell.

Bailey, Kenneth D. 1994. *Typologies and taxonomies: An introduction to classification techniques.* Thousand Oaks, CA: SAGE.

Bailey, Stefanie, and Peter V. Marsden. 1999. "Interpretation and interview context: Examining the General Social Survey name generator using cognitive methods." *Social Networks* 21:287–309.

Baltzell, E. Digby. 1958. *Philadelphia gentlemen: The making of a national upper class.* New York: Free Press.

Banton, Michael P. 1983. *Racial and ethnic competition.* Cambridge, UK: Cambridge Univ. Press.

Banton, Michael P. 2003. "Teaching ethnic and racial studies." *Ethnic and Racial Studies* 26 (3): 488–502.

Banton, Michael P. 2012. "The colour line and the colour scale in the twentieth century." *Ethnic and Racial Studies* 35 (7): 1109–1131.

Barreto, Amilcar Antonio. 2001. "Constructing identities: Ethnic boundaries and elite preferences in Puerto Rico." *Nationalism and Ethnic Politics* 7 (1): 21–40.

Barth, Fredrik. 1994. "Enduring and emerging issues in the analysis of ethnicity." In *The anthropology of ethnicity: Beyond "ethnic groups and boundaries."* Edited by Hans Vermeulen and Cora Govers, 11–32. Amsterdam: Het Spinhuis.

Barth, Fredrik. 1969a. *Ethnic groups and boundaries: The social organization of culture difference.* London: Allen & Unwin.

Barth, Fredrik. 1969b. "Introduction." In *Ethnic groups and boundaries: The social organization of culture difference.* By Fredrik Barth, 1–38. London: Allen & Unwin.

Baslevent, Cem, and Hasan Kirmanoglu. N.D. *The role of basic personal values in the voting behavior of Turkish people.* Istanbul: Department of Economics, Bilgi University.

Bates, Douglass, and Martin Maechler. 2010. *lme4: Linear mixed-effects models using S4 classes.* R package version 0.999375-33. R Foundation for Statistical Computing, Vienna Austria.

Bauböck, Rainer. 1998. "The crossing and blurring of boundaries in international migation: Challenges for social and political theory." In *Blurred boundaries: Migration, ethnicity, citizenship.* Edited by Rainer Bauböck and John Rundell, 17–52. Aldershot, UK: Ashgate.

Baumann, Gerd. 1996. *Contesting culture: Discourses of identity in multi-ethnic London.* Cambridge, UK: Cambridge Univ. Press.

Baumann, Gerd. 2006. "Grammars of identity/alterity: A structural approach." In *Grammars of identity/alterity: A structural approach.* Edited by Gerd Baumann and Andre Gingrich, 18–52. New York: Berghahn.

Bearman, Peter. 1993. *Relations into rhetorics: Local elite social structure in Norfolk, England, 1540–1640.* New Brunswick, NJ: Rutgers Univ. Press.

Bélanger, Sarah, and Maurice Pinard. 1991. "Ethnic movements and the competition model: Some missing links." *American Sociological Review* 56:446–457.

Belote, Linda, and Jim Belote. 1984. "Drain from the bottom: Individual ethnic identity change in southern Ecuador." *Social Forces* 63 (1): 24–50.

Bentley, Carter. 1987. "Ethnicity and practice." *Comparative Studies in Society and History* 29 (1): 24–55.

Berberoglu, Berch. 1995. *The national question: Nationalism, ethnic conflict, and self-determination in the 20th century.* Philadelphia: Temple University Press.

Berg, Eberhard. 1990. "Johann Gottfried Herder (1744–1803)." In *Klassiker der Kulturanthropologie: Von Montaigne bis Margaret Mead.* Edited by Wolfgang Marschall, 51–68. Munich: C. H. Beck.

Berreman, Gerald D. 1972. "Social categories and social interaction in urban India." *American Anthropologist* 74:567–586.

Berry, Brent. 2006. "Friends for better or for worse: Interracial friendship in the United States as seen through wedding party photos." *Demography* 43 (3): 491–510.

Berry, John W. 1980. "Acculturation as varieties of adaptation." In *Acculturation: Theory, models and some new findings.* Edited by A. M. Padilla, 9–25. Boulder. CO: Westview Press.

Berry, John W. 1997. "Immigration, acculturation, and adaptation." *Applied Psychology* 46 (1): 5–68.

Berthoud, Richard. 2000. "Ethnic employment penalties in Britain." *Journal of Ethnic and Migration Studies* 26 (3): 389–416.

Bertrand, Marianne, and Mullainathan Sendhil. 2003. "Are Emily and Greg more employable than Lakisha and Jamal? A field experiment on labour market discrimination." Working Paper No. 03-22. Cambridge, MA: MIT Department of Economics.

Betz, Hans-Georg. 1994. *Radical right-wing populism in western Europe.* New York: St. Martin's Press.

Bhabha, Homi K. 2007. "Boundaries, differences, passages." In *Grenzen, Differenzen, Uebergänge: Spannungsfelder inter- und transkultureller Kommunikation*. Edited by Antje Gunsenheimer, 1–16. Bielefeld, Germany: Transcript.

Billig, Michael. 1995. *Banal nationalism*. London: SAGE.

Blau, Peter. 1977. *Inequality and heterogeneity: A primitive theory of social structure*. New York: Free Press.

Blekesaune, Morten, and Jill Quadagno. 2003. "Public attitudes toward welfare state policies: A comparative analysis of 24 nations." *European Sociological Review* 19 (5): 415–427.

Boas, Franz. 1928. "Nationalism." In*Anthropology and modern life*. By Franz Boas, 81–105. New York: Norton.

Boissevain, Jeremy, Jochen Blaschke, Hanneke Grotenberg, Isaak Joseph, Ivan Light, Marlene Sway, Roger Waldinger and Pnina Werbner. 1990. "Ethnic entrepreneurs and ethnic strategies." In *Ethnic entrepreneurs: Immigrant business in industrial societies*. Edited by Roger Waldinger, et al., 131–156. Newbury Park, CA: SAGE.

Bolzmann, Claudio, Rosita Fibbi, Marie Vial, El-Sonbati Jasmin, and Esaki Elisabeth. 2000. "Adultes issus de la migration : Le processus d'insertion d'une génération à l'autre : Rapport de recherche au PNR39." Geneva, Switzerland : Institut d'études sociales.

Bommes, Michael. 1999. *Migration und nationaler Wohlfahrtsstaat*. Opladen, Germany: Westdeutscher Verlag.

Bommes, Michael. 2004. "Über die Aussichtslosigkeit ethnischer Konflikte in Deutschland." In *Friedens- und Konfliktforschung in Deutschland: Eine Bestandesaufnahme*. Edited by Ulrich Eckern, et al., 155–184. Wiesbaden: VS-Verlag.

Bonacich, Edna. 1974. "A theory of ethnic antagonism: The split labor market." *American Sociological Review* 37:547–559.

Bonilla-Silva, Eduardo. 1996. "Rethinking racism: Toward a structural interpretation." *American Sociological Review* 62 (3): 465–480.

Bonilla-Silva, Eduardo. 1999. "The essential social fact of race." *American Sociological Review* 64:899–906.

Bonilla-Silva, Eduardo. 2004. "From bi-racial to tri-racial: Towards a new system of racial stratification in the USA." *Ethnic and Racial Studies* 27 (6): 931–950.

Bonnett, Alastair. 2006. "The Americanization of anti-racism? Global power and hegemony in ethnic equity." *Journal of Ethnic and Migration Studies* 32 (7): 1083–1103.

Bouchard, Michel. 1994. "Ethnic strategies: Integration, accomodation, and militantism: The case of the Francophones in Peace River." *Canadian Ethnic Studies* 26 (2): 124–140.

Bourdieu, Pierre. 1982. *La distinction : Critique social du jugement*. Paris: Éditions de Minuit.

Bourdieu, Pierre. 1984. *Distinction : A social critique of the judgement of taste*. Cambridge, MA: Harvard Univ. Press.

Bourdieu, Pierre. 1991. "Identity and representation: Elements for a critical reflection on the idea of region." In *Language and symbolic power*. By Pierre Bourdieu, 220–228. Cambridge, MA: Harvard Univ. Press.

Bourdieu, Pierre. 2000. *Pascalian meditations*. Stanford, CA: Stanford Univ. Press.

Bourdieu, Pierre, and Jean-Claude Passeron. 1990. *Reproduction in education, society, and culture*. Thousand Oaks, CA: SAGE.

Bourdieu, Pierre, and Loïc Wacquant. 1999. "On the cunning of imperialist reasons." *Theory and Society* 16 (1): 41–58.

Bowen, William G., and Derek Bok. 2000. *The shape of the river: Long-term consequences of considering race in college and university admissions*. Princeton, NJ: Princeton Univ. Press.

Boyd, D. M., and N. B. Ellison. 2007. "Social network sites: Definition, history, and scholarship." *Journal of Computer-Mediated Communication* 13. Accessed at http://jcmc.indiana.edu/.

Boyd, Robert, and Peter J. Richerson. 2007. "Culture, adaptaton, and innateness." In *The innate mind: Culture and cognition*. Edited by Peter Carruthers, Stephen Stich, and Stephen Laurence, 23–38. Oxford: Oxford Univ. Press.

Branscombe, Nyla R., Michael T. Schmitt, and Richard D. Hervey. 1999. "Perceiving pervasive discrimination among African Americans: Implications for group identification and well-being." *Journal of Personality and Social Psychology* 77:135–149.

Brass, Paul. 1979. "Elite groups, symbol manipulation and ethnic identity among the Muslims of South Asia." In *Political identity in South Asia*. Edited by David Taylor and Malcom Yapp, 35–77. London: Curzon Press.

Brass, Paul. 1985. "Ethnic groups and the state." In *Ethnic groups and the state*. By Paul Brass, 1–58. London: Croom Helm.

Brass, Paul. 1996. *Riots and pogroms*. New York: New York Univ. Press.

Bratsberg, Bernt, and James F. Ragan. 2002. "The impact of host-country schooling on earnings: A study of male immigrants in the United States." *Journal of Human Resources* 37 (1): 63–105.

Braude, Benjamin, and Bernard Lewis. 1982. *Christians and Jews in the Ottoman Empire*. New York: Holmes & Meier.

Braukämper, Ulrich. 2005. "Controversy over local tradition and national ethiopian context: Case study of the Hadiyya." In *Afrikas Horn: Akten der Ersten Internationalen Littmann-Konferenz 2. bis 5. März in München*. Edited by Walter Raunig and Steffan Wenig, 363–376. Wiesbaden: Harrassowitz.

Breckenridge, Carol A., Sheldon Pollock, Homi Bhabha, and Dipesh Chakrabarty. 2001. *Special Issue: Cosmopolitanism. Public Culture* 12 (3).

Brubaker, Rogers. 1992a. *Citizenship and nationhood in France and Germany*. Cambridge, MA:: Harvard Univ. Press.

Brubaker, Rogers. 1992b. "Citizenship struggles in Soviet successor states." *International Migration Review* 26 (2): 269–291.

Brubaker, Rogers. 1996. *Nationalism reframed: Nationhood and the national question in the new Europe*. Cambridge, UK: Cambridge Univ. Press.

Brubaker, Rogers. 1999. "The manichean myth: Rethinking the distinction between 'civic' and 'ethnic' nationalism." In *Nation and national identity: Collective identities and national consciousness at the end of the 20th century*. Edited by Hans-Peter Kriesi, 55–71. Chur, Switzerland: Rüegger.

Brubaker, Rogers. 2002. "Ethnicity without groups." *Archives européennes de sociologie* 43 (2): 163–189.

Brubaker, Rogers. 2004. *Ethnicity without groups*. Cambridge, MA: Harvard Univ. Press.

Brubaker, Rogers. 2009. "Ethnicity, race, and nationalism." *Annual Review of Sociology* 35:21–42.

Brubaker, Rogers, Margit Feinschmidt, Jon Fox, and Liana Grancea. 2007. *Nationalist politics and everyday ethnicity in a Transylvanian town*. Princeton, NJ: Princeton Univ. Press.

Brysk, Allison. 1995. "Acting globally: Indian rights and international politics in Latin America." In *Indigenous peoples and democracy in Latin America*. Edited by Donna van Cott, 29–51. New York: St. Martin's Press.

Bukow, Wolf-Dietrich. 1992. "Ethnisierung und nationale Identität." In *Rassismus und Migration in Europa*. By Institut für Migrations- und Rassismusforschung, 133–146. Hamburg: Argument-Verlag.

Bukow, Wolf-Dietrich. 1993. *Leben in der multi-kulturellen Gesellschaft: Die Entstehung kleiner Unternehmer und der Umgang mit ethnischen Minderheiten*. Opladen, Germany: Westdeutscher Verlag.

Bunge, Mario. 1997. "Mechanism and explanation." *Philosophy of Social Sciences* 27:410–465.

Burgess, M. Elaine. 1983. "Ethnic scale and intensity: The Zimbabwean experience." *Social Forces* 59 (3): 601–626.

Burton, Frank. 1978. *The politics of legitimacy: Struggles in a Belfast community*. London: Routledge & Kegan Paul.

Calhoun, Craig. 2002. "The class consciousness of frequent travellers: Towards a critique of actually existing cosmopolitanism." In *Conceiving cosmopolitanism: Theory, context, and practice*. Edited by Steven Vertovec and Ronald Cohen, 86–109. Oxford: Oxford Univ. Press.

Campbell, Cameron, James Z. Lee, and Mark Elliott. 2002. "Identity construction and reconstruction: Naming and Manchu ethnicity in northeast China, 1749–1909." *Historical Methods* 35 (3): 101–115.

Caprara, Gian Vittorio, Shalom H. Schwartz, Cristina Capanna, Michele Vecchione, and Claudio Barbaranelli. 2006. "Personality and politics: Values, traits, and political choice." *Political Psychology* 27 (1): 1–28.

Carley, Kathleen. 1991. "A theory of group stability." *American Sociological Review* 56 (3): 331–354.

Carter, Bob, M. Green, and R. Halpern. 1996. "Immigration policy and the racialization of migrant labour: The construction of national identities in the USA and Britain" *Ethnic and Racial Studies* 19 (1): 135–157.

Castaldi, Carolina, and Giovanni Dosi. 2006. "The grip of history and the scope for novelty: Some results and open questions for path dependence in economic processes." In *Understanding change: Models, methodologies, and metaphors*. Edited by Andreas Wimmer and Reinhart Kössler, 99–128. Basingstoke, UK: Palgrave.

Castles, Stephen. 1988. *Mistaken identity: Multiculturalism and the demise of nationalism in Australia*. Sydney: Pluto Press.

Castles, Stephen. 1994. "La sociologie et la peur de 'cultures incompatibles': Commentaires sur le rapport Hoffmann-Nowotny." In *Europe: Montrez patte blanche: Les nouvelles frontières du "laboratoire Schengen."* Edited by Marie-Claire

Caloz-Tschopp and Micheline Fontolliet Honore, 370–384. Geneva, Switzerland: Centre Europe-Tiers Monde.

Castles, Stephen, and Godula Kosack. 1973. *Immigrant workers and class structure in western Europe.* London: Oxford Univ. Press.

Cederman, Lars-Erik. 1996. *Emergent actors in world politics: How states and nations develop and dissolve.* Princeton, NJ: Princeton Univ. Press.

Cederman, Lars-Erik. 2004. *Articulating the geo-cultural logic of nationalist insurgency.* Zurich: Center for Comparative and International Studies, Swiss Federal Institute of Technology:

Cederman, Lars-Erik. 2005. "Computational models of social forms: Advancing generative process theory." *American Journal of Sociology* 110 (4): 864–893.

Chai, Sun-Ki. 1996. "A theory of ethnic group boundaries." *Nations and Nationalism* 2 (2): 281–307.

Chai, Sun-Ki. 2005. "Predicting ethnic boundaries." *European Sociological Review* 21 (4): 375–391.

Chua, Amy. 2004. *World on fire: How exporting free market democracy breeds ethnic hatred and global instability.* New York: Anchor Books.

Citrin, Jack, Amy Lerman, Michael Murakami, and Kathryn Pearson. 2007. "Testing Huntington: Is Hispanic immigration a threat to American identity?" *Perspectives on Politics* 5 (1): 31–48.

Cohen, Abner. 1974. "Introduction: The lesson of ethnicity." *Urban ethnicity.* By Abner Cohen, ix–xxiv. London: Tavistock.

Cohen, Abner. 1981. "Variables in ethnicity." In *Ethnic change.* Edited by Charles Keyes, 306–331. Seattle: Univ. of Washington Press.

Cohen, Gary B. 1981. *The politics of ethnic survival: Germans in Prague, 1861–1914.* Princeton, NJ: Princeton Univ. Press.

Cohen, Ronald. 1978. "Ethnicity: Problem and focus in anthropology." *Annual Review of Anthropology* 7:397–403.

Cohn, Bernard S. 1987. "The census, social structure and objectification in South Asia." In *An anthropologist among the historians and other essays.* By Bernard S. Cohn, 224–255. Delhi: Oxford Univ. Press.

Colby, Benjamin N., and Pierre L. van den Berghe. 1969. *Ixil country: A plural society in highland Guatemala.* Berkeley: Univ. of California Press.

Coleman, James S. 1990. *Foundations of social theory.* Cambridge, MA: Belknap Press.

Comaroff, Jean and John Comaroff. 1991. *Of revelation and revolution.* Vol. 1, *Christianity, colonialism, and consciousness in South Africa.* Chicago: Univ. of Chicago Press.

Congleton, Roger D. 1995. "Ethnic clubs, ethnic conflict, and the rise of ethnic nationalism." In *Nationalism and rationality.* Edited by Albert Breton, et al., 71–97. Cambridge, UK: Cambridge Univ. Press.

Conklin, Beth, and Laura Graham. 1995. "The shifting middle ground: Amazonian Indians and eco-politics." *American Anthropologist* 97 (4): 695–710.

Connerton, Paul. 1989. *How societies remember.* Cambridge, UK: Cambridge Univ. Press.

Connor, Phillip. 2010. "Context of immigrant receptivity and immigrant religious outcomes: The case of Muslims in western Europe." *Ethnic and Racial Studies* 33 (3): 376–403.

Conzen, Kathleen N. 1996. "Thomas and Znaniecki and the historiography of American immigration." *Journal of American Ethnic History* 16 (1): 16–26.

Cookson, Peter W., Jr., and Caroline Hodges Persell. 1985. *Preparing for power: America's elite boarding schools*. New.York: Basic Books.

Coon, H. M., and M. Kemmelmeier. 2001. "Cultural orientations in the United States: (Re)examining the differences among ethnic groups." *Journal of Cross-Cultural Psychology* 32:348–364.

Corbitt, Duvon Clough. 1971. *A study of the Chinese in Cuba, 1847–1947*. Wilmore, KY: Asbury College.

Cornell, Stephen. 1996. "The variable ties that bind: Content and circumstance in ethnic processes." *Ethnic and Racial Studies* 19 (2): 265–289.

Cornell, Stephen, and Douglas Hartman. 1998. *Ethnicity and race: Making identities in a changing world*. Thousand Oaks, CA: Pine Forge Press.

Cotterell, J. 1996. *Social networks and social influence in adolescence*. London: Routledge.

Cottrell, Lesley, Shuli Yu, Hongjie Liu, Lynette Deveaux, Sonja Lunn, Rosa Mae Bain, and Bonita Stanton. 2007. "Gender-based model comparisons of maternal values, monitoring, communication, and early adolescent risk." *Journal of Adolescent Health* 41:371–379.

Crul, Maurice, and Hans Vermeulen. 2003. "The second generation in Europe." *International Migration Review* 37 (4): 965–985.

Dailey, Jane. 2000. *Before Jim Crow: The politics of race in postemancipation Virginia*. Chapel Hill: Univ. of North Carolina Press.

Darden, Keith. 2012. *Resisting occupation: Mass schooling and the creation of durable national loyalties*. Cambridge, UK: Cambridge Univ. Press.

Davidov, Eldad, Peter Schmidt, and Shalom H. Schwartz. 2008. "Bringing values back in: The adequacy of the European Social Survey to measure values in 20 countries." *Public Opinion Quarterly* 77 (3): 420–445.

Dávila, Arlene M. 2001. *Latinos, Inc.: The marketing and making of a people*. Berkeley: Univ. of California Press.

Davis, J. A. 1963. "Structural balance, mechanical solidarity, and interpersonal relations." *American Journal of Sociology* 68:444–462.

Davis, James F. 1991. *Who is black? One nation's definition*. University Park: Pennsylvania State Univ. Press.

Day, Dennis. 1998. "Being ascribed, and resisting, membership of an ethnic group." In *Identities in talk*. Edited by Charles Antaki and Sue Widdicombe, 151–170. London: SAGE.

D'Azevedo, Warren. 1970–1971. "A tribal reaction to nationalism(Part 4)." *Liberian Studies Journal* 3 (1): 1–22.

de Vries, Marlene. 1999. "Why ethnicity? The ethnicity of Dutch Eurasians in the Netherlands." In *Culture, structure and beyond: Changing identities and social positions of immigrants and their children*. Edited by Maurice Crul, et al., 28–48. Amsterdam: Het Spinhuis.

de Waal, Alex. 2005. "Who are the Darfurians? Arab and African identities, violence and external engagement." *African Affairs* 104 (415): 181–205.

Despres, Leo. 1975. *Ethnicity and resource competition in plural societies*. The Hague: Mouton.

Deutsch, Karl W. 1953. *Nationalism and social communication: An inquiry into the foundations of nationality*. Cambridge, MA: MIT Press.

Deverre, Christian. 1980. *Indiens ou paysans*. Paris: Le Sycomore.

Diehl, Claudia, Matthias Koenig, and Kerstin Ruckdeschel. 2009. "Religiosity and gender equality: Comparing natives and Muslim migrants in Germany." *Ethnic and Racial Studies* 32 (2): 278–301.

DiMaggio, Paul, Eszter Hargittai, W. Russell Neuman, and John P. Robinson. 2001. "Social implications of the Internet." *Annual Review of Sociology* 27:307–336.

Dittrich, Eckhard, and Frank-Olaf Radtke. 1990. *Ethnizität: Wissenschaft und Minderheiten*. Opladen, Germany: Westdeutscher Verlag.

Donham, Donald. 2001. "Thinking temporally or modernizing anthropology." *American Anthropologist* 103 (1): 134–149.

Dormon, James H. 1984. "Louisana's Cajuns: A case study of ethnic group revitalization." *Social Science Quarterly* 65 (4): 1043–1057.

Dovidio, John F., Peter Samuel Glick, and Laurie A. Rudman. 2005. *On the nature of prejudice: Fifty years after Allport*. Oxford: Blackwell.

Dribe, Martin, and Christer Lundh. 2011. "Cultural dissimilarity and intermarriage: A longitudinal study of immigrants in Sweden, 1990–2005." *International Migration Review* 45 (2): 297–324.

Driedger, Leo. 1979. "Maintenance of urban ethnic boundaries: The French in St. Boniface." *The Sociological Quarterly* 20 (1):89–108.

Dunphy, D. C. 1963. "The social structure of urban adolescent peer groups." *Sociometry* 26:230–246.

Easterly, William, and Ross Levine. 1997. "Africa's growth tragedy: Policies and ethnic divisions." in *Quarterly Journal of Economics* (November):1203–1250.

Easthope, Gary. 1976. "Religious war in Northern Ireland." *Sociology* 10 (3): 427–450.

Edensor, Tim. 2002. *National identity, popular culture and everyday life*. Oxford: Berg.

Eder, Klaus, Bernd Giesen, Oliver Schmidke, and Damian Tambini. 2002. *Collective identities in action: A sociological approach to ethnicity*. Aldershot, UK: Ashgate.

Edgell, Penny, Joseph Gerteis, and Douglas Hartman. 2006. "Atheists as 'other': Moral boundaries and cultural membership in American society." *American Sociological Review* 71 (2):211–234.

Eggan, Fred. 1954. "Social anthropology and the method of controlled comparison." *American Anthropologist* 56:743–763.

Elias, Norbert, and James L. Scotson. 1965. *The established and the outsiders: A sociological enquiry into community problems*. London: Cass.

Ellison, Nicole B., Charles Steinfield, and Cliff Lampe. 2007. "The benefits of Facebook 'friends': Social capital and college students' use of online social network sites." *Journal of Computer-Mediated Communication* 12:1143–1168.

Elman, Colin. 2005. "Explanatory typologies in qualitative studies of international politics." *International Organization* 59:293–326.

Elwert, Georg. 1989. *Ethnizität und Nationalismus: Über die Bildung von Wir-Gruppen*. Berlin: Das Arabische Buch.

Ely, Robin J., and David A. Thomas. 2001. "Cultural diversity at work: The effects of diversity perspectives on work group processes and outcomes." *Administrative Science Quarterly* 46:229–273.

Emerson, Michael O., and Rodney M. Woo. 2006. *People of the dream: Multiracial congregations in the United States.* Princeton, NJ: Princeton Univ. Press.

Emirbayer, Mustafa. 1997. "Manifesto for a relational sociology." *American Journal of Sociology* 103 (2): 281–317.

Emirbayer, Mustafa, and Ann Mische. 1998. "What is agency?" *American Journal of Sociology* 103 (4): 962–1023.

Emirbayer, Mustafa, and Jeff Goodwin. 1994. "Network analysis, culture, and the problem of agency." *American Journal of Sociology* 99 (6): 1411–1454.

Epstein, Joyce L. 1985. "After the bus arrives: Resegregation in desegregated schools." *Journal of Social Issues* 41:23–43.

Erickson, Bonnie H. 1996. "Culture, class, and connections," in *American Journal of Sociology* 102 (1):217–251.

Erikson, Thomas H. 1993. *Ethnicity and nationalism: Anthropological perspectives.* London: Pluto Press.

Esman, Milton J. 1977. "Perspectives on ethnic conflict in industrialized societies." In *Ethnic conflict in the western world.* By Milton J. Esman, 371–390. Ithaca, NY: Cornell Univ. Press.

Espelage, Dorothy, Harold Green, and Stanley Wasserman. 2008. "Statistical analysis of friendship patterns and bullying behaviors among youth." Paper given at the International Sunbelt Social Networks Conference, St. Pete Beach, Florida, January 22–27.

Espiritu, Yen Le. 1992. *Asian American panethnicity: Bridging institutions and identities.* Philadelphia: Temple Univ. Press.

Espiritu, Yen Le. 1999. "Disciplines unbound: Notes on sociology and ethnic studies." *Contemporary Sociology* 28 (5): 510–514.

Essed, Philomena. 1992. "Multikulturalismus und kultureller Rassismus in den Niederlanden." In *Rassismus und Migration in Europa.* Hamburg: Argument-Verlag.

Esser, Hartmut. 1980. *Aspekte der Wanderungssoziologie: Assimilation und Integration von Wanderern, ethnischen Gruppen und Minderheiten: Eine handlungstheoretische Analyse.* Darmstadt, Germany: Luchterhand.

Esser, Hartmut. 1990. "Interethnische Freundschaften." In *Generation und Identität: Theoretische und empirische Beiträge zur Migrationssoziologie.* Edited by Hartmut Esser and Jürgen Friedrichs, 185–205. Opladen, Germany: Westdeutscher Verlag.

Esser, Hartmut. 2002. *Soziologie: Spezielle Grundlagen, Band 6: Sinn und Kultur.* Frankfurt: Campus.

Esser, Hartmut. 2006. *Sprache und Integration: Die sozialen Bedingungen und Folgen des Spracherwerbs von Migranten.* Frankfurt: Campus.

Fàbos, Anita. 2012. "Resisting blackness, embracing rightness: How Muslim Muslim Arab Sudanese women negotiate their identities in the diaspora." *Ethnic and Racial Studies* 35 (2): 218–237.

Faist, Thomas. 1993. "From school to work: Public policy and underclass formation among young Turks in Germany during the 1980s." *International Migration Review* 27 (2): 306–331.

Fassin, Didier. 2009. *De la question sociale à la question raciale? Représenter la société française.* Paris: Édition la Découverte.

Favell, Adrian. 2003. "Integration nations: The nation-state and research on immigrants in Western Europe." *Comparative Social Research* 22:13–42.

Favell, Adrian. 2005. "Nowhere men: Cosmopolitanism's lost moment." *Innovation* 18 (1): 99–103.

Favell, Adrian. 2007. "Rebooting migration theory: Interdisciplinarity, globality, and postdisciplinarity in migration studies." In *Migration theory: Talking across disciplines*. Edited by Caroline Bretell and James Hollifield, 259–278. New York: Routledge.

Feagin, Joe R., and Clairence Booher Feagin. 1993. *Racial and ethnic relations.* Englewood Cliffs, NJ: Prentice Hall.

Fearon, James D. 2003. "Ethnic and cultural diversity by country." *Journal of Economic Growth* 8 (2): 195–222.

Feather, N.T. 1979. "Assimilation of values in migrant groups." In *Understanding human values: Individual and societal.* Edited by M. Rokeach, 97–128. New York: Free Press.

Feld, Scott L. 1981. "The focused organization of social ties." *American Journal of Sociology* 86 (5): 1015–1035.

Fernandez, James W. 1966. "Folklore as an agent of nationalism." In *Social change and the colonial situation.* Edited by Immanuel Wallerstein, 585–591. New York: Wiley.

Festinger, Leon, Stanley Schachter, and Kurt Back. 1963. *Social pressures in informal groups: A study of human factors in housing.* Stanford, CA: Stanford Univ. Press.

Finnäs, Fjalar, and Richard O'Leary. 2003. "Choosing for the children: The affiliation of the children of minority-majority group intermarriages." *European Journal of Sociological Review* 19 (5): 483–499.

Fischer, Claude S. 1982. "What do we mean by 'friend'? An inductive study." *Social Networks* 3:287–306.

Fligstein, Neil. 1996. "Markets as politics: A political-cultural approach to market institutions." *American Sociological Review* 61:656–673.

Fordham, Signithia, and John U. Ogbu. 1986. "Black students' school success: Coping with the burden of 'acting white.'" *The Urban Review* 18 (3): 176–206.

Freeman, Gary P. 1986. "Migration and the political economy of the welfare state." *Annals of the American Academy of Political and Social Science* 485:51–63.

Friedberg, Rachel M. 2000. "You can't take it with you? Immigrant assimilation and the portability of human capital." *Journal of Labor Economics* 18:221–251.

Friedkin, Noah E. 1990. "A Guttman scale for the strength of an interpersonal tie." *Social Networks* 12:239–252.

Friedlander, Judith. 1975. *Being an Indian in Hueyapán: A study of forced identity in contemporary Mexico.* New York: St. Martin's Press.

Friedrich, Paul. 1970. *Agrarian revolt in a Mexican village.* Englewood Cliffs, NJ: Prentice Hall.

Friedrichs, Jürgen. 1998. "Social inequality, segregation and urban conflict." In *Urban segregation and the welfare state: Inequality and exclusion in western cities.* Edited by Sako Musterd and Wim Osterdorf, 168–190. London: Routledge.

Fryer, Roland Gerhard, and M. Jackson. 2003. "Categorical cognition: A psychological model of categories and identification in decision making." Working Paper No. 9579. Cambridge. MA: National Bureau of Economic Research.

Gaines, S. O. J., W. D. Marelich, K. L. Bledsoe, and W. N. Steers. 1997. "Links between race/ethnicity and cultural values as mediated by racial/ethnic identity and moderated by gender." *Journal of Personality and Social Psychology* 72:1460–1476.

Galaty, John G. 1982. "Being "Maasai," being 'people-of-cattle': Ethnic shifters in East Africa." *American Ethnologist* 9 (1): 1–20.

Gans, Herbert. 1979. "Symbolic ethnicity: The future of ethnic groups and culture in America." *Ethnic and Racial Studies* 2:1–20.

Gans, Herbert. 1997. "Toward a reconciliation of 'assimilation' and 'pluralism': The interplay of acculturation and ethnic retention." *International Migration Review* 31 (4): 875–892.

Garner, Steve. 2007. "The European Union and the racialization of immigration, 1985–2006." *Race/Ethnicity: Multidisciplinary Global Contexts* 1 (1): 61–87.

Geertz, Clifford. 1963. "The integrative revolution: Primordial sentiments and civil politics in the new states." In *Old societies and new states: The quest for modernity in Asia and Africa.* By Clifford Geertz, 105–157. New York: Free Press.

Gellner, David. 2001. "How should one study ethnicity and nationalism?" *Contributions to Nepalese Studies* 28 (1): 1–10.

Gellner, Ernest. 1983. *Nations and nationalism.* Ithaca, NY: Cornell Univ. Press.

Geyer, Charles J., and Elizabeth A. Thompson. 1992. "Constrained Monte Carlo maximum likelihood for dependent data." *Journal of the Royal Statistical Society Series B* 54 (3): 657–699.

Gianettoni, Lavinia, and Patricia Roux. 2010. "Interconnecting race and gender relations: Racism, sexism and the attribution of sexism to the racialized other." *Sex Roles* 62:374–386.

Gieryn, Thomas F. 1983. "Boundary-work and the demarcation of science from non-science: Strains and interests in professional ideologies of scientists." *American Sociological Review* 48 (6): 781–795.

Gil-White, Francisco. 1999. "How thick is blood? The plot thickens…: If ethnic actors are primordialists, what remains of the circumstantialist/primordialist controversy?" *Ethnic and Racial Studies* 22 (5): 789–820.

Gil-White, Francisco. 2001. "Are ethnic groups biological 'species' to the human brain?" *Current Anthropology* 42 (4): 515–554.

Gilroy, Paul. 2000. *Against race: Imagining political culture beyond the color line.* Cambridge. MA: Harvard Univ. Press.

Givens, Terri E. 2004. "The radical right gender gap." *Comparative Political Studies* 37 (1): 30–54.

Glaeser, Andreas. 1999. *Divided in unity: Identity, Germany and the Berlin police.* Chicago: Univ. of Chicago Press.

Glazer, Nathan, and Daniel Patrick Moynihan. 1975. "Introduction." In *Ethnicity: Theory and experience.* By Nathan Glazer and Daniel Patrick Moynihan, 1–11. Cambridge, MA: Harvard Univ. Press.

Glick, Clarence E. 1938. *The Chinese migrant in Hawaii: A study in accommodation.* Chicago: Univ. of Chicago Press.

Glick Schiller, Nina, Ayse Caglar, and Thaddeus C. Guldbrandsen. 2006. "Beyond the ethnic lens: Locality, globality, and born-again incorporation." *American Ethnologist* 33 (4): 612–633.

Goldberg, Andreas, Dora Mourinho, and Ursula Kulke. 1996. *Labour market discrimination against foreign workers in Germany.* Geneva, Switzerland: International Labor Organization.

Golder, Scott A., Dennis Wilkinson, and Bernardo A. Huberman. 2007. "Rhythms of social interaction: Messaging within a massive online network." Paper given at the Proceedings of the Third International Conference on Communities and Technologies, London.

Goldthorpe, John H. 2000. *On sociology: Numbers, narratives, and the integration of research and theory.* Oxford: Oxford Univ. Press.

Goodreau, Steven M. 2007. "Advances in exponential random graph (p*) models applied to a large social network." *Social Networks* 29:231–248.

Goodreau, Steven M., James A. Kitts, and Martina Morris. 2009. "Birds of a feather or friend of a friend? Using exponential random graph models to investigate adolescent social networks." *Demography* 46 (1): 103–125.

Goodwin, Jeff, James M. Jasper, and Francesca Polletta. 2004. "Emotional dimensions of social movements." In *The Blackwell companion to social movements.* Edited by David A. Snow, et al., 413–432. Oxford: Blackwell.

Goodwyn, Lawrence. 1978. *The Populist moment: A short history of the agrarian revolt in America.* Oxford: Oxford Univ. Press.

Gordon, Milton M. 1964. *Assimilation in American life: The role of race, religion and national origin.* Oxford: Oxford Univ. Press.

Gorenburg, Dmitry. 1999. "Identity change in Bashkorostan: Tatars into Bashkirs and back." *Ethnic and Racial Studies* 22 (3): 554–580.

Gorenburg, Dmitry. 2000. "Not with one voice: An explanation of intragroup variation in nationalist sentiment." *World Politics* 53:115–142.

Gould, Roger V. 1995. *Insurgent identities: Class, community, and protest in Paris from 1848 to the Commune.* Chicago: Univ. of Chicago Press.

Graham, Otis. 2000. *Our kind of people: Inside America's black upper class.* New York: HarperCollins.

Gramsci, Antonio. 2001. *Selections from the prison notebooks.* London: Electric Book.

Grandin, Greg. 2000. *The blood of Guatemala: A history of race and nation.* Durham, NC: Duke Univ. Press.

Granovetter, Mark S. 1973. "The strength of weak ties." *American Journal of Sociology* 78 (6): 1360–1380.

Green, Eva G. T., Jean-Claude Deschamps, and Dario Paez. 2005. "Variation of individualism and collectivism within and between 20 countries." *Journal of Cross-Cultural Psychology* 36 (3): 321–339.

Greenfeld, Liah. 1992. *Nationalism: Five roads to modernity.* Cambridge, MA: Harvard Univ. Press.

Gregory, James R. 1976. "The modification of an interethnic boundary in Belize." *American Ethnologist* 3 (4): 683–708.

Greif, Avner, and David Laitin. 2004. "A theory of endogenous institutional change." *American Political Science Review* 98:633–652.

Grillo, Ralph. 1998. *Pluralism and the politics of difference: State, culture, and ethnicity in comparative perspective.* Oxford: Oxford Univ. Press.

Grodeland, Ase B., William L. Miller, and Tatyana Y. Koshechkina. 2000. "The ethnic dimension to bureaucratic encounters in postcommunist Europe: Perceptions and experience." *Nations and Nationalism* 6 (1): 43–66.

Gross, Ralph, and Alessandro Acquisti. 2005. "Information revelation and privacy in online social networks." Paper given at the Proceedings of WPES'05, Alexandria, Virginia.

Guglielmo, Thomas. 2003. "'No color barriers': Italians, race, and power in the United States." In *Are Italians white?* Edited by Jennifer Guglielmo and Salvatore Salerno, 29–43. New York: Routledge.

Gurr, Ted R. 1993. *Minorities at risk: A global view of ethnopolitical conflict.* Washington, DC: United States Institute of Peace Press.

Gwaltney, John Langston. 1993. *Drylongso: A self-portrait of black America.* New York: New Press.

Haaland, Gunnar. 1969. "Economic determinants in ethnic processes." In *Ethnic groups and boundaries.* Edited by Fredrik Barth, 58–74. Olso: Norwegian Univ. Press.

Habyarimana, James, Macartan Humphreys, Daniel N. Posner, and Jeremy M. Weinstein. 2007. "Why does ethnic diversity undermine public goods provision?" *American Political Science Review* 101 (4): 709–725.

Hagan, William T. 1976. *United States–Comanche relations: The reservation years.* New Haven, CT: Yale Univ. Press.

Hale, Henry E. 2004. "Explaining ethnicity." *Comparative Political Studies* 37 (4): 458–485.

Hall, Stuart. 1996 (1989). "New ethnicities." In *Stuart Hall: Critical dialogues in cultural studies.* Edited by David Morley and Kuan-Hsing Chen, 441–449. London: Routledge.

Haller, William, Alejandro Portes, and Scott M. Lynch. 2011. "Dreams fulfilled, dreams shattered: Determinants of segmented assimilation in the second generation." *Social Forces* 89 (3): 733–762.

Hallinan, Maureen T. 1978–1979. "The process of friendship formation." *Social Networks* 1:193–210.

Hallinan, Maureen T., and Steven S. Smith. 1985. "The effects of classroom racial composition on students' interracial friendliness." *Social Psychology Quarterly* 48 (1): 3–16.

Hallinan, Maureen T., and Richard A. Williams. 1989. "Interracial friendship choices in secondary schools." *American Sociological Review* 54 (1): 67–78.

Hancock, Ange-Marie. 2007. "When multiplication doesn't equal quick addition: Examining intersectionality as a research paradigm." *Perspectives on Politics* 5 (1): 63–79.

Handcock, Mark S. 2003a. *Assessing degeneracy in statistical models of social networks.* Seattle: Univ. of Washington Center for Statistics and the Social Sciences.

Handcock, Mark S. 2003b. "Statistical models for social networks: Degeneracy and inference." In *Dynamic social network modeling and analysis.* Edited by R. Breiger et al., 229–240. Washington, DC: National Academies Press.

Hannan, Michael T. 1979. "The dynamics of ethnic boundaries in modern states." In *National development and the world system.* Edited by John W. Meyer and Michael T. Hannan, 253–275. Chicago: Univ. of Chicago Press.

Hannerz, Ulf. 1994. "Sophiatown: The view from afar." *Journal of Southern African Studies* 20 (2): 181–193.

Hansell, Stephen, and Robert E. Slavin. 1981. "Cooperative learning and the structure of interracial friendships." *Sociology of Education* 54 (April): 98–106.

Harff, Barbara. 2003. "No lessons learned from the Holocaust? Assessing the risks of genocide and political mass murder since 1955." *American Political Science Review* 97 (1): 57–73.

Harff, Barbara, and Ted R. Gurr. 1989. "Victims of the state: Genocide, politicide and group repression since 1945." *International Review of Victimology* 1 (1): 23–41.

Harries, Patrick. 1989. "Exclusion, classification and internal colonialism: The emergence of ethnicity among the Tsonga-speakers of South Africa." In *The creation of tribalism in southern Africa*. Edited by Leroy Vail, 82–117. London: James Currey.

Harris, Marvin. 1964. "Racial identity in Brazil." *Luso-Brazilian Review* 1:21–28.

Harris, Marvin. 1980. *Patterns of race in the Americas*. Westport, CT: Greenwood Press.

Harris, Rosmary. 1972. *Prejudice and tolerance in Ulster: A study of neighbours and "strangers" in a border community*. Manchester, UK: Manchester University Press.

Harrison, Simon. 2002. "The politics of resemblence: Ethnicity, trademarks, head-hunting." *Journal of the Royal Anthropological Institute* 8 (2): 211–232.

Hartmann, Douglas, Paul R. Croll, and Katja Guenther. 2003. "The race relations 'problematic' in American sociology: Revisiting Niemonen's case study and critique." *The American Sociologist* 34 (3): 20–55.

Heath, Anthony. 2007. "Cross-national patterns and processes of ethnic disadvantage." Anthony Heath and Si-Yi Cheung, *Unequal chances: Ethnic minorities in western abour markets: Proceedings of the British Academy, 137*. Oxford: Oxford Univ. Press.

Hechter, Michael. 2000. *Containing nationalism*. Oxford: Oxford Univ. Press.

Hechter, Michael. 2004. "From class to culture." *American Journal of Sociology* 110 (2): 400–445.

Hechter, Michael, and Margaret Levi. 1979. "The comparative analysis of ethnoregional movements." *Ethnic and Racial Studies* 2 (3): 260–274.

Hedström, Peter. 2005. *Dissecting the social: On the principles of analytical sociology*. Cambridge, UK: Cambridge Univ. Press.

Hedström, Peter, and Peter Bearman. 2009. *The Oxford handbook of analytical sociology*. Oxford: Oxford Univ. Press.

Heider, Fritz. 1946. "Attitudes and cognitive organization." *Journal of Psychology* 21:107–112.

Heisler, Martin O. 1991. "Ethnicity and ethnic relations in the modern West." In *Conflict and peacemaking in multiethnic societies*. Edited by Joseph V. Montville, 21–52. New York: Lexington.

Helg, Aline. 1995. *Our rightful share: The Afro-Cuban struggle for equality, 1886–1912*. Chapel Hill: Univ. of North Carolina Press.

Herder, Johann Gottfried. 1968 (1784–1791). *Ideen zur Philosophie der Geschichte der Menschheit: Sämtliche Werke*. Vol. 13. Edited by Bernhard Suphan. Hildesheim, Germany: Olms.

Hicks, John D. 1961 (1931). *The populist revolt: A history of the Farmers' Alliance and the People's Party*. Lincoln: Univ. of Nebraska Press.

Hirschfeld, Lawrence A. 1996. *Race in the making: Cognition, culture and the child's construction of human kinds.* Cambridge, MA: MIT Press.

Hitlin, Steven, and Jane Allyn Piliavin. 2004. "Values: Reviving a dormant concept." *Annual Review of Sociology* 30:359–393.

Hoadley, Mason C. 1988. "Javanese, Peranakan, and Chinese elites in Cirebon: Changing ethnic boundaries." *Journal of Asian Studies* 47 (3): 503–518.

Hobsbawm, Eric, and Terence Ranger. 1983. *The invention of tradition.* Cambridge, UK: Cambridge Univ. Press.

Hochschild, Jennifer. 2003. "'Who cares who killed Roger Ackroyd?' Narrowing the enduring divisions of race." In *The fractious nation? Unity and division in contemporary American life.* Edited by Jonathan Rieder, 155–169. Berkeley: Univ. of California Press.

Hochschild, Jennifer L., and Vesla Weaver. 2007. "The skin color paradox and the American racial order." *Social Forces* 86 (2): 643–670.

Hoddie, Mathew. 2002. "Preferential policies and the blurring of ethnic boundaries: The case of Aboriginal Australians in the 1980s." *Political Studies* 50 (2): 293–312.

Hoetink, Harry. 1967. *The two variants in Caribbean race relations: A contribution to the sociology of segmented societies.* Oxford: Oxford Univ. Press.

Hoffmann-Nowotny, Hans-Joachim. 1992. *Chancen und Risiken multikultureller Einwanderungsgesellschaften.* Bern, Switzerland: Swiss Council on the Sciences.

Hoffmeyer-Zlotnik, Jürgen H. P. 2003. "How to measure race and ethnicity." In *Advances in cross-national comparison: A European working book for demographic and socio-economic variables.* Edited by Jürgen H. P. Hoffmeyer-Zlotnik and Christof Wolf, 267–278. New York: Kluwer.

Hollinger, David A. 2003. "Amalgamation and hypodescent: The question of ethnoracial mixture in the history of the United States." *American Historical Review* 108 (5): 1363–1390.

Horowitz, Donald L. 1971. "Three dimensions of ethnic politics." *World Politics* 23 (2): 232–244.

Horowitz, Donald L. 1975. "Ethnic identity." In *Ethnicity: Theory and experience.* Edited by Nathan Glazer and Daniel Patrick Moynihan, 111–140. Cambridge, MA: Harvard Univ. Press.

Horowitz, Donald L. 1977. "Cultural movements and ethnic change." *Annals of the American Academy of Political and Social Sciences* 433:6–18.

Horowitz, Donald L. 1985. *Ethnic groups in conflict.* Berkeley: Univ. of California Press.

Horowitz, Donald L. 2001. *The deadly ethnic riot.* Berkeley: Univ. of California Press.

Hunt, Chester, and Lewis Walker. 1979. *Ethnic dynamics: Patterns of intergroup relations in various societies.* Holmes Beach, FL: Learning Publications.

Hunter, David R. 2007. "Curved exponential family models for social networks." *Social Networks* 29: 216–230.

Hunter, David R., Steven M. Goodreau, and Mark S. Handcock. 2008. "Goodness of fit of social network models." *Journal of the American Statistical Association* 103 (481): 248–258.

Hunter, David R., and Mark S. Handcock. 2006. "Inference in curved exponential family models for networks." *Journal of Computational and Graphical Statistics* 15 (3): 565–583.

Huntington, Samuel. 2004. "The Hispanic challenge." *Foreign Policy*, March–April

Hyden, Goran, and Donald C. Williams. 1994. "A community model of African politics: Illustrations from Nigeria and Tanzania." *Comparative Studies in Society and History* 26 (1): 68–96.

Ignatiev, Noel. 1995. *How the Irish became white.* New York: Routledge.

Inglehart, R., and W. E. Baker. 2000. "Modernization, cultural change, and the persistance of traditional values." *American Sociological Review* 65:19–51.

Ingold, Tim. 1993. "The art of translation in a continuous world." In *Beyond boundaries: Understanding, translation and anthropological discourse.* Edited by Gisli Pálsson, 210–230. London: Berg.

Ireland, Patrick. 1994. *The policy challenge of ethnic diversity: Immigrant politics in France and Switzerland.* Cambridge, MA: Harvard Univ. Press.

Isaac, Harold R. 1967. "Group identity and political change: The role of color and physical characteristics." *Daedalus* 96:353–375.

Ito-Adler, James. 1980. *The Portuguese in Cambridge and Sommerville.* Cambridge, MA: Department of Planning and Development.

Ivarsflaten, Elisabeth. 2005. "The vulnerable populist right parties: No economic realignment fuelling their electoral success." *European Journal of Political Research* 44:465–492.

Ivarsflaten, Elisabeth. 2008. "What unites right-wing populists in western Europe? Re-examining grievance mobilization models in seven succesful cases." *Comparative Political Studies* 41 (3): 3–23.

Iwanska, Alicja. 1971. *Purgatory and Utopia: A Mazahua Indian village of Mexico.* Cambridge, MA: Schenkman.

Iwasawa, Yuji. 1986. "The legal treatment of Koreans in Japan: The impact of international human rights law." *Human Rights Quarterly* 8 (2): 131–179.

Jackson Preece, Jennifer. 1998. "Ethnic cleansing as an instrument of nation-state creation: Changing state practices and evolving legal norms." *Human Rights Quarterly* 20 (4): 817–842.

Jacobson, Jessica. 1997. "Religion and ethnicity: Dual and alternative sources of identity among young British Pakistanis." *Ethnic and Racial Studies* 20 (2): 238–256.

Jacoby, William G. 2006. "Value choices and American public opinion." *American Journal of Political Science* 50 (3): 706–723.

Jasper, James M. 2004. "A strategic approach to collective action: Looking for agency in social-movement choices." *Mobilization: An International Quarterly* 9 (1): 1–16.

Jenkins, Richard. 1994. "Rethinking ethnicity: Identity, categorization and power." *Ethnic and Racial Studies* 17 (2): 197–223.

Jenkins, Richard. 1997. *Rethinking ethnicity: Arguments and explorations.* London: SAGE.

Jiménez, Tomàs R. 2004. "Negotiating ethnic boundaries: Multiethnic Americans and ethnic identity in the United States." *Ethnicities* 4 (2): 75–97.

Joppke, Christian. 2005. *Selecting by origin: Ethnic migration in the liberal state.* Cambridge, MA: Harvard Univ. Press.

Jordan, Winthrop D. 1968. *White over black: American attitudes toward the Negro, 1550– 1812*. Chapel Hill: Univ. of North Carolina Press.

Joyner, Kara, and Grace Kao. 2000. "School racial composition and adolescent racial homophily." *Social Science Quarterly* 81 (3):810–825.

Juteau, Danielle. 1979. "La sociologie des frontières ethnique en devenir." In *Frontières ethniques en devenir*. By Danielle Juteau-Lee, 3–18. Ottawa, ON: Presses de l'Université d'Ottawa.

Kalmijn, Matthijs. 1998. "Intermarriage and homogamy: Causes, patterns and trends." *Annual Review of Sociology* 24:395–421.

Kalter, Frank. 2006. "Auf der Suche nach einer Erklärung für die spezfischen Arbeitsmarktnachteile von jugendlichen türkischer Herkunft." *Zeitschrift für Soziologie* 35 (2): 144–160.

Kalter, Frank, Nadia Granato, and Cornelia Kristen. 2007. "Disentangling recent trends of second generation's structural assimilation in Germany." In *From origin to destination: Trends and mechanisms in social stratification research*. Edited by Stefani Scherer, Reinhardt Pollak, Gunnar Otte, and Marcus Gangl, 214–245. Frankfurt: Campus.

Kandel, Denise B. 1978. "Homophily, selection, and socialization in adolescent friendships." *American Journal of Sociology* 84 (2): 427–436.

Kao, Grace, and Kara Joyner. 2004. "Do race and ethnicity matter among friends? Activities among interracial, interethnic, and intraethnic adolescent friends." *The Sociological Quarterly* 45 (3): 557–573.

Kao, Grace, and Kara Joyner. 2006. "Do Hispanic and Asian adolescents practice panethnicity in friendship choices?" *Social Science Quarterly* 87 (5): 972–992.

Karlen, Marie-Therese. 1998. *"Somos los valesanos, somos los gringos": Die Wiederentdecktung einer (fast) vergessenen 'Walliserkolonie' in der argentinischen Pampa*. Zurich: University of Zurich.

Karpat, Kemal. 1973. *An inquiry into the social foundations of nationalism in the Ottoman state: From social estates to classes, from millets to nations*. Princeton, NJ: Center of International Studies.

Karrer, Dieter. 2002. *Der Kampf um Integration: Zur Logik ethnischer Beziehungen in einem sozial benachteiligten Stadtteil*. Opladen, Germany: Westdeutscher Verlag.

Kasfir, Nelson. 1976. *The shrinking political arena: Participation and ethnicity in African politics with a case study of Uganda*. Berkeley: Univ. of California Press.

Kasfir, Nelson. 1979. "Explaining ethnic political participation." *World Politics* 31:365–388.

Kaufmann, Eric. 2004. *The rise and fall of Anglo-America*. Cambridge, MA: Harvard Univ. Press.

Kaw, Eugenia. 1991. "Medicalization of racial features: Asian American women and cosmetic surgery." *Medical Anthropology Quarterly* 7 (1): 74–89.

Kearney, Michael. 1996. "Die Auswirkung globaler Kultur, Wirtschaft und Migration auf die mixtekische Identität in Oaxacalifornia." In *Integration und Transformation: Ethnische Minderheiten, Staat und Weltwirtschaft in Lateinamerika seit ca. 1850*. Edited by Stefan Karlen and Andreas Wimmer, 329–349. Stuttgart: Heim.

Kefalas, Maria. 2003. *Working-class heroes: Protecting home, community, and nation in a Chicago neighborhood*. Sacramento: Univ. of California Press.

Kertzer, David I. 1988. *Ritual, politics and power.* New Haven, CT: Yale Univ. Press.

Kessler, Alan E., and Gary P. Freeman. 2005. "Support for extreme right-wing parties in western Europe: Individual attributes, political attitudes, and national context." *Comparative European Politics* 3:261–288.

Keyes, Charles. 1976. "Towards a new formulation of the concept of ethnic group." *Ethnicity* 3 (3): 202–213.

Keyes, Charles. 1979. "Introduction." In *Ethnic adaptation and identity: The Karen on the Thai frontier with Burma.* By Charles Keyes, 1–23. Philadelphia: Institute for the Study of Human Issues.

Keyes, Charles. 1981. "The dialectics of ethnic change." In *Ethnic change.* By Charles Keyes, 4–52. Seattle: Univ. of Washington Press.

Kibria, Nazli. 2002. *Becoming Asian American: Second-generation Chinese and Korean American identities.* Baltimore: The John Hopkins Univ. Press.

Kissler, Mechtilde, and Josef Eckert. 1990. "Multikulturelle Gesellschaft und Urbanität: Die soziale Konstruktion eines innerstädtischen Wohnviertels aus figurationssoziologischer Sicht." *Migration* 8:43–82.

Kivisto, Peter. 2003. "The view from America: Comments on Banton." *Ethnic and Racial Studies* 26 (3): 528–536.

Klessman, Christoph. 1978. *Polnische Bergarbeiter im Ruhrgebiet, 1870–1945: Soziale Integration und nationale Subkultur einer Minderheit in der deutschen Industriegesellschaft.* Göttingen, Germany: Vandenhoeck & Ruprecht.

Kloosterman, Robert. 2000. "Immigrant entrepreneurship and the institutional context: A theoretical exploration." In *Immigrant businesses: The Economic, Political and Social Environment.* Edited by Jan Rath, 90–106. Basingstoke, UK: Macmillan.

Knafo, A., and S. H. Schartz. 2001. "Value socialization in families of Israeli-born and Soviet-born adolescents in Israel." *Journal of Cross-Cultural Psychology* 32:213–228.

Knafo, Ariel, Ella Daniel, and Mona Khoury-Kassabri. 2008. "Values as protective factors against violent behavior in Jewish and Arab high schools in Israel." *Child Development* 79 (3): 652–667.

Kogan, Irena. 2006. "Labor markets and economic incorporation among recent immigrants in Europe." *Social Forces* 85 (2): 697–721.

Köhler, Ulrich. 1990. "Kosmologie und Religion." In *Altamerikanistik: Eine Einführung in die Hochkulturen Mittel- und Südamerikas.* By Ulrich Köhler, Berlin: Reimer.

Koopmans, Ruud, Paul Statham, Marco Giugni, and Florence Passy. 2005. *Contested citizenship: Immigration and cultural diversity in Europe.* Minneapolis: Univ. of Minnesota Press.

Kopytoff, Igor. 1988. "The cultural context of African abolition." In *The end of slavery in Africa.* Edited by Suzanne Miers and Richard Roberts, 485–503. Madison: Univ. of Wisconsin Press.

Kornrich, Sabino. 2009. "Combining preferences and processes: An integrated approach to black-white labor market inequality." *American Journal of Sociology* 115 (1): 1–38.

Kriesi, Hanspeter, Romain Lachat, Peter Selb, Simon Bornschier, and Marc Helbling. 2005. *Der Aufstieg der SVP: Acht Kantone im Vergleich.* Zurich: Verlag Neue Zürcher Zeitung.

Kristen, Cornelia, and Nadia Granato. 2007. "The educational attainment of the second generation in Germany." *Ethnicities* 7 (3): 343–366.

Kroneberg, Clemens. 2005. "Die Definition der Situation und die variable Rationalität der Akteure: Ein allgemeines Modell des Handelns." *Zeitschrift für Soziologie* 34 (5): 344–363.

Kroneberg, Clemens, and Andreas Wimmer. 2012. "Struggling over the boundaries of belonging: A formal model of nation-building, ethnic closure, and populism." *American Journal of Sociology* 118 (1): forthcoming.

Kuran, Timur. 1998. "Ethnic norms and their transformation through reputational cascades." *Journal of Legal Studies* 27:623–659.

Kymlicka, Will. 1989. "Liberal individualism and liberal neutrality." *Ethics* 99 (4): 883–905.

Kymlicka, Will. 1995. *Multicultural citizenship: A liberal theory of minority rights.* Oxford: Oxford Univ. Press.

Kymlicka, Will. 2007. *Multicultural odysseys: Navigating the new international politics of diversity.* Oxford: Oxford Univ. Press.

Labelle, Micheline. 1987. *Ideologie du couleur et classes sociales en Haiti.* Montreal: Univ. of Montreal Press.

Laely, Thomas. 1994. "Ethnien à la burundaise." In *Ethnische Dynamik in der aussereuropäischen Welt.* Edited by Hans-Peter Müller, 207–247. Zurich: Argonaut-Verlag.

Lagrange, Hugues. 2010. *Le déni des cultures.* Paris: Seuil.

Laitin, David. 1995a. "Marginality. A microperspective." *Rationality and Society* 7 (1): 31–57.

Laitin, David. 1995b. "National revivals and violence." *Archives Européennes de Sociologie* 36 (1): 3–43.

Lamont, Michèle. 1992. *Money, morals, manners: The culture of the French and American upper class.* Chicago: Univ. of Chicago Press.

Lamont, Michèle. 2000. *The dignity of working man: Morality and the boundaries of race, class, and immigration.* Cambridge, MA: Harvard Univ. Press.

Lamont, Michèle, and Christopher A. Bail. 2005. "Sur les frontières de la reconnaissance: Les catégories internes et externes de l'identité collective." *Revue Européenne des Migrations Internationales* 21:61–90.

Lamont, Michèle, and Crystal Fleming. 2005. "Everyday antiracism: Competence and religion in the cultural repertoire of the African American elite." *Du Bois Review* 2 (1): 29–43.

Lamont, Michèle, and Virág Molnár. 2001. "How blacks use consumption to shape their collective identity: Evidence from African-American marketing specialist." *Journal of Consumer Culture* 1 (1): 31–45.

Lamont, Michèle, and Virág Molnár. 2002. "The study of boundaries in the social sciences." *Annual Review of Sociology* 28:167–195.

Lamont, Michèle, Ann Morning, and Margarita Mooney. 2002. "North African immigrants respond to French racism: Demonstrating equivalence through universalism." *Ethnic and Racial Studies* 25 (3): 390–414.

Lancester, Roger N. 1991. "Skin color, race, and racism in Nicaragua." *Ethnology* 34:339–352.

Landa, Janet T. 1981. "A theory of the ethnically homogenous middleman group: An institutional alternative to contract law." *Journal of Legal Studies* 10:349–362.

Landale, Nancy F., and R. S. Oropesa. 2002. "White, black, or Puerto Rican? Racial self-identification among mainland and island Puerto Ricans." *Social Forces* 81:231–254.

Lanoue, Guy. 1992. *Brothers: The politics of violence among the Sekani of northern British Columbia*. Oxford: Berg.

Lapidus, Ira M. 2001. "Between universalism and particularism: The historical bases of Muslim communal, national, and global identities." *Global Networks* 1 (1): 37–55.

Laumann, Edward O., Peter V. Marsden, and David Prensky. 1983. "The boundary specification problem in network analysis." In *Applied network analysis: A methodological introduction*. Edited by Ronald S. Burt and Michael J. Minor, 18–34. Beverly Hills, CA: SAGE.

Lauwagie, Beverly Nagel. 1979. "Ethnic boundaries in modern states: The Romano Lavo-Lil revisited." *American Journal of Sociology* 85 (2): 310–337.

Leach, Edmund R. 1954. *Political systems of highland Burma: A study of Kachin social structure*. London: Athlone Press.

Le Bras, Hervé. 1998. *Le démon des origines*. Paris: Édition de l'aube.

Lee, Sharon M. 1993. "Racial classifications in the US census, 1890–1990." *Ethnic and Racial Studies* 16:75–94.

Lelyveld, Joseph. 1985. *Move your shadow: South Africa, black and white*. New York: Penguin.

Lemarchand, René. 1966. "Power and stratification in Rwanda: A reconsideration." *Cahiers d'Études africaines* 6:602–605.

Lemarchand, René. 2004. "Exclusion, marginalization, and political mobilization: The road to hell in the Great Lakes region." In *Facing ethnic conflicts: Toward a new realism*. Edited by Andreas Wimmer, Richard J. Goldstone, Daniel L. Horowitz, and Ulrike Joras, 61–78. Lanham, MD: Rowman & Littlefield.

Levine, Hal B., and Marlene Wolfzahn Levine. 1979. *Urbanization in Papua New Guinea: A study of ambivalent townsmen*. Cambridge, UK: Cambridge Univ. Press.

Levine, Nancy E. 1987. "Caste, state, and ethnic boundaries in Nepal." *Journal of Asian Studies* 46 (1): 71–88.

Le Vine, Robert, and Donald Campbell. 1972. *Ethnocentrism: Theories of conflict, ethnic attitudes and group behaviour*. New York: John Wiley.

Levitt, Peggy. 2001. *Transnational villagers*. Berkeley: Univ. of California Press.

Lewis, Kevin, Jason Kaufman, Marco Gonzalez, Andreas Wimmer, and Nicholas Christakis. 2008. "Tastes, ties, and time: A new social network dataset using Facebook.com." *Social Networks* 30 (4): 330–342.

Lewis, Kevin, Jason Kaufman, and Nicholas Christakis. 2008. "The taste for privacy: An analysis of college student privacy settings in an online social network." *Journal of Computer-Mediated Communication* 14 (1): 79–100.

Lieberman, Evan S., and Gwyneth C. H. McClendon. 2013. "The ethnicity-policy preference link in sub-Saharan Africa." *Comparative Political Studies* 46 (5): forthcoming.

Lieberson, Stanley. 1980. *A piece of the pie: Blacks and white immigrants since 1880*. Berkeley: Univ. of California Press.

Lieberson, Stanley. 1992. "Small n's and big conclusions: An examination of the reasoning in comparative studies based on a small number of cases." In *What is a case?* Edited by Charles Ragin and H. S. Becker, 105–118. Cambridge, UK: Cambridge Univ. Press.

Lieberson, Stanley, and Freda B. Lynn. 2002. "Barking up the wrong branch: Scientific alternatives to the current model of sociological science." *Annual Review of Anthropology* 28:1–19.

Lin, Nan. 1999. "Social networks and status attainment." *Annual Review of Sociology* 25:467–487.

Lizardo, Omar. 2006. "How cultural tastes shape personal networks." *American Sociological Review* 71:778–807.

Loewen, James W. 1971. *The Mississippi Chinese: Between black and white.* Cambridge, MA: Harvard Univ. Press.

Longman, Timothy. 2001. "Identity cards, ethnic self-perception, and genocide in Rwanda." In *Documenting individual identity: The development of state practices in the modern world.* Edited by Jane Caplan and John Torpey, 345–357. Princeton, NJ: Princeton University Press.

Lopez, David, and Yen Espiritu. 1990. "Panethnicity in the United States: A theoretical framework." *Ethnic and Racial Studies* 13:198–224.

Louch, Hugh. 2000. "Personal network integration: Transitivity and homophily in strong-tie relations." *Social Networks* 22:45–64.

Loveman, Mara. 1997. "Is "race" essential?" *American Sociological Review* 64 (4): 891–898.

Loveman, Mara, and Jeronimo Muniz. 2006. "How Puerto Rico became white: Boundary dynamics and inter-census racial classification." *American Sociological Review* 72 (6): 915–939.

Lowethal, David. 1971. "Post-emancipation race relations: Some Caribbean and American perspectives." *Journal of Interamerican Studies and World Affairs* 13 (3–4): 367–377.

Lustick, Ian. 2000. "Agent-based modelling of collective identity: Testing constructivist theory." *Journal of Artificial Societies and Social Simulation* 3 (1).

Lyman, Stanford M., and William A. Douglass. 1973. "Ethnicity: Strategies of collective and individual impression management." *Social Research* 40 (2): 344–365.

Mackert, Jürgen. 2004. *Die Theorie sozialer Schließung: Tradition, Analysen, Perspektiven.* Wiesbaden: VS Verlag für Sozialwissenschaften.

Macmillan, Hugh. 1989. "A nation divided? The Swazi in Swaziland and the Transvaal, 1865–1986." In *The creation of tribalism in southern Africa.* Edited by Leroy Vail, 289–323. London: James Currey.

Mahoney, James. 2000. "Path dependency in historical sociology." *Theory and Society* 29:507–548.

Mallon, Florencia. 1995. *Peasant and nation: The making of postcolonial Mexico and Peru.* Berkeley: Univ. of California Press.

Manatschal, Anita. 2012. "Path-dependent and dynamic? Cantonal integration policies between regional citizenship traditions and right populist party politics." *Ethnic and Racial Studies* 35 (2): 281–297.

Mann, Michael. 2005. *The dark side of democracy: Explaining ethnic cleansing.* Cambridge, UK: Cambridge Univ. Press.

Mansfield, Edward D., and Jack Snyder. 2005. *Electing to fight: Why emerging democracies go to war*. Cambridge, MA: MIT Press.

Marmaros, David, and Bruce Sacerdote. 2006. "How do friendships form?" *Quarterly Journal of Economics* 121 (1): 79–119.

Marradi, Alberto. 1990. "Classification, typology, taxonomy." *Quality and Quantity* 24:129–157.

Marsden, Peter V. 1987. "Core discussion networks of Americans." *American Sociological Review* 52:122–131.

Marsden, Peter V. 1988. "Homogeneity in confiding relations." *Social Networks* 10:57–76.

Marsden, Peter V., and Karen E. Campbell. 1984. "Measuring tie strength." *Social Forces* 63:482–501.

Martin, John Levi, and King-To Yeung. 2003. "The use of the conceptual category of race in American sociology, 1937–99." *Sociological Forum* 18 (4): 521–543.

Martin, Terry D. 2001. *An affirmative action empire: Nations and nationalism in the Soviet Union, 1923–1939*. Ithaca, NY: Cornell Univ. Press.

Marx, Anthony W. 1999. *Making race and nation: A comparision of the United States, South Africa, and Brazil*. Cambridge, UK: Cambridge Univ. Press.

Massey, Douglas S., and Nancy A Denton. 1994. *American Apartheid: Segregation and the making of the underclass*. Cambridge, MA: Harvard Univ. Press.

Mayer, Adalbert, and Steven L. Puller. 2008. "The old boy (and girl) network: Social network formation on university campuses." *Journal of Public Economics* 92:329–347.

Mayer, Philip. 1962. "Migrancy and the study of Africans in towns." *American Anthropologist* 64:576–592.

McCall, Leslie. 2009. "The complexity of intersectionality." In *Intersectionality and beyond: Law, power, and the politics of location*. Edited by Emily Grabham, et al., 49–76. New York: Routledge-Cavendish.

McCranie, Ann, Stanley Wasserman, and Bernice Pescosolido. 2008. "Race, gender, and status stratification in work networks: An ERG/p* approach." Paper given at the International Sunbelt Social Network Conference, St. Pete Beach, Florida, January 22–27.

McDowall, David. 1996. *A modern history of the Kurds*. London: Tauris.

McElreath, Richard, Robert Boyd, and Peter J. Richerson. 2003. "Shared norms and the evolution of ethnic markers." *Current Anthropology* 44 (1): 122–129.

McGarry, John and Brendan O'Leary. 1993. "Introduction: The macro-political regulation of ethnic conflict." In *The politics of ethnic conflict regulation: Case studies in protracted ethnic conflicts*. By John McGarry and Brendan O'Leary, 1–40. London: Routledge.

McKay, James, and Frank Lewis. 1978. "Ethnicity and ethnic group: A conceptual analysis and reformulation." *Ethnic and Racial Studies* 1 (4): 412–427.

McKay, Jay. 1982. "An explanatory synthesis of primordial and mobilizationist approaches to ethnic phenomena." *Ethnic and Racial Studies* 5 (4): 395–420.

McPherson, Miller, and Lynn Smith-Lovin. 1987. "Homophily in voluntary organizations: Status distance and the composition of face-to-face groups." *American Sociological Review* 52 (3): 370–379.

McPherson, Miller, Lynn Smith-Lovin, and James M. Cook. 2001. "Birds of a feather: Homophily in social networks." *Annual Review of Sociology* 27:415–444.

Meillassoux, Claude. 1980. "Gegen eine Ethnologie der Arbeitsmigration." In *Dritte Welt in Europa*. Edited by Jochen Blaschke and Kurt Greussing, 53–59. Frankfurt: Syndikat.

Mendelsohn, Oliver, and Marika Vicziany. 1998. *The untouchables: Subordination, poverty and the state in modern India*. New York: Cambridge Univ. Press.

Merry, Sally Engle. 2003. "Hegemony and culture in historical anthropology: A review essay on Jean and John Comaroff's *Of Revelation and Revolution*." *American Historical Review* 108 (2): 460–470.

Meyer, John, John Boli, George M. Thomas, and Francisco O. Ramirez. 1997. "World society and the nation-state." *American Journal of Sociology* 103 (1): 144–181.

Meyer, Melissa. 1999. "American Indian blood quantum requirements: Blood is thicker than family." In *Over the edge: Remapping the American West*. Edited by Valerie Matsumoto and Blake Allmendinger, 231–252. Berkeley: Univ. of California Press.

Michel, Noémi, and Manuela Honegger. 2010. "Thinking whiteness in French and Swiss cyberspaces." *Social Politics* 17 (4): 423–449.

Miles, Robert. 1989. *Racism*. London: Routledge.

Miles, Robert. 1993. *Racism after "Race Relations."* London: Routledge & Kegan Paul.

Milikowski, Marisca. 2000. "Exploring a model of de-ethnicization: The case of Turkish television in the Netherlands." *European Journal of Communication* 15 (4): 443–468.

Millsap, Roger E., and Jenn Yun-Tein. 2004. "Assessing factorial invariane in ordered-categorical measures." *Multivariate Behavioral Research* 39 (3): 479–515.

Min, Brian, Lars-Erik Cederman, and Andreas Wimmer. 2010. "Ethnic exclusion, economic growth, and civil war." Manuscript, Univ. of California at Los Angeles.

Mislevy, Robert J. 1991. "Randomization-based inference about latent variables from complex samples." *Psychometrica* 56 (2): 177–196.

Mitchell, J. Clyde. 1974. "Perceptions of ethnicity and ethnic behaviour: An empirical exploration." In *Urban ethnicity*. Edited by Abner Cohen, 1–35. London: Tavistock.

Moerman, Michael. 1965. "Ethnic identification in a complex civilization: Who are the Lue?" *American Anthropologist* 67 (5): 1215–1230.

Moffat, Michael. 1979. *An Untouchable community in south India: Structure and consensus*. Princeton, NJ: Princeton Univ. Press.

Moody, James. 2001. "Race, school integration, and friendship segregation in America." *American Journal of Sociology* 107 (3): 679–716.

Mora, Cristina G. 2010. "The institutionalization of Latino panethnicity in the United States: Relay effects and interdependent organizational change." Unpublished manuscript, Department of Sociology, Univ. of California at Berkeley.

Moravcsik, Andrew. 1994. "Why the European Union strengthens the state: Domestic politics and international cooperation." Center for European Studies, Working Paper No. 52, Department of Government, Harvard Univ.

Morawska, Ewa. 1994. "In defense of the assimilation model." *Journal of American Ethnic History* 13 (2): 76–87.

Morning, Ann. 2009. "Toward a sociology of racial conceptualization for the 21st century." *Social Forces* 87 (3): 1167–1192. ·

Mouw, Ted, and Barbara Entwisle. 2006. "Residential segregation and interracial friendship in schools." *American Journal of Sociology* 112 (2): 394–441.

Mugny, Gabriel, Margarita Sanchez-Mazas, Patricia Roux, and Juan A. Pérez. 1991. "Independence and interdependence of group jugments: Xenophobia and minority influence." *European Journal of Social Psychology* 21:213–223.

Mujahid, Abdul Malik. 1989. *Conversion to Islam: Untouchables' strategy for protest in India.* Chambersburg, PA: Anima Publications.

Mulcahy, F. David. 1979. "Studies in Gitano social ecology: Linguistic performance and ethnicity." *International Journal of the Sociology of Language* 19:11–28.

Mummendey, Amelie, Thomas Kessler, Andreas Klink, and Rosemarie Mielke. 1999. "Strategies to cope with negative social identity: Predictions by social identity theory and relative deprivation theory." *Journal of Personality and Social Psychology* 76:229–245.

Musterd, Sako, Alan Murie, and Christian Kesteloot. 2006. *Neighborhoods of poverty: Urban social exclusion and integration in comparison.* Basingstoke, UK: Palgrave Macmillan.

Muthén, Linda K., and Bengt O. Muthén. 2007. *Mplus user's guide.* 5th ed. Los Angeles: Muthén & Muthén.

Nagata, Judith. 1974. "What is a Malay? Situational selection of ethnic identity in a plural society." *American Ethnologist* 1 (2): 331–350.

Nagata, Judith. 1981. "In defense of ethnic boundaries: The changing myths and charters of Malay identity." In *Ethnic change.* Edited by Charles Keyes, 88–116. Seattle: Univ. of Washington Press.

Nagel, Joane. 1994. "Constructing ethnicity: Creating and recreating ethnic identity and culture." *Social Problems* 41 (1): 152–176.

Nagel, Joane. 1995. "American Indian ethnic revival: Politics and the resurgence of identity." *American Sociological Review* 60:947–965.

Nagel, Joane. 2001. "Racial, ethnic, and national boundaries: Sexual intersections and symbolic interactions." *Symbolic Interaction* 24 (2): 123–139.

Nagel, Joane. 2003. *Race, ethnicity, and sexuality: Intimate intersections, forbidden frontiers.* Oxford: Oxford Univ. Press.

Nauck, Berhard, and Annette Kohlmann. 1999. "Kinship as social capital: Network relationships in Turkish migrant families." In *New qualities in the lifecourse: Intercultural aspects.* Edited by Rudolf Richter and Sylvia Supper, 199–218. Würzburg, Germany: Ergon Verlag.

Nave, Ari. 2000. "Marriage and the maintenance of ethnic group boundaries: The case of Mauritius." *Ethnic and Racial Studies* 23 (2): 329–352.

Nee, Victor and, Jimy Sanders. 2001. "Understanding the diversity of immigrant incorporation: A forms-of capital model." *Ethnic and Racial Studies* 24 (3): 386–411.

Nee, Victor, Jimy Sanders, and Scott Sernau. 1994. "Job transitions in an immigrant metropolis: Ethnic boundaries in the mixed economy." *American Sociological Review* 59 (6): 849–872.

Nielson, François. 1985. "Toward a theory of ethnic solidarity in modern societies." *American Sociological Review* 50 (2): 133–149.

Niemonen, Jack. 1997. "The race relations problematic in American sociology: A case study and critique." *The American Sociologist* 28:15–54.

Niezen, Ronald. 2003. *The origins of indigenism: Human rights and the politics of identity.* Berkeley: Univ. of California Press.

Nobles, Melissa. 2000. *Shades of citizenship: Race and the census in modern politics.* Stanford, CA: Stanford University Press.

Nohl, Arnd-Michael, Karin Schittenhelm, Oliver Schmidtke, and Anja Weiss. 2006. "Cultural capital during migration: A multi-level approach to the empirical analysis of labor market integration amongst highly skilled migrants." *Forum: Qualitative Social Research* 7 (3): article 14.

Nyden, Philip, Mihael Maly, and John Lukehart. 1997. "The emergence of stable racially and ethnically diverse urban communities: A case study of nine U.S. cities." *Housing Policy Debate* 8 (2): 491–534.

Oboler, Suzanne. 1997. "'So far from God, so close to the United States': The roots of Hispanic homogenization." In *Challenging fronteras: Structuring Latina and Latino lives in the U.S.* Edited by Mary Romero, et al., 31–50. New York: Routledge.

O'Connor, Mary I. 1989. *Descendants of Totoliguoqui: Ethnicity and economics in the Mayo valley.* Berkeley: Univ. of California Press.

Oesch, Daniel. 2008. "Explaining workers' support for right-wing populist parties in western Europe: Evidence from Austria, Belgium, France, Norway, and Switzerland." *International Political Science Review* 39 (3): 349–373.

Oesch, Daniel, and Line Rennwald. 2010. "The class basis of Switzerland's cleavage between the New Left and the populist right." *Swiss Political Science Review* 16 (3): 343–371.

Okamoto, Dina G. 2003. "Toward a theory of panethnicity: Explaining Asian American collective action." *American Sociological Review* 68 (6): 811–842.

Okamoto, Dina G. 2006. "Institutional panethnicity: Boundary formation in Asian-American organizing." *Social Forces* 85 (1): 1–25.

Okamura, Jonathan. 1981. "Situational ethnicity." *Ethnic and Racial Studies* 4 (4): 452–465.

O'Leary, Brendan. 1998. "Ernest Gellner's diagnoses of nationalism: A critical overview, or, what is living and what is dead in Ernest Gellner's philosophy of nationalism?" In *The state of the nation: Ernest Geller and the theory of nationalism.* Edited by John Hall, 40–90. Cambridge, UK: Cambridge Univ. Press.

Olzak, Susan. 1993. *The dynamics of ethnic competition and conflict.* Stanford, CA: Stanford Univ. Press.

Olzak, Susan, and Joane Nagel. 1986. *Competitive ethnic relations.* New York: Academic Press.

Omi, Michael, and Howard Winant. 1994. *Racial formation in the United States: From the 1960s to the 1990s.* New York: Routledge & Kegan Paul.

Orsi, Robert. 1992. "The religious boundaries of an inbetween people: Street *Feste* and the problem of the dark-skinned other in Italian Harlem, 1920–1990." *American Quarterly* 44 (3): 313–347.

O'Sullivan, Katherine. 1986. *First world nationalisms: Class and ethnic politics in Northern Ireland and Quebec*. Chicago: Univ. of Chicago Press.

Oyserman, D., H. M. Coon, and M. Kemmelmeier. 2002. "Rethinking individualism and collectivism: Evaluation of theoretical assumptions and meta-analyses." *Psychological Bulletin* 128 (1): 3–72.

Pacini Hernández, Deborah. 2003. "Amalgamating musics: Popular music and cultural hybridity in the Americas." In *Musical migrations: Transnationalism and cultural hbridity in Latin/O America*. Edited by Frances R. Aparicio and Cándida Frances Jáquez, 13–32. Basingstoke, UK: Palgrave Macmillan.

Padilla, Felix. 1986. "Ladino ethnicity in the city of Chicago." In *Competitive ethnic relations*. Edited by Susan Olzak and Joane Nagel, 153–171. New York: Academic Press.

Pagden, Anthony. 2009. *Worlds at war: The 2500 year struggle between east and west*. New York: Random House.

Page, S. E. 2008. *The difference: How the power of diversity creates better groups, firms, schools, and societies*.

Pager, Devah, Bruce Western, and Bart Bonikowski. 2009. "Discrimination in a low wage labor market: A field experiment." *American Sociological Review* 74:777–799.

Passy, Florence. 1999. "Supranational political opportunities as a channel of globalization of political conflicts: The case of the rights of indigenous peoples." In *Social movements in a globalizing world*. Edited by Donatella della Porta, et al., 148–169. London: Macmillan.

Patchen, Martin. 1982. *Black-white contact in schools*. West Lafayette, IN: Purdue Univ. Press.

Patten, Alan. 2011. "Rethinking culture: The social lineage account." *American Political Science Review* 105 (4): 735–749.

Patterson, Orlando. 1975. "Context and choice in ethnic allegiance: A theoretical framework and Caribbean case study." In *Ethnicity: Theory and experience*. Edited by Nathan Glazer and Daniel Patrick Moynihan, 305–349. Cambridge, MA: Harvard Univ. Press.

Patterson, Orlando. 1997. *The ordeal of integration: Progress and resentment in America's "racial" crisis*. Washington, DC: Civitas/Counterpoint.

Peel, John D. Y. 1989. "The cultural work of Yoruba ethnogenesis." In *History and ethnicity*. Edited by Elizabeth Tonkin, et al., 198–215. London: Routledge & Kegan Paul.

Pettigrew, Thomas F. 1980. *The sociology of race relations: Reflection and reform*. New York: Free Press.

Phinney, Jean S., and Anthony D. Ong. 2007. "Conceptualization and measurement of ethnic identity: Current status and future directions." *Journal of Counseling Psychology* 54 (3) :271–281.

Phinney, Jean S., Anthony D. Ong, and Tanya Madden. 2000. "Cultural values and intergenerational value discrepancies in immigrant and non-immigrant families." *Child Development* 71 (2): 528–539.

Pickering, Paula M. 2006. "Generating social capital for bridging ethnic divisions in the Balkans: Case studies of two Bosniak cities." *Ethnic and Racial Studies* 29 (1): 79–103.

Piguet, Étienne, and Andreas Wimmer. 2000. "Les nouveaux 'Gastarbeiter'? Les réfugiés sur le marché de travail suisse." *Journal of International Immigration and Integration* 2 (1): 233–257.

Portes, Alejandro. 1995. "Children of immigrants: Segmented assimilation and its determinants." In *The economic sociology of immigration: Essays on networks, ethnicity and entrepreneurship.* Edited by Alejandro Portes, 248–280. New York: Russell Sage.

Portes, Alejandro, and Ruben G. Rumbault. 1990. *Immigrant America: A portrait.* Berkeley: Univ. of California Press.

Portes, Alejandro, and Ruben G. Rumbaut. 2001. *Legacies: The story of the immigrant second generation.* Berkeley: Univ. of California Press.

Portes, Alejandro, and Min Zhou. 1993. "The new second generation: Segmented assimilation and its variants." *Annals of the American Academy of Political and Social Science* 530:74–96.

Posner, Daniel. 2005. *Institutions and ethnic politics in Africa.* New York: Cambridge Univ. Press.

Powell, Patricia. 1998. *The pagoda.* San Diego: Harcourt Brace.

Preston, Julian. 2006. "Texas hospitals reflect debate on immigration." *New York Times,* July 18: A1.

Quillan, Lincoln, and Mary E. Campbell. 2003. "Beyond black and white: The present and future of multiracial friendship segregation." *American Sociological Review* 68 (4): 540–566.

Rabushka, Alvin, and Kenneth Shepsle. 1972. *Politics in plural societies: A theory of democratic instability.* New York: Charles E. Merrill.

Radtke, Frank-Olaf. 1990. "Multikulturell: Das Gesellschaftsdesign der 90er Jahre?" *Informationsdienst zur Ausländerarbeit* 4:27–34.

Radtke, Frank-Olaf. 2003. "Multiculturalism in Germany: Local management of immigrant's social inclusion." *International Journal on Multicultural Societies* 5 (1): 55–76.

Ragin, Charles. 2000. *Fuzzy-set social science.* Chicago: Univ. of Chicago Press.

Ragin, Charles, and Jeremy Hein. 1993. "The comparative study of ethnicity: Methodological and conceptual issues." In *Race and ethnicity in research methods.* Edited by John H. Stanfield and Dennis M. Rutledge, 254–272. London: SAGE.

Ramble, Charles. 1997. "Tibetan pride of place; or, why Nepal's Bhotiyas are not an ethnic group." In *Nationalism and ethnicity in a Hindu kingdom: The politics of culture in contemporary Nepal.* Edited by David Gellner, et al., 325–350. Amsterdam: Harwood Academic Publishers.

Rampton, Ben. 1995. "Language crossing and the problematisation of ethnicity and socialisation." *Pragmatics* 5 (4): 485–513.

Ranger, Terence. 1970. *The African voice in Southern Rhodesia, 1898–1930.* Evanston, IL: Northwestern Univ. Press.

Rath, Jan. 1991. *Minorisering: De sociale contructie van "etnische minderheden."* Amsterdam: Sua.

Rath, Jan. 1993. "The ideological representation of migrant workers in Europe: A matter of racialisation." In *Racism and migration in western Europe.* Edited by John Wrench and John Solomos, 215–232. Oxford: Berg.

Rawls, John. 1987. "The idea of an overlapping consensus." *Oxford Journal of Legal Studies* 7 (1): 1–25.

Rector, Jim R., Damian P. Johnson, Paul J. Malanij, and Laurie L. Fumic. 2010. *The international diversity and inclusion lexicon.* Westlake, OH: Profiles in Diversity Journal.

Reina, Ruben. 1966. *The law of the saints: A Pocomam Pueblo and its community culture.* Indianapolis: Bobbs-Merrill.

Ringer, Benjamin B. 1983. *"We the people" and others: Duality and America's treatment of its racial minorities.* New York: Tavistock.

Robins, Garry, Pip Pattison, and Peng Wang. 2009. "Closure, connectivity and degree distributions: Exponential random graph (p*) models for directed social networks." *Social Networks* 31:105–117.

Robins, Garry, Tom Snijders, Peng Wang, Mark Handcock, and Philippa Pattison. 2007. "Recent developments in exponential random graph (p*) models for social networks." *Social Networks* 29:192–215.

Robins, Garry, and Philippa Pattison. 2005. "Interdependencies and social processes: Generalized dependence structures." In *Models and methods in social network analysis.* Edited by Peter J. Carrington, et al., 192–214. New York: Cambridge Univ. Press.

Rogers, Everett M., and Dilip K. Bhowmik. 1970. "Homophily-heterophily: Relational concepts for communication research." *The Public Opinion Quarterly* 34 (4): 523–538.

Roosens, Eugeen E. 1994. "The primordial nature of origins in migrant ethnicity." In *The anthropology of ethnicity: Beyond "ethnic groups and boundaries."* Edited by Hans Vermeulen and Cora Grovers, 81–104. Amsterdam: Het Spinhuis.

Roseberry, William. 1994. "Hegemony and the language of contention." In *Everyday forms of state formation: Revolution and the negotiation of rule in modern Mexico.* Edited by Gilbert M. Joseph and Daniel Nugent, 355–366. Durham, NC: Duke Univ. Press.

Rosenblatt, Daniel. 1997. "The antisocial skin: Structure, resistance, and 'modern primitive' adornment in the United States." *Cultural Anthropology* 12 (3): 287–334.

Rosenfeld, Michael J. 2001. "The salience of pan-national Hispanic and Asian identities in U.S. marriage markets." *Demography* 38:161–175.

Ross, Marc Howard. 2001. " Psychocultural interpretations and dramas: Identity dynamics in ethnic conflict." *Political Psychology* 22:157–178.

Roth, Wendy D. 2012. *Race migrations: Latinos and the cultural transformations of race.* Stanford, CA: Stanford Univ. Press.

Rothchild, Donald. 1995. "Ethnic bargaining and state breakdown in Africa." *Nationalism and Ethnic Politics* 1 (1): 54–72.

Rothschild, Joseph. 1981. *Ethnopolitics: A conceptual framework.* New York: Columbia Univ. Press.

Roy, Bill. 2002. "Aesthetic identity, race, and American folk music." *Qualitative Sociology* 25:459–469.

Ruane, Joseph, and Jennifer Todd. 1996. *The dynamics of conflict in Northern Ireland: Power, conflict and emancipation.* Cambridge, UK: Cambridge Univ. Press.

Russell, Andrew. 1997. "Identity management and cultural change: The Yakha of East Nepal." In *Nationalism and ethnicity in a Hindu kingdom: The politics of culture in contemporary Nepal*. Edited by David Gellner, 325–350. Amsterdam: Harwood Academic Publisher.

Russell, Kathy, Midge Wilson, and Ronald Hall. 1993. *The color complex: The politics of skin color among African-Americans*. New York: Anchor.

Rydgren, Jens. 2007. "The sociology of the radical right." *Annual Review of Sociology* 33:241–262.

Rydgren, Jens. 2008. "Immigration sceptics, xenophobes, or racists? Radical right-wing voting in six west European countries." *European Journal of Political Research* 47:737–765.

Sacerdote, Bruce. 2001. "Peer effects with random assignment: Results for Dartmouth roomates." *Quarterly Journal of Economics* 116 (2): 681–704.

Saetersdal, Tore. 1999. "Symbols of cultural identity: A case study from Tanzania." *African Archaeological Review* 16 (2): 121–135.

Sagiv, Lilach, Noga Sverdlik and Norbert Schwarz. 2011. "To compete or to cooperate? Values' impact on perception and action in social dilemma games." *European Journal of Social Psychology* 41:64–77.

Saifullah Khan, Verity. 1976. "Pakistanis in Britain: Perceptions of a population." *New Community* 5 (3): 222–229.

Saks, Karen Brodkin. 1994. "How did Jews become white folks?" In *Race*. Edited by Steven Gregory and Roger Sanjek, 78–102. New Brunswick, NJ: Rutgers Univ. Press.

Samson, Alain. 2000. "Middle class, invisible, and dispersed: Ethnic group contact, ethnic awareness and ethnic identity among Swiss-German immigrants in California." *Swiss Journal of Sociology* 26 (1): 37–67.

Sandstrom, Alan R. 1991. *Corn is our blood: Culture and ethnic identity in a contemporary Aztec Indian village*. Norman: Univ. of Oklahoma Press.

Sanjek, Roger. 1981. "Cognitive maps of the ethnic domain in urban Ghana: Reflections on variability and change." In *Language, culture, and cognition*. Edited by Ronald W. Casson, 305–328. New York: Macmillan.

Sanjek, Roger. 1996. "The enduring inequalities of race," In *Race*. Edited by Roger Sanjek and James R. Gregory, 1–13. New Brunswick, NJ: Rutgers Univ. Press.

Sanjek, Roger. 1998. *The future of us all: Race and neighborhood politics in New York City*. Ithaca, NY: Cornell Univ. Press.

Sansone, Livio. 2003. *Blackness without ethnicity: Constructing race in Brazil*. Basingstoke, UK: Palgrave.

Saperstein, Aliya. 2006. "Double-checking the box: Examining consistency between survey measures of observed and self-reported race." *Social Forces* 85 (1): 57–74.

Sarazzin, Thilo. 2010. *Deutschland schafft sich ab: Wie wir unser Land aufs Spiel setzen*. Munich: Deutsche Verlags-Anstalt.

Savoldelli, Maria. 2006. *Politische Einstellungen: Eingebürgerte Personen und gebürtige Schweizer und Schweizerinnen im Vergleich*. Zurich: University of Zurich.

Sayad, Abdelmalek. 1999. *La double absence: Des illusions de l'émigré aux souffrances de l'immigré*. Paris: Seuil.

Schaeffer, Merlin. 2012. "Which groups are most responsible for problems in your neighborhood? The use of ethnic categories in Germany." *Ethnic and Racial Studies*: 1–32.[doi: 10.1080/01419870.2011.644311]

Scheff, Thomas. 1994. "Emotions and identity: A theory of ethnic nationalism," In *Social theory and the politics of identity*. Edited by Craig Calhoun, 277–303. Oxford: Blackwell.

Schermerhorn, Richard A. 1970. *Comparative ethnic relations: A framework for theory and research*. New York: Random House.

Schiffauer, Werner. 2000. *Die Gottesmänner: Türkische Islamisten in Deutschland*. Frankfurt: Suhrkamp.

Schlee, Günther. 2006. *Wie Feindbilder entstehen: Eine Theorie religiöser und ethnischer Konflikte*. Munich: Beck.

Schofield, Janet W., and H. Andrew Sagar. 1977. "Peer interaction patterns in an integrated middle school." *Sociometry* 40 (2): 130–138.

Schultz, S. L. 1979. "Marriage preferences and ethnic boundaries: The Greek-American case." *International Journal of Sociology of the Family* 9 (2): 197–208.

Schuster, John. 1992. "Der Staat und die Einwanderung aus Asien." *Rassismus und Migration in Europa*. Edited by Institut für Migrations- und Rassismusforschung, 189–203. Hamburg: Argument-Verlag.

Schwartz, Shalom H., and Sipke Huismans. 1995. "Value priorities and religiosity in our Western religions." *Social Psychology Quarterly* 58 (2): 88–107.

Schweizer, Thomas. 1989. "Netzwerkanalyse mit dem Mikrocomputer," In *Netzwerkanalyse: Ethnologische Perspektiven*. By Thomas Schweizer, 201–222. Berlin: Reimer.

Scott, George M. 1990. "A resynthesis of the primordial and circumstantial approaches to ethnic group solidarity: Towards an explanatory model." *Ethnic and Racial Studies* 13:147–171.

Scott, James C. 1990. *Domination and the arts of resistance*. New Haven, CT: Yale Univ. Press.

Sebring, James M. 1969. "Caste indicators and caste identification of strangers." *Human Organization* 83:199–207.

Sekulic, Dusko, Garth Massey, and Randy Hodson. 1994. "Who were the Yugoslavs? Failed sources of a common identity in the former Yugoslavia." *American Sociological Review* 59:83–97.

Semyonov, Moshe, Rebecca Raijman, and Anastasia Gorodzeisky. 2006. "The rise of anti-foreigner sentiment in European societies, 1988–2000." *American Sociological Review* 71:426–449.

Sen, Amartya. 1999. *Reason before identity*. Oxford: Oxford Univ. Press.

Sharp, John, and Emile Boonzaier. 1994. "Ethnic identity as performance: Lessons from Namaqualand." *Journal of Southern African Studies* 20 (3): 405–416.

Shibutani, Tamotsu, and Kian Kwan. 1965. *Ethnic stratification*. New York: MacMillan.

Shrum, Wesley, Neil H. Cheek, and Sandra MacD. Hunter. 1988. "Friendship in school: Gender and racial homophily." *Sociology of Education* 61:227–239.

Silberman, Roxane, and Irène Fournier. 2006. "Les secondes générations sur le marché du travail en France: Une pénalité ethnique ancrée dans le temps: Contribution à la théorie de l'assimilation segmentée." *Revue Française de Sociologie* 47 (2): 243–292.

Silvermann, Maxim. 1992. *Deconstructing the nation: Immigration, racism and citizenship in modern France.* London: Routledge & Kegan Paul.

Silverstein, Paul A. 2005. "Immigrant racialization and the new savage slot: Race, migration, and immigration in the new Europe." *Annual Review of Anthropology* 34:363–384.

Simmel, Georg. 1908. *Soziologie: Untersuchungen über die Formen der Vergesellschaftung.* Berlin: Duncker & Humblot.

Singelis, T. M., H. C. Triandis, D. P. S. Bhawuk, and M. J. Gelfand. 1995. "Horizontal and vertical dimensions of individualism and collectivism: A theoretical and measurement refinement." *Cross-Cultural Research* 29:240–275.

Sithole, Masipula. 1980. "Ethnicity and factionalism in Zimbabwe: Nationalist politics 1957–79." *Ethnic and Racial Studies* 3 (1):17–39.

Skenderovic, Damir. 2009. *The radical right in Switzerland: Continuity and change, 1945–2000.* New York: Berghahn.

Skerry, Peter. 1995. *Mexican Americans: The ambivalent minority.* Cambridge, MA: Harvard Univ. Press.

Skidmore, Thomas E. 1993 [1974]. *Black into white: Race and nationality in Brazilian thought.* Durham, NC: Duke Univ. Press.

Sklar, Richard L. 1967. "Political science and national integration: A radical approach." *Journal of Modern African Studies* 5 (1): 1–11.

Small, Mario Luis, and Katherine Newman. 2001. "Urban poverty after the truly disadvantaged: The rediscovery of family, the neighborhood, and culture." *Annual Review of Sociology* 27:23–45.

Smith, Anthony D. 1981. "War and ethnicity: The role of warfare in the formation, self-images and cohesion of ethnic communities." *Ethnic and Racial Studies* 4 (4): 375–397.

Smith, Anthony D. 1986. *The ethnic origins of nations.* Oxford: Blackwell.

Smith, Carol A. 1990. "Failed nationalist movements in 19th-century Guatemala: A parable for the Third World." In *Nationalist ideologies and the production of national cultures.* Edited by Richard G. Fox, 148–177. Washington, DC: American Anthropological Association.

Smith, Jason Matthew. 2010. "Does crime pay? Issue ownership, political opportunity, and the populist right in western Europe." *Comparative Political Studies* 43 (11): 1471–1498.

Smith, Joanne N. 2002. "'Making culture matter': Symbolic, spatial and social boundaries between Uyghurs and Han Chinese." *Asian Ethnicity* 3 (2): 153–174.

Smith, Michael G. 1969. "Institutional and political conditions of pluralism." In *Pluralism in Africa.* Edited by Leo Kuper and Michael G. Smith, 27–66. Berkeley: Univ. of California Press.

Smith, Robert. 2005. *Mexican New York: The transnational lives of new immigrants.* Berkeley: Univ. of California Press.

Smith, Waldemar R. 1975. "Beyond the plural society: Economics and ethnicity in middle American towns." *Ethnology* 14:225–244.

Snijders, Tom A. B. 2002. "Markov chain Monte Carlo estimation of exponential random graph models." *Journal of Social Structure* 3 (2): 1–40.

Snijders, Tom A. B., Philippa E. Pattison, Garry L. Robins, and Mark S. Handcock. 2006. "New specifications for exponential random graph models." *Sociological Methodology* 36 (1): 99–153.

Snow, David, E. Burke Rochford, Steven K. Worden, and Robert D. Benford. 1986. "Frame alignment processes, micromobilization, and movement participation." *American Sociological Review* 51:464–481.

Sollors, Werner. 1986. *Beyond ethnicity: Consent and descent in American culture.* New York: Oxford Univ. Press.

Sollors, Werner. 1991. *The invention of ethnicity.* Oxford: Oxford Univ. Press.

Sowell, Thomas. 2004. *Affirmative action around the world: An empirical study.* New Haven, CT: Yale Univ. Press.

Soysal, Yasemin Nuhoglu. 1994. *Limits of citizenship: Migrants and postnational membership in Europe.* Chicago: Univ. of Chicago Press.

Spencer, Michael. 1973. "Job market signalling." *Quarterly Journal of Economics* 87 (3): 355–374.

Srinivas, Mysore Narasimhachar. 1952. *Religion and society among the Coorgs of south India.* Oxford: Clarendon Press.

Stahl, Anna B. 1991. "Ethnic style and ethnic boundaries: A diachronic case-study from west-central Ghana." *Ethnohistory* 38 (3): 250–275.

Starr, Paul. 1978. "Ethnic categories and identification in Lebanon." *Urban Life* 7 (1): 111–142.

Stavenhagen, Rodolfo. 1991. *The ethnic question: Conflicts, development, and human rights.* Tokyo: United Nations Press.

Steenkamp, Jan-Benedict, and Hans Baumgartner. 1998. "Assessing measurement invariance in cross-national consumer research." *Journal of Consumer Research* 25:79–107.

Steglich, Christian, Tom A. B. Snijders, and Patrick West. 2006. "Applying SIENA: An illustrative analysis of the coevolution of adolescents' friendship networks, taste in music, and alcohol consumption." *Methodology* 2 (1): 48–56.

Steinberg, Stephen. 1981. *The ethnic myth: Race, ethnicity, and class in America.* New York: Atheneum.

Stephan, Cookie White, and Walter G. Stephan. 1989. "After intermarriage: Ethnic identity among mixed-heritage Japanese-Americans and Hispanics." *Journal of Marriage and the Family* 51 (2): 507–519.

Steward, Julian Haynes. 1955. *Theory of culture change: The methodology of multilinear evolution.* Urbana: Univ. of Illinois Press.

Stienen, Angela. 2006. *Integrationsmaschine Stadt? Interkulturelle Beziehungsdynamiken am Beispiel von Bern.* Bern, Switzerland: Haupt.

Stinchcombe, Arthur L. 2006. "An interactionist view of boundaries and borders." Paper given at the conference "Great Divides: Transgressing Boundaries," 101st Annual Meeting of the American Sociological Association, Montreal.

Stolcke, Verena. 1995. "Talking culture: New boundaries, new rhetorics of exclusion in Europe." *Current Anthropology* 36 (1): 1–24.

Streicker, Joel. 1995. "Policing boundaries: Race, class, and gender in Cartagena, Colombia." *American Ethnologist* 22 (1): 54–74.

Takezawa, Yasuko. 1995. *Breaking the silence: Redress and Japanese American ethnicity.* Ithaca, NY: Cornell Univ. Press.

Tambiah, Stanley. 1996. *Leveling crowds: Ethnonationalist conflicts and collective violence in South Asia.* Berkeley: Univ. of California Press.

Taran, Patrick A., Roger Zegers de Beijl, and I. McClure. 2004. "Challenging discrimination in employment: A summary of research and a typology of measures." International Migration Paper No. 68. Geneva, Switzerland: International Labor Organization.

Tax, Sol, and Robert Hinshaw. 1970. "Panajachel a generation later." In *The social anthropology of Latin America: Essays in honor of Ralph Leon Beals.* Edited by Walter Goldschmidt and Harry Hoijer, 175–195. Los Angeles: Univ. of California Press.

Tefft, S. K. 1999. "Perspectives on panethnogenesis: The case of the Montagnards." *Sociological Spectrum* 19 (4): 387–400.

Telles, Edward E. 2004. *Race in another America: The significance of skin color in Brazil.* Princeton, NJ: Princeton Univ. Press.

Telles, Edward E., and Vilma Ortiz. 2008. *Generations of exclusion: Mexican Americans, assimilation, and race.* New York: Russell Sage Foundation Press.

Thelen, Kathleen. 2003. "How institutions evolve: Insights from comparative historical analysis." In *Comparative historical analysis in the social sciences.* Edited by James Mahoney and Dietrich Rueschemeyer, 208–240. Cambridge, UK: Cambridge Univ. Press.

Thelen, Kathleen. 2004. *How institutions evolve: The political economy of skills in Germany, Britain, the United States, and Japan.* Cambridge, UK: Cambridge Univ. Press.

Thibaut, John. 1968. "The development of contractual norms in bargaining: Replication and variation." *Journal of Conflict Resolution* 12 (1): 102–112.

Thomson, Gerald E. 1997. "Discrimination in health care." *Annals of Internal Medicine* 126 (11): 910–912.

Tilly, Charles. 1998. *Durable inequality.* Berkeley: Univ. of California Press.

Tilly, Charles. 2006. *Identities, boundaries, and social ties.* Boulder, CO: Paradigm Press.

Tinker, John N. 1973. "Intermarriage and ethnic boundaries: The Japanese American case." *Journal of Social Issues* 29 (2): 49–66.

Tiryakian, Edward A. 1968. "Typologies." In *International encyclopedia of the social sciences.* Edited by David L. Sills, 177–186. London: Macmillan.

Torpey, John. 1999. *The invention of the passport: Surveillance, citizenship and the state.* Cambridge, UK: Cambridge Univ. Press.

Tran, Van C. 2011. *Rethinking culture and structure: Race, class and assimilation in multi-ethnic America.* Cambridge, MA: Harvard Univ. Press.

Tribalat, Michèle. 1995. *Faire France: Une enquête sur les immigrés et leurs enfants.* Paris: La Découverte.

Turner, M. A., and S. L. Ross. 2005. "How racial discrimination affects the search for housing." In *The geography of opportunity.* Edited by Xavier de Souza Briggs, 81–100. Washington, DC: Brookings Institution Press.

Vago, Bela. 1981. *Jewish assimilation in modern times.* Boulder, CO: Westview.

Vail, Leroy. 1989. "Introduction: Ethnicity in Southern African history." In *The creation of tribalism in southern Africa.* By Leroy Vail, 1–19. London: James Currey.

van den Berghe, Pierre L. 1967. *Race and racism: A comparative perspective.* New York: John Wiley.

van den Berghe, Pierre L. 1990. *State violence and ethnicity.* Niwot: University Press of Colorado.

van den Berghe, Pierre L. 1991. *The ethnic phenomenon.* New York: Elsevier.

van den Berghe, Pierre L. 1997. "Rehabilitating stereotypes." *Ethnic and Racial Studies* 20 (1): 1–16.

van der Brug, Wouter, Meindert Fennema, and Jean Tillie. 2000. "Anti-immigrant parties in Europe: Ideological or protest vote." *European Journal of Political Research* 37:77–102.

van Laar, Colette, Shana Levin, Stacey Sinclair, and Jim Sidanius. 2005. "The effect of university roommate contact on ethnic attitudes and behavior." *Journal of Experimental Social Psychology* 41:329–345.

Vaquera, Elizabeth, and Grace Kao. 2008. "Do you like me as much as I like you? Friendship reciprocity and its effects on school outcomes among adolescents." *Social Science Research* 37:55–72.

Varese, Stefano. 1983. *Proyectos étnicos y proyectos nationales.* Mexico City: Fondo de Cultura Económica.

Varshney, Ashutosh. 2003. *Ethnic conflict and civil life.* New Haven, CT: Yale Univ. Press.

Verdery, Katherine. 1994. "Ethnicity, nationalism, and state-making." In *The anthropology of ethnicity: Beyond "ethnic groups and boundaries."* Edited by Hans Vermeulen and Cora Govers, 33–58. Amsterdam: Het Spinhuis.

Vermeij, Lotte, Marijtje A. J. van Duijn, and Chris Baerveldt. 2009. "Ethnic segregation in context: Social discrimination among native Dutch pupils and their ethnic minority classmates." *Social Networks* 41 (4): 230–239.

Vertovec, Steve. 2007. "Super-diversity and its implications." *Ethnic and Racial Studies* 30 (6): 1024–1054.

Vujacic, Veljko, and Victor Zaslavsky. 1991. "The causes of disintegration in the USSR and Yugoslavia." *Telos* 88:120–140.

Wacquant, Loïc. 1997. "Towards an analytic of racial domination." *Political Power and Social Theory* 11:221–234.

Wacquant, Loïc. 2004. "Ghetto." In *International encyclopedia of the social and behavioral sciences.* Edited by Neil J. Smelser and Paul B. Baites, 1–7. London: Pergamon Press.

Wacquant, Loïc. 2007. "Territorial stigmatization in the age of advanced marginality." *Thesis Eleven* 91:66–77.

Wacquant, Loïc. 2008. *Urban outcasts: A comparative sociology of advanced marginality.* Cambridge, UK: Polity Press.

Wade, Peter. 1995. *Blackness and race mixture: The dynamics of racial identity in Colombia.* Baltimore: Johns Hopkins Univ. Press.

Waldinger, Roger. 2003a. "Foreigners transformed: International migration and the making of a divided people." *Diaspora: A Journal of Transnational Studies* 12 (2): 247–272.

Waldinger, Roger. 2003b. "The sociology of immigration: Second thoughts and reconsiderations," In *Host societies and the reception of immigrants.* Edited by Jeffrey

G. Reith, 21–43. La Jolla: Center for Comparative Immigration Studies, Univ. of California at San Diego.

Waldinger, Roger. 2007. "The bounded community: Turning foreigners into Americans in 21st century Los Angeles." *Ethnic and Racial Studies* 30 (7): 341–374.

Waldinger, Roger, and Michael I. Lichter. 2003. *How the other half works: Immigration and the social organization of labor.* Berkeley: Univ. of California Press.

Waldinger, Roger, and Joel Perlmann. 1997. "Second generation decline? Immigrant children past and present: A reconsideration." *International Migration Review* 31 (4): 893–922.

Waldron, Jeremy. 1995. "Minority cultures and the cosmopolitan alternative." In *Rights of minority cultures.* Edited by Will Kymlicka, 93–118. Oxford: Oxford Univ. Press.

Wallman, Sandra. 1978. "The boundaries of 'race': processes of ethnicity in England." *Man* 13 (2): 200–217.

Wallman, Sandra. 1986. "Ethnicity and the boundary process in context." In *Theories of race and ethnic relations.* Edited by John Rex and David Mason, 226–245. Cambridge, UK: Cambridge Univ. Press.

Ward, Robin, and Richard Jenkins. 1984. *Ethnic communities in business: Strategies for economic survival.* Cambridge, UK: Cambridge Univ. Press.

Warhola, James W., and Orlina Boteva. 2000. "The Turkish minority in contemporary Bulgaria." *Nationalities Papers* 31 (3): 255–279.

Warren, Kay B. 1998. *Indigenous movements and their critics.* Princeton, NJ: Princeton Univ. Press.

Washington, Scott. 2012. "The killing fields revisited: Lynching and anti-miscegenation legislation in the Jim Crow South, 1882–1930." Unpublished manuscript, Department of Sociology, Princeton Univ.

Wasserman, Stanley, and Garry Robins. 2005. "An introduction to random graphs, dependence graphs, and p*." In *Models and methods in social network analysis.* Edited by Peter J. Carrington et al., 148–161. New York: Cambridge Univ. Press.

Wasserstrom, Robert. 1983. *Class and society in central Chiapas.* Berkeley: Univ. of California Press.

Waters, Mary C. 1990. *Ethnic options: Choosing identities in America.* Berkeley: Univ. of California Press.

Waters, Mary C. 1999. *Black identities: West Indian immigrant dreams and American realities.* Cambridge, MA: Harvard Univ. Press.

Way, Niobe, and Lisa Chen. 2000. "Close and general friendships among African American, Latino, and Asian American adolescents from low-income families." *Journal of Adolescent Research* 15 (2): 274–301.

Weber, Eugen. 1979. *Peasants into Frenchmen: The modernisation of rural France, 1870–1914.* London: Chatto & Windus.

Weber, Max. 1978 (1922). *Economy and society: An outline of interpretive sociology.* Edited by Guenther Roth and Claus Wittich. Berkeley: Univ. of California Press.

Weber, Max. 1985 (1922). *Wirtschaft und Gesellschaft: Grundriss der verstehenden Soziologie.* Tübingen, Germany: Mohr.

Wellman, Barry, Janet Salaff, Dimitrina Dimitrova, Laura Garton, Milena Gulia, and Caroline Haythornthwaite. 1996. "Computer networks as social networks: Collaborative work, telework, and virtual community." *Annual Review of Sociology* 22: 213–238.

Wessendorf, Susanne. 2007. "Sushi-eating secondos and casual Latins: Political movements and the emergence of a Latino counter-culture among second-generation Italians in Switzerland." *Journal of Intercultural Studies* 28 (3): 345–360.

Wetherell, Margaret, and Jonathan Potter. 1993. *Mapping the language of racism: Discourse and the legitimation of exploitation.* New York: Columbia Univ. Press.

Willems, Wim, Annemarie Cottaar, and Daniel van Aken. 1990. "Indische Nederlanders: Van marginale groep tot succesvolle migranten?." In *Van Ost naar West: Racisme als mondiaal Verschijnsel.* Edited by D. van Arkel, 34–51. Baarn, The Netherlands: Ambo.

Williams, Brackette F. 1989. "A class act: Anthropology and the race to nation across ethnic terrain," *Annual Review of Anthropology* 18:401–444.

Williamson, Joel. 1995. *New people: Miscegenation and mulattoes in the United States.* Baton Rouge: Louisiana State Univ. Press.

Wimmer, Andreas. 1993. "Ethnischer Radikalismus als Gegennationalismus: Indianische Bewegungen im sechsten Jahrhundert nach Kolumbus." In *500 Jahre danach: Zur heutigen Lage der indigenen Völker beider Amerika.* Edited by Peter Gerber, 127–149. Chur, Switzerland: Rüegger.

Wimmer, Andreas. 1994. "Die ethnische Dynamik in Mexiko und Guatemala." In *Ethnische Dynamik in der außereuropäischen Welt.* Edited by Hans-Müller, 251–294. Zurich: Argonaut-Verlag.

Wimmer, Andreas. 1995. *Transformationen: Sozialer Wandel im indianischen Mittelamerika.* Berlin: Reimer.

Wimmer, Andreas. 1996a. "Kultur: Zur Reformulierung eines ethnologischen Grundbegriffs." *Kölner Zeitschrift für Soziologie und Sozialpsychologie* 48 (3): 401–425.

Wimmer, Andreas. 1996b. "L'État-nation: Une forme de fermeture sociale." *Archives Européennes de Sociologie* 37 (1): 163–179.

Wimmer, Andreas. 1996c. "L'héritage de Herder : Nationalisme, migrations et la pratique théorique de l'anthropologie." *Tsantsa: Revue de la Société Suisse d'Ethnologie* 1:4–18.

Wimmer, Andreas. 1997. "Explaining racism and xenophobia: A critical review of current research approaches." *Ethnic and Racial Studies* 20 (1): 17–41.

Wimmer, Andreas. 1998. "Binnenintegration und Außenabschließung: Zur Beziehung zwischen Wohlfahrtsstaat und Migrationssteuerung in der Schweiz." In *Migration in nationalen Wohlfahrtsstaaten: Theoretische und vergleichende Untersuchungen.* Edited by Michael Bommes and Jürgen Halfmann,199–222. Osnabrück, Germany: IMIS.

Wimmer, Andreas. 2000a. "Racism in nationalized states: A framework for comparative research." In *Comparative perspectives on racism.* Edited by Jessika ter Wal, et al., 47–72. Aldershot, UK: Ashgate.

Wimmer, Andreas. 2000b. "Städtevergleich, Netzwerkanalyse und Schlußfolgerungen." In *Integration-Segregation: Interkulturelle Beziehungen in Basel, Bern und Zürich.* Edited by Andreas Wimmer, et al. Unpublished manuscript, Swiss National Science Foundation, Zurich.

Wimmer, Andreas. 2002. *Nationalist exclusion and ethnic conflicts: Shadows of modernity.* Cambridge, UK: Cambridge Univ. Press.

Wimmer, Andreas. 2003. "Democracy and ethno-religious conflict in Iraq." *Survival: The International Institute for Strategic Studies Quarterly* 45 (4): 111–134.

Wimmer, Andreas. 2005. *Kultur als Prozess: Zur Dynamik des Aushandelns von Bedeutungen.* Wiesbaden, Germany: Verlag für Sozialwissenschaften.

Wimmer, Andreas. 2008. "The left-Herderian ontology of multiculturalism." *Ethnicities* 8 (1): 254–260.

Wimmer, Andreas. 2011. "A Swiss anomaly? A relational account of national boundary making." *Nations and Nationalism* 17 (4): 718–737.

Wimmer, Andreas, Lars-Erik Cederman, and Brian Min. 2009. "Ethnic politics and armed conflict: A configurational analysis of a new global dataset." *American Sociological Review* 74 (2): 316–337.

Wimmer, Andreas, and Yuval Feinstein. 2010. "The rise of the nation-state across the world, 1816 to 2001." *American Sociological Review* 75 (5): 764–790.

Wimmer, Andreas, and Nina Glick Schiller. 2002. "Methodological nationalism and beyond: Nation state formation, migration and the social sciences." *Global Networks* 2 (4): 301–334.

Wimmer, Andreas, and Kevin Lewis. 2010. "Beyond and below racial homophily: ERG models of a friendship network documented no Facebook." *American Journal of Sociology* 116 (1): 583–642.

Wimmer, Andreas, and Brian Min. 2006. "From empire to nation-state: Explaining wars in the modern world, 1816–2001." *American Sociological Review* 71 (6): 867–897.

Winant, Howard. 2000. "Race and race theory." *Annual Review of Sociology* 26:169–185.

Winddance Twine, France, and Charles Gallagher. 2008. "Introduction: The future of whiteness: A map of the 'third wave.'" *Ethnic and Racial Studies* 31 (1): 4–24.

Wintrobe, Ronald. 1995. "Some economics of ethnic capital formation and conflict." In *Nationalism and rationality.* Edited by Albert Breton, et al., 43–71. Cambridge, UK: Cambridge Univ. Press.

Woldemikael, Tekle Mariam. 1989. *Becoming black American: Haitians and American institutions in Evanston, Illinois.* New York: AMS Press.

Wolf, Eric. 1957. "Closed corporate peasant communities in Mesoamerica and central Java." *Southwestern Journal of Anthropology* 13 (1): 1–18.

Wolfe, Patrick. 2001. "Land, labour, and difference: The elementary structures of race." *American Historical Review* 106: 866–905.

Woods, Dwayne. 2003. "The tragedy of the cocoa pod: Rent-seeking, land and ethnic conflict in Ivory Coast." *Journal of Modern African Studies* 41: 641–655.

Wright, Frank. 1987. *Northern Ireland: A comparative analysis.* Dublin: Gill & Macmillan.

Yancey, William E., Eugene P. Erickson, and Richard N. Juliani. 1976. "Emergent ethnicity: A review and reformulation." *American Sociological Review* 41:391–403.

Yashar, Deborah. 2005. *Contesting citizenship in Latin America: The rise of indigenous movements and the postliberal challenge.* Cambridge, UK: Cambridge Univ. Press.

Young, Crawford. 1965. *Politics in the Congo: Decolonization and independence.* Princeton, NJ: Princeton Univ. Press.

Young, Crawford. 1976. *The politics of cultural pluralism.* Madison: Univ. of Wisconsin Press.

Zelizer, Viviana A., and Charles Tilly. 2006. "Relations and categories." *The Psychology of Learning and Motivation* 47: 1–31.

Zhou, Min. 1997. "Segmented assimilation: Issues, controversies, and recent research on the new second generation." *International Migration Review* 31: 975–1008.

Zolberg, Aristide, and Long Litt Woon. 1999. "Why Islam is like Spanish: Cultural incorporation in Europe and the United States." *Politics and Society* 27 (1): 5–38.

译后记

　　初"识"安德烈亚斯·威默教授,是在阅读恩师叶江教授的译著《国家建构——聚合与崩溃》①的时候。非常巧合的是,在恩师的引荐下,自己很荣幸地翻译了威默的这本著作。笔者正式接触民族主义理论著作,始于阅读导师惠赠的英国学者安东尼·史密斯(Anthony Smith)所著《民族主义:理论,意识形态,历史》②一书。此后由于参与导师的相关国家社科课题研究,以及试图在民族主义与社会运动的结合领域做一点浅显的探索,笔者涉猎并阅读了《民族主义与国际社会》《民族认同》《论民族性》《民族主义:历史、形式、后果》《遏制民族主义》《自由主义的民族主义》《从投票到暴力:民主化和民族主义冲突》《民族与民族主义》等民族主义理论著作。然而,总体来说,笔者在民族主义理论方面的储备还相当浅薄,因此初次承担翻译工作深感责任在肩,既十分惶恐和焦虑,又充满期待,渴望努力把它尽快译介给国内读者。尽管在攻读硕士和博士学位期间以及在之后的学术研究阶段,笔者阅读和翻译了大量的英文资料,但完整地翻译一本书还是第一次,所以这不啻为一个巨大的挑战。

　　其中最大的挑战就是如何将威默的这本杰作很好地呈现在读者面前。笔者秉持忠于原著的主要原则,尽量将作者的本意客观地展现出来,在此基础上考虑汉语的表达习惯,力求语句通畅、言辞达意。这首先就涉及一些关键术语的理解

---

① ［瑞士］安德烈亚斯·威默:《国家建构——聚合与崩溃》,叶江译,格致出版社 2019 年版。
② ［英］安东尼·史密斯:《民族主义:理论,意识形态,历史》,叶江译,上海人民出版社 2006 年版。

译后记

和翻译问题。关于著作标题"Ethnic Boundary Making",其中"making"起初译为"形成",但因其结果意味浓而动作意味不强,想过"塑造""制造"等译法,最后结合作者对其反义词"unmaking"的运用,并且考虑到中文的语义理解和通顺程度,确定为"制定",含有"塑造和确定"之意。这同时也是为了与威默在本书中经常使用的"ethnic group formation"(族群形成)和"ethnic group formation processes"(族群形成过程)相区别,因此将"ethnic boundary making"译为"族群边界制定",相应地将"making(and unmaking)ethnic boundaries"译为"制定(和废除)族群边界"。

原著中的另外一个重要关键词是 ethnicity。关于 ethnicity 的含义,国内学界存在较大争论,有"族性""族属""族群""族群意识""族群性""民族本质"等很多不同的译法。由于多义性以及没有非常适恰的中文词与之对应,有学者甚至放弃将其译为中文,而直接采用其英文形式。[1]在本书中,威默倡导给 ethnicity 下一个广泛而包容的定义。他将其定义为:"对一个以共同的文化和共同的祖先为特征的群体的一种主观归属感。这种对共同文化和祖先的信念,基于被视为共同体'典型'的文化习俗,或基于共同历史起源的神话,或基于表明共同血统的表型相似性。"(请参见本书第7页)基于作者这一定义和国内一些学者的主张,笔者将 ethnicity 译为"族群性",与之相对应的 ethnic group 则译为"族群"。威默还写道:"在这种对族群性的广泛理解中,'种族'被视为族群性的一个亚型,民族性也是如此。"这里,威默将种族(race)和民族性(nationhood)都视为族群性(ethnicity)的亚型。随后,威默阐述了"将种族作为族群性的一种特定形式"的三个原因,论证了在边界制定或形成的比较研究中,采用一个广泛而包容的族群性定义的必要性和重要性。

翻译过程中的另一大挑战是,本书涉及民族学、人类学、社会学、政治学和统计学等不同学科领域,其中大量的专业术语、外来词汇和统计模型,超出了笔者的学科领域和知识范围,这使笔者常常处于力有不逮的窘境之中,为此不得不花费大量的时间查阅辞典和相关资料,以达到对原文的准确把握和理解,同时为一

---

[1] 马腾嶽:《ethnicity(族属):概念界说、理论脉络与中文译名》,《民族研究》2013年第4期,第13—25页。

些重要术语和生僻词添加译者注，以利于读者阅读。当然，翻译的过程也是一个学习和收获的过程，比如，在对族群边界制定理论的理解和掌握方面，译书过程中的收获可能是阅读几本或十几本相关著作的收获所不能比拟的，更不用说本书中涉及了丰富的相关理论和广泛的知识。

2020 年 4 月中旬笔者接洽本书的翻译事宜之时，一看到书名，尤其是"制度、权力与网络"这一副标题，就被其深深吸引，并欣然承接翻译任务，将这项工作视为对自己的一个磨炼和提升。记得是 6 月 10 日在上海塘桥地铁站附近的布丁酒店（5 月 4 日至 7 月 23 日期间陪同爱人在仁济东院就医）签署了翻译合同。2021 年 6 月底全书翻译完成，7 月进行第一次校对修改并绘制图表，8 月 11 日正式提交译稿，其后进行了第二次校对修改。2022 年 9 月中旬收到出版社三审后的反馈意见，进行了相应的修改完善，并对照原著进行了第三次校对修改和完善，于 10 月中旬完成。只有译过书，才知译事之艰难，才会理解那些时常陷入的语言转换和反复推敲的困境，体会那种因一两处词句的翻译问题萦绕于心而辗转反侧的沉迷状态。在这个艰辛的翻译过程中，衷心感谢爱人云的陪伴以及无私的支持、始终不变的包容和温柔细腻的爱！感谢父母默默的奉献和深沉的关爱！

在本书即将付梓之际，笔者非常感谢上海世纪出版股份有限公司格致出版社的信任和支持，尤其感谢责任编辑张苗凤老师的理解和宽容以及出色的编辑工作，感谢审稿专家和编辑老师所提供的中肯意见和建议，帮助纠正了一些可以避免的错漏之处。感恩导师叶江教授将笔者领入学术（包括民族主义研究）的大门以及所给予的爱生如子般的关爱和帮助！感谢安徽师范大学法学院诸位领导和同事的鼓励和支持！囿于本人的学识和水平，笔者深感呈现在各位读者和专家面前的这本译著，离严复先生提出的"信、达、雅"标准相去甚远，且翻译中的不当或错误之处恐难以避免。这些可能存在的问题理应由笔者负责，并恳请读者朋友批评指正，惠寄您的宝贵意见和建议到本人邮箱 ahnuir@163.com，以利于进一步的修订和完善，在此提前致以诚挚的谢意！

徐步华

2022 年 10 月 18 日

图书在版编目(CIP)数据

族群边界制定:制度、权力与网络/(瑞士)安德
烈亚斯·威默著;徐步华译.—上海:格致出版社:
上海人民出版社,2023.1
(格致社会科学)
ISBN 978 - 7 - 5432 - 3395 - 9

Ⅰ.①族…　Ⅱ.①安…②徐…　Ⅲ.①文化社会学-
研究　Ⅳ.①G05

中国版本图书馆 CIP 数据核字(2022)第 192451 号

责任编辑　张苗凤
装帧设计　路　静

格致社会科学
族群边界制定:制度、权力与网络
[瑞士]安德烈亚斯·威默　著
徐步华　译

出　　版　格致出版社
　　　　　上海人&出版社
　　　　　(201101　上海市闵行区号景路 159 弄 C 座)
发　　行　上海人民出版社发行中心
印　　刷　上海商务联西印刷有限公司
开　　本　720×1000　1/16
印　　张　17.5
插　　页　2
字　　数　271,000
版　　次　2023 年 1 月第 1 版
印　　次　2023 年 1 月第 1 次印刷
ISBN 978 - 7 - 5432 - 3395 - 9/C · 278
定　　价　72.00 元

上海市版权局著作权合同登记号:图字 09-2022-0269

·格致社会科学·

族群边界制定:制度、权力与网络
[瑞士]安德烈亚斯·威默　著
徐步华　译

经济学方法论:经济解释的哲学基础(第二版)
[英]马克·布劳格　著
苏丽文　译

审问民族志:证据为什么重要
[美]史蒂芬·卢贝特　著
项继发　译

比较政治中的议题与方法(第四版)
[英]托德·兰德曼　埃德齐娅·卡瓦略　著
汪卫华　译

个体性与纠缠:社会生活的道德与物质基础
[美]赫伯特·金迪斯　著
朱超威　杨东东　等译

政治学、社会学与社会理论——经典理论与当代思潮的碰撞
[英]安东尼·吉登斯　著
何雪松　赵方杜　译

历史视域中的人民主权
[英]理查德·伯克　昆廷·斯金纳　主编
张爽　译